Gay et passionné :

« Outé » par une tante

par

Charles Seems

Autobiographie

Seems, Charles,
Gay et passionné : « Outé » par une tante / Charles Seems.

Bookman 10/12
Comic Sans 10,12, 16

pages : 286
mots : 92 000 approximativement
5.5" x 8.5"

Couverture (drapeau de la fierté) : Petr Kratochvil
https://www.publicdomainpictures.net/en/view-image.php?image=303144
Couverture (portrait) : crée à partir d'une photo, gracieuseté de Vivi Farella, février 2019.

Design et édition
Peter Geldart
Danielle Aubrey
Petra Books
petrabooks.ca

À mes beaux-parents

Un immense merci à France et Claude B. pour l'encouragement soutenu qui m'a propulsé à écrire ce premier ouvrage en français, ainsi qu'à Hélène G. et Olivette L. qui m'ont aidé à peaufiner le manuscrit. Merci à mon conjoint Robert pour son appui inconditionnel et sa relecture de mes textes.

Un remerciement spécial à Vivi F, de Los Angeles pour la photo couverture prise le 23 février 2019 au Rick's Desert Grill à Palm Springs, Californie.

Table des matières

Introduction 1

Le contexte social 5
Le contexte familial 11
Les amitiés particulières 18
La loi du silence 27
On ne voit bien qu'avec le cœur 33
Une année de transition 44
Chez Irving 51
Le retour aux études 56
Mes premières années à Ottawa 65
Un retour en éducation 72
Un tournant difficile 78
Encore un déménagement 85
Une année qui finit mal 91
Le début des ravages 98
Une passion s'amorce 103
Un dernier adieu à Normand 108
Un regain d'espoir 111
Toronto, me voici! 115
Une année charnière 121
Un homme à l'horizon 125
Le party de Noël 1991 130
Les fondements d'une relation 134
Le test 138
La vie à deux 144
Un vent de changement 148

Les deux petites chinoises 153
Robert découvre l'Acadie 157
La relâche 164
Rochers rouges du désert 169
Orphelin à 45 ans 174
Des réunions de familles 179
Un été au chalet 185
Les tambours 190
Le porto au 40e 195
L'achat d'un condo 201
Le mariage gay 206
Une demande en mariage 211
Mariage en hiver 216
Le tour du monde 220
Une année de surprises 225
De beaux voyages 230
Un hiver à Naples 236
Des retrouvailles 242
Surprises 247
Une année horrible 251
Encore des voyages 256
Servir sa communauté 261
La santé avant tout 267
Le défilé de la Fierté 273

Épilogue 276

Seems

Introduction

C'est dans le cadre d'un double anniversaire d'évènements importants et décisifs pour la communauté LGBTQ que j'ai décidé de me raconter. N'eussent été ces tournants névralgiques de notre combat pour l'intégration sociale de notre communauté, il est fort à parier que je n'aurais pas connu les privilèges qui sont aujourd'hui enchâssés légalement, depuis 1982, dans la Charte canadienne des droits et libertés de la personne.

En 2019, le Canada soulignait le 50e anniversaire de la décriminalisation de l'homosexualité. Deux ans auparavant, en 2017, au nom du Canada, Justin Trudeau a présenté ses excuses à l'endroit des personnes homosexuelles ayant vécu des injustices au sein du gouvernement fédéral et des Forces armées canadiennes.

Aussi en 2019, la communauté gay soulignait le 50e anniversaire de l'émeute du Stonewall Inn à New York. Des policiers en uniforme et en civil participèrent à une descente dans ce bar qui attirait une clientèle gay, lesbienne et transgenres. Les forces de l'ordre rencontrèrent une farouche résistance. Les manifestants utilisèrent des roches et d'autres objets pour bombarder les policiers. Plus tard, le Stonewall Inn deviendra un symbole de l'affirmation des homosexuels et de la résistance face aux abus perpétrés, entre autres, par l'intimidation et la discrimination. C'est à ce moment que le Front de libération gay est fondé.

L'émancipation des membres de la communauté LGBTQ au Canada repose en grande partie sur ces virages historiques qu'il ne faudrait jamais oublier.

Il ne fait aucun doute que l'homosexualité existe depuis la nuit des temps. On pourrait croire que le combat pour la faire accepter est sur le point d'être gagné. Toutefois, comme le démontre le passé, les homosexuels ont connu des périodes de tolérance qui n'ont pas empêché leur persécution plus tard dans le temps.

Les livres d'histoire nous apprennent que les Pharaons, en Égypte, comptaient de jeunes garçons dans les harems et que les samouraïs au Japon se livraient eux aussi à des relations homosexuelles avec des adolescents.

Les relations sexuelles intergénérationnelles remontent à la Grèce antique à l'époque où la pédérastie, associée au rite initiatique, était pratiquée. Ce que les Grecs encourageaient, c'était l'amour entre un homme et un jeune garçon alors que l'amour entre deux hommes était considéré avec mépris. L'adulte devait jouer le rôle de l'actif : le jeune garçon était là pour le plaisir de son aîné auquel il devait obéir. Avec le consentement des parents, ces rapports pouvaient commencer à la préadolescence et se terminer une fois que le garçon arrivait à l'âge adulte, c'est-à-dire à partir du moment où sa barbe apparaissait.

Il ne faut pas confondre pédérastie et pédophilie, ce trouble psychique caractérisé par l'attirance sexuelle persistante d'un adulte envers les enfants impubères. Dans la société moderne, ces activités sont condamnées par la loi en raison du fait qu'une personne n'ayant pas atteint l'âge de la maturité sexuelle ne peut y apporter un consentement éclairé.

À Spartes et à Thèbes, l'homosexualité était tolérée dans l'armée car « *deux amants côte à côte sur un champ de bataille sont plus combatifs puisque ce n'est pas seulement leur vie qui est en jeu, mais aussi celle de leur amant* ». Il aura fallu toute l'armée d'Alexandre pour venir à bout du bataillon de Thèbes qui a remporté de nombreuses victoires dans cet endroit composé uniquement de couples gays.

À Rome, l'homosexualité était tolérée, mais ce qui posait problème, c'est la passivité plus que l'homosexualité. Selon les croyances du temps, un homme passif était incapable de bien diriger et d'être un politicien. Toutefois, cela n'a pas empêché l'empereur Néron de se marier avec son esclave castré Sporus.

Bien que l'arrivée du Christianisme ait joué un rôle dans la répression de l'homosexualité, les lois et règles la condamnant préexistent à cette vague religieuse et peuvent être identifiées dans divers codes moraux des sociétés. Ces crimes contre la dignité humaine deviendront plus tard des crimes sévèrement punis : on prévoyait le bûcher pour de tels actes.

Gay et passionné

L'Empire romain, aux prises avec des taux de mortalité si élevés que l'âge moyen de la population chute à 25 ans, réagit et favorise la procréation pour assurer sa pérennité. L'empereur Justinien se montre particulièrement cruel en condamnant tout acte homosexuel par la castration et le bûcher.

Au Moyen Âge, une relative tolérance s'installe. On considère que l'homosexualité est une faute au même titre que l'adultère. Au 13e siècle, avec la montée de l'absolutisme, ou monarchie absolue, les églises trouvent dans le climat agité du moment un prétexte idéal pour relancer la lutte contre les gays. Nous sommes en période de croisades où l'on cherche des coupables. Des lois sévères serviront à condamner fermement les responsables des crimes contre la nature. Même l'église part en guerre contre l'homosexualité dans ses propres rangs. Dans les monastères, l'Église privilégie les dortoirs de 10 personnes placées sous la surveillance d'un ancien ce qui empêcherait tout rapprochement nocturne.

On relâche très légèrement la pression sur les homosexuels durant la Renaissance pendant laquelle l'homosexualité renaît à travers l'art. Sous la protection de riches et puissants mécènes, des artistes, tels que Michel-Ange, glorifient à travers leurs œuvres, la beauté du corps masculin. Dans le Nouveau Monde, on découvre les pratiques homosexuelles des Aztèques, adeptes du travestisme.

Le siècle des Lumières, qui favorise la science par l'échange intellectuel s'opposant à l'intolérance et l'abus des églises et de l'État apportera un regard nouveau sur l'homosexualité. C'est Cesaria Beccaria, criminologue, juriste, philosophe et politicien italien, qui a été le premier à penser qu'il fallait décriminaliser l'homosexualité. Avec tous les débats philosophiques de l'époque, l'homosexualité gagnera du terrain dans les villes, même si Jean-Jacques Rousseau, le grand philosophe, était d'avis « qu'*en dehors de l'hétérosexualité, point de salut* ». Selon Diderot : « *tout ce qui est ne peut être contre nature, ni hors de nature.* »

La Révolution française de 1789 annonce un nouveau code pénal qui décriminalise l'homosexualité, bien que les relations entre hommes soient mal jugées par la bourgeoisie, les autorités religieuses et la population en général. En Angleterre, apparaissent les Molly House, ancêtres des bars gays, souvent tenus par des hommes déguisés en femmes. À Paris, dans l'ère pré-haussmannienne, les gays favorisent le jardin des Tuileries et autres espaces publics moins éclairés et moins aérés.

En Allemagne, la république de Weimar fut une période faste pour les mouvements homosexuels. Berlin acquiert le statut officieux de *capitale homosexuelle* du fait de la notoriété de ses bals costumés et de la diversité des lieux de rencontres homosexuelles. Le *Berlin gay* flamboyant de l'avant Troisième Reich se terminera en 1933 avec l'arrivée au pouvoir d'Hitler qui marquera le début d'une répression radicale des homosexuels.

Cette valse de tolérance/intolérance s'est poursuivie aux 20e et 21e siècles. Au Canada, la chasse aux homosexuels dans les rangs de la fonction publique et de l'armée est un sujet oublié. Pourtant, ici comme ailleurs, l'étouffement des gays par les forces de l'ordre ne peut être justifié, quel qu'en soit le motif.

Une lueur d'espoir est apparue récemment. Espérons que le message véhiculé ne sera pas vain parce qu'il a été prononcé par un prélat. Le pape François a déclaré en 2013 : « *Si une personne est gay et cherche le Seigneur, avec bonne volonté, qui suis-je pour la juger?* »

Gay et passionné

Le contexte social

À l'ère du politiquement correct et du profond respect de la personne dans laquelle nous nous trouvons, plutôt que de faire référence aux gays, on parle plus souvent des hommes qui ont du sexe avec d'autres hommes. Ceci permet d'englober toute une kyrielle de gens qui ne s'identifient pas comme gay ou qui ne sont pas gay mais qui, selon le moment, peuvent prendre plaisir avec une personne du même sexe. Nous en sommes bien loin du temps où les catégories et les étiquettes précises étaient de mise. Dans mon cas, l'étiquette de gay ne m'offense guère puisque ma sortie du placard a commencé il y a plus d'un demi-siècle. J'ai eu le temps de m'y habituer et de composer avec ses diverses facettes.

Ce que je vais vous raconter peut vous sembler au départ un peu anodin, mais croyez-moi, il n'y a rien de simple, de facile ou d'évident pour un adolescent qui fait face à une réalité, qui, le plus souvent, n'est pas celle qu'il aurait préférée. Sans vraiment tout comprendre, on sent que la vie devant nous n'est certes pas un chemin sans embuches. L'enfant qui regarde les autres se compare sur plusieurs plans. Un garçon moins masculin que ses amis se sent déjà minoritaire sans en connaître vraiment le sens du mot. N'étant pas du tout sportif ni intéressé aux sports, j'étais sensiblement différent au point où je me cachais ou je me trouvais des excuses pour limiter mes interactions avec les autres garçons.

L'homosexualité se définit comme une attirance sexuelle plus ou moins exclusive pour les individus du même groupe sexuel. Selon les vastes recherches entreprises par Alfred Charles Kinsey, un biologiste américain, fondateur de l'Institut de recherche sur le sexe de l'Université d'Indiana, il appert que la sexualité n'est pas binaire, c'est-à-dire homosexuelle ou hétérosexuelle. Selon l'échelle Kinsey, le continuum de la sexualité humaine passe de zéro à 6 (un zéro étant attribué à une

5

personne exclusivement hétérosexuelle et 6, aux personnes exclusivement homosexuelles). Donc, selon le degré d'attirance, un individu trouve sa place sur l'échelle Kinsey qui correspond à sa réalité sexuelle. Il est intéressant de noter que même dans la bisexualité, on note une gradation soit vers l'homosexualité ou l'hétérosexualité.

On ne peut donc parler de style de vie puisqu'il ne s'agit pas d'un choix mais plutôt de l'acceptation de sa personne sexuelle. Il est fort probable qu'au jour de la parution de cet ouvrage, toutes les provinces canadiennes auront une loi interdisant la thérapie de conversion qui a vu le jour aux États-Unis. Le film américain, « Boy Erased » offre une bonne appréciation de ce genre de lavage de cerveau qui s'avère complètement inutile, voire même régressif et malsain pour les jeunes gens en quête de leur identité.

Je suis né dans une petite municipalité dans la partie septentrionale du Nouveau-Brunswick au Canada, dans une famille bien ordinaire, le quatrième de six enfants (cinq garçons et une fille).

Loin de la grande ville où chacun se mêle de ses propres affaires et accepte une pluralité de personnes venues d'un peu partout sur la planète, certains gens des régions reculées n'acceptent aucune divergence de la norme. L'homosexualité est très mal comprise et bien mal acceptée. Dans certains coins, l'homophobie est flagrante. Une personne voulant vivre ouvertement son homosexualité risque de se faire injurier publiquement ou de se faire ostraciser de sa communauté. En marchant sur un trottoir, une personne soupçonnée d'être gay pourrait entendre « tapette » suivi du crissement des pneus du camion conduit par un effronté sans scrupules.

Issu de parents de la classe moyenne, nous n'étions ni riches ni pauvres. Je ne peux pas dire que j'ai manqué des nécessités de la vie parce que mon père, débardeur au port de mer de Dalhousie, gagnait suffisamment de sous pour rencontrer les besoins essentiels de la famille. Comme il était né aux États-Unis, nous lui parlions en anglais. Toutefois, nous avons été instruits en français car ma mère, institutrice, était de souche acadienne, née à Rivière du Portage au Nouveau-Brunswick.

C'est grâce aux comparaisons qu'on se situe par rapport aux autres qui nous entourent. En hiver, ma mère portait un manteau de mouton de perse même si elle aurait préféré un manteau de vison comme les dames mieux nanties. Son manteau de fourrure, signe d'un certain niveau de succès financier, en disait long sur notre place dans la société. Les femmes de la classe des pauvres — la basse classe comme on disait à l'époque — n'avait pas le luxe d'un manteau de « poils ». Le fait d'être une femme instruite ayant terminée ses études à l'École normale — donnant accès à une licence pour enseigner dans les écoles de la province — lui conférait un statut supérieur à la moyenne. Donc, ses enfants devaient se conformer à des standards assez rigides et non négociables qui incluaient la réussite scolaire.

C'est curieux de penser qu'à 6 ans, je comprenais mon contexte social sans pouvoir le verbaliser. Il ne fallait jamais agir de façon à ternir l'image de la famille, d'où l'expression, « qu'est-ce que les voisins vont penser? »

Mes deux premiers amis d'enfance étaient des garçonnets qui habitaient tout près de la maison de mes parents, l'un francophone et l'autre anglophone. Peter (pas son vrai nom), le fils aîné d'une famille de garçons (une fille, la cadette, est née beaucoup plus tard), est un an plus jeune que moi. De teint foncé, son exotisme me plaisait d'une manière impossible à décrire, même encore aujourd'hui. Son intelligence et son vif esprit me surprenaient. En construisant un fort de neige dans notre cour arrière ou en jouant à des jeux de société, il s'appliquait de façon à être le gagnant. L'esprit compétitif, absent de ma personne, me laissait bien indifférent aux nombreuses réussites qu'accumulait Peter chaque fois qu'on était ensemble. J'avais tellement le désir d'être avec lui que je crois que je l'aurais laissé gagner plutôt que d'être seul dans mon coin. À cet âge, il rêvait de devenir avocat. Comment pouvait-il savoir, à 6-7 ans, qu'une carrière en droit serait un choix judicieux?

Mon autre ami, un cousin, se nomme Patrick, l'aîné d'une famille de trois garçons (une fille est adoptée beaucoup plus tard). Comme Peter, il est intelligent et premier de classe. Lorsque les deux sont présents, je n'ai aucune chance de gagner au jeu tellement ils sont compétitifs. C'était plutôt rare que ce soit moi le champion, mais heureusement, je n'étais pas mauvais perdant. Si Peter remportait les honneurs, je m'inclinais sans mépris.

La mère de Patrick, tante Joyce, une Anglophone qui, selon moi, ne connaissait que quelques mots de français, nous gardait à l'œil lorsque nos activités se passaient à l'intérieur. J'avais l'impression de passer au peigne fin parce qu'elle m'épiait d'un air suspect. Est-ce qu'elle devinait mon secret? Quelle horreur si elle décidait de confronter ma mère sur ses observations! Je priais Dieu qu'elle garde pour elle-même ses conclusions. Connaissant la fierté de ma mère, tante Joyce avait intérêt à garder le silence, ce qu'elle a choisi de faire. Le jour qu'elle m'a traité de « sissy » (qui se traduit par « personne peureuse ou efféminée »), j'ai compris qu'elle saisissait des concepts qui ne m'étaient pas tout à fait évidents. Je n'ai jamais oublié ce commentaire et je ne lui ai jamais gardé rancune. Ce n'était pas dans ma nature.

Peter, le voisin de gauche, Patrick, le voisin de droite, et moi formions un trio d'amis destinés à des vies très différentes les uns des autres. Souvent, on jouait ensemble tous les trois. De loin je préférais Peter. Intelligent avec une curiosité sexuelle comme la mienne qui nous a permis à plusieurs reprises de se comparer physiquement, m'a permis de me sentir accepté par autrui. Je ne gagnais pas souvent aux cartes et aux autres jeux qu'on jouait à l'époque, mais mon amitié avec lui me donnait espoir que, même si mon quotient intellectuel n'était pas aussi élevé que le sien, je possédais des qualités qui faisaient en sorte qu'il m'acceptait.

Un garçonnet de mon âge ne pensait guère à l'avenir, mais je savais que mon temps avec Peter serait de courte durée. Dans ma tête de petit garçon, je me contentais de ses visites sanctionnées par ma mère. Un beau soir d'été pendant les canicules, j'ai obtenu la permission de coucher sur la véranda sur un lit de camp dans un sac à couchage. Comme nous avions deux lits de camp, pourquoi pas ne pas inviter Peter à venir passer la nuit? Puisqu'il était louveteau, il avait aussi un sac à couchage. Les permissions parentales obtenues, nous avons passé la nuit l'un à côté de l'autre sans se toucher, chacun sur son lit de camp. Je crois que ma mère n'en n'a pas dormi de la nuit.

Deux ou trois ans plus tard, la famille de Peter a emménagé dans une nouvelle maison située à l'extrémité est de la ville. En bicyclette, ça me prenait un bon dix minutes pour m'y rendre. Je n'y allais donc pas fréquemment et je sentais qu'une séparation s'installait. Peter s'était fait de nouveaux amis et son nouveau cercle de connaissances n'incluait pas le genre de garçons avec qui j'avais des affinités.

Je me souviens de la dernière fois qu'on a passé du temps ensemble. Nous étions tous les deux dans sa chambre, la porte fermée. Allongés sur le lit, nus, nous nous tripotions. J'admets que c'est moi qui fut le plus actif. Cette rencontre a été écourtée lorsque la porte principale de la résidence s'est ouverte. De peur de se faire prendre en flagrant délit, les culottes baissées, on s'est rhabillé à la vitesse d'un éclair. Le visage de sa mère laissait entrevoir des questionnements inquiétants. Une discussion entre nos mères aurait eu des conséquences désastreuses. D'après moi, le risque n'en valait pas la chandelle et de plus, j'étais convaincu que Peter se lassait de nos activités. J'étais triste d'avoir à mettre un terme à une amitié qui me procurait des joies, aussi éphémères furent-elles!

De temps en temps, ma tante Annette et son fils Michel venaient nous rendre visite. Ils habitaient à Campbellton, une ville à quelques 20 kilomètres de notre maison. À l'instar de nos mères qui recevaient de temps à autres des femmes pour le thé vers 15 h, Michel et moi, sous le promontoire servant à rejoindre la corde à linge, les imitions en se donnant des noms de femmes (Michel se nommait Mme Carré et moi, Mme Caron). Nos conversations ressemblaient, dans la mesure du possible, aux histoires que se racontaient, au salon, sept ou huit amies de ma mère venues partager leurs expériences de vie et des trucs astucieux pour bien élever des enfants.

Je ne me souviens pas comment ce jeu s'est développé, mais je soupçonne que Michel me l'a suggéré en sachant qu'il y avait de bonnes chances que je participerais. Nous n'avions aucune attirance physique l'un pour l'autre et, de toute façon, nous étions liés par le sang, donc, il ne fallait pas penser aux contacts physiques. C'était clairement un interdit religieux. Sans dire un mot, on se reconnaissait Michel et moi. Et bien qu'on ne se voyait pas souvent, j'étais toujours content d'être avec lui. L'aîné de sa famille, et pendant bien des années l'enfant unique de Tante Annette et Oncle Camille, il était plus averti que moi. Je soupçonnais que sa mère, qui le traitait en adulte, l'informait de choses que ma mère ne me racontait pas, soit par manque de temps ou par souci de contrôle des informations superflues pour un garçonnet de mon âge.

Le contexte familial

Venus d'endroits différents, voire même de deux pays, mes parents se sont rencontrés à Dalhousie vers la fin des années 30. Ils se marièrent à la fin de la Deuxième Guerre mondiale. Quelques années plus tard, ils emménageaient dans une maison de 1 200 pieds carrés sur deux étages construite sur une parcelle de terre qui appartenait à mon grand-père maternel et qui avait servi de jardin potager. Ensemble, ils ont eu six enfants : Paul, Claudette, George, moi (Charles), Éric et Daniel. Les naissances s'échelonnent sur une période de 20 ans, les cinq premiers étant nés durant les 10 premières années de leur union. Le petit dernier, Daniel, est né dix ans après Éric, ce qui fut la surprise pour toute la famille, y compris ma mère qui croyait qu'elle avait terminé cette phase de sa vie.

Dorilla, une femme forte et de tête, était, sans aucun doute, le chef de la famille même si à l'époque, le mari était le titulaire de ce rôle. Elle était la plus aînée des filles occupant le sixième rang dans sa famille. Ses parents, de fervents catholiques, habitant la maison voisine de la nôtre, suivaient de très près les développements de leurs petits-enfants (surtout les enfants de Dorilla). Lorsqu'elle avait besoin d'un conseil, ma mère n'hésitait pas à se rendre chez sa mère.

La ville de Dalhousie, dont les débuts remontent à 1825, a été construite sur le flan nord d'une montagne faisant face à la Baie des Chaleurs, le chef-lieu du comté du Restigouche. Les activités économiques se centraient sur la production du papier journal grâce à la Canadian International Paper (CIP) qui avait choisi Dalhousie pour y ériger leur moulin, en partie, en raison d'un port de mer profond pouvant assurer l'amarrage de grands bateaux de cargaison. Une bonne majorité des hommes de la ville était à l'emploi de la CIP, dont l'économie de la ville en dépendait largement.

Les rues de la ville est-ouest sont généralement longues avec de faibles inclinaisons, tandis que les rues nord-sud sont plutôt courtes et escarpées. Bon nombre d'habitations avaient une jolie vue panoramique sur la Baie avec un arrière-plan de collines ondulées de la Gaspésie. Nous sommes dans la région des Appalaches, à la toute fin de cette chaine de montagnes qui commence dans le nord-est des États-Unis.

Trois ans après ma naissance, mon frère Éric est né par césarienne. Des complications au moment de sa naissance ont fait en sorte qu'il a manqué d'oxygène pour un court laps de temps et son cerveau a été endommagé causant une paralysie cérébrale. Non apparente durant les premières années de sa vie, cette déficience s'est manifestée vivement vers l'âge de trois ou quatre ans. Son développement attardé n'inquiétait pas, outre mesure, ma mère qui en avait été bien informée par des médecins de Montréal où elle s'était rendue pour obtenir de plus amples informations concernant son bébé. Ces derniers lui ont recommandé de placer son enfant, ce qu'elle a catégoriquement refusé préférant s'occuper elle-même de son poupon.

Ce cinquième enfant qui exigeait une présence et un suivi constant l'occupait du matin au soir. Heureusement que ses deux plus vieux, Paul et Claudette, avait reçu un bon départ et qu'ils n'exigeaient pas trop de son temps. À l'instar de son père, elle dirigeait la maisonnée d'une main ferme. Habituellement de bonne humeur, elle était capable de perdre son sang-froid lorsque confrontée pour des motifs insolites ou injustifiables. Ses valeurs sûres et sa croyance religieuse servaient de fondement à son approche à la vie. Quotidiennement, elle nous transmettait des messages positifs et encourageants. La discipline était au cœur de sa démarche pédagogique où un affront n'était pas toléré. Il pouvait y avoir de sérieuses conséquences à nos manquements. Le martinet n'était pas exclu de l'arsenal des méthodes de recours pour nous faire voir le gros bon sens.

À mes yeux, ma mère représentait une personne qui avait réussi sa vie et qui avait misé sur une éducation post-secondaire au moment où c'était l'exception à la règle pour les filles. L'effort qu'elle avait mis pour devenir une enseignante en règle démontrait, qu'avec détermination, une personne pouvait atteindre de hauts sommets. Paul et Claudette réussissaient à se placer parmi les premiers de classe en partie grâce à l'aide de ma mère pour qui l'éducation de ses enfants passait en premier. Son objectif était de voir ses bambins instruits et préparés à la vie.

Daniel, le cadet, a fait son entrée au moment où les plus vieux étaient pensionnaires dans des écoles privées. En partie en raison de sa force physique, Éric était devenu un danger pour la famille et a dû être placé. Mes parents se retrouvaient seuls avec Daniel. Ils disposaient donc de plus de temps pour lui donner un encadrement complet.

Ses réussites académiques en font foi car il se classait soit premier ou deuxième à chaque niveau scolaire. Intellectuellement, il se situe au-dessus de la moyenne. Lors d'un voyage dans l'Ouest canadien alors qu'il n'avait pas encore 10 ans, il a appris à jouer aux échecs avec une facilité et une rapidité surprenante. Somme toute, on peut dire qu'il a eu les mêmes avantages qu'un aîné de famille pour qui on a amplement de temps et de patience pour enseigner des concepts au moyen d'activités ludiques.

Loin d'être un premier de classe comme mes amis Peter et Patrick, je me contentais de figurer dans la première moitié du troupeau. Tout jeune, ma mère me faisait lire des panneaux routiers et presque chaque fois, j'omettais une lettre ou une syllabe. Ça amusait les autres dans la voiture mais j'étais humilié devant mon incapacité à reconnaître des mots en dépit du fait que je connaissais les lettres. J'ai vite compris que j'avais un problème. Ma mère ne m'en a jamais parlé, mais elle a dû se douter que j'avais des difficultés d'apprentissage. Beaucoup plus tard, après avoir terminé mes études universitaires, j'avais la certitude que je souffrais de dyslexie (lettres et chiffres). J'ai conclu que ma déficience était faible car j'ai réussi à terminer mes études en même temps que mes confrères et consœurs de classe.

Des recherches récentes ont prouvé que les aînés de famille profitent d'un avantage en raison du temps que peuvent leur accorder leurs parents. Les répercussions positives de l'apprentissage précoce s'échelonnent durant toute la vie selon les chercheurs. J'étais fils d'institutrice qui ne voulait rien de mieux qu'une bonne éducation pour ses enfants. Par contre, ma mère ne disposait pas de suffisamment de temps pour m'accorder une attention particulière qui aurait eu un impact sur mes résultats scolaires. De plus, il n'y avait aucune scolarisation au niveau de la maternelle et de la prématernelle au Nouveau-Brunswick dans les années 50.

Je profitais de la liberté que ma bicyclette me procurait et de l'exercice physique qui en résultait. J'enfourchais mon vélo et je partais à la découverte de ma ville natale. Avec le temps, j'avais réussi à trouver les rues qui me permettaient de monter vers le haut de la ville sans faire trop d'effort exténuant. En empruntant certaines rues est-ouest où les pentes étaient douces, je pouvais graduellement me rendre au sommet de la ville pour admirer le magnifique panorama. En été, on pouvait savourer des couchers de soleil sur la Rivière Restigouche à vous en couper le souffle, et en hiver, des scènes de cabanes de pêcheurs multicolores sises sur la glace à proximité du rivage. La pêche aux éperlans constitue une activité hivernale annuelle très prisée et, pour certains, qui contribue à arrondir des fins de mois difficiles.

Lors d'une randonnée en vélo, j'ai fait la connaissance d'un garçon plus jeune que moi mais qui m'impressionnait. Ensemble, on avait jeté les fondements d'un club de cyclistes qu'on voulait créer. Les règles d'appartenance avaient été discutées et on songeait au recrutement de nos membres. Gaston, fils unique et surprotégé de Jeanine et Wally, n'avait pas beaucoup d'amis. Selon moi, son intelligence, hors du commun, rendait difficile son acceptation dans des cercles d'amis de son âge.

J'en savais très peu au sujet de sa famille. Avec le temps, j'ai rencontré ses parents. C'était évident que la surprotection provenait de sa mère : une mère-poule comme on en voit rarement. Son père, par contre, me paraissait un homme bien équilibré et intéressé par les autres, même par les jeunes gens. Plus tard, j'ai appris que Wally était le directeur du personnel au moulin de la CIP. J'avoue qu'à l'époque je ne comprenais pas vraiment ce qu'il faisait comme travail. Ce que j'avais saisi par contre, c'est que, pour ceux qui voulaient travailler dans cette entreprise, il fallait faire ses preuves en passant par son bureau (le bureau de la gestion des ressources humaines).

Difficile pour moi de me comparer à Peter, Patrick, Michel et Gaston, tous plus âgés, qui avaient reçu, grâce à leur ordre de naissance, un coup de pouce éducatif qui se traduisait par de meilleures notes en classe et des habilités enviables.

Pour s'occuper de ses enfants, ma mère avait renoncé à son poste d'enseignante à Balmoral. Les deux plus vieux de la famille ont joui d'une présence ininterrompue de ma mère soucieuse de leur enseigner le plus possible afin de faciliter leur entrée scolaire. Tous deux ont bien réussi leurs études grâce, en partie, aux écoles privées qu'ils ont fréquentées. George, le troisième de la famille, démontrait des difficultés d'apprentissage. Les méthodes alternatives d'éducation étaient peu connues et il fallait emboîter le pas au même rythme que les autres. Par conséquent, George a eu du mal à suivre ses pairs.

George compensait largement ses faiblesses par une personnalité attachante, une ouverture d'esprit, une éducation de la rue, un physique attirant, un sourire désarmant et des yeux si bleus qui faisaient fondre le cœur des durs-à-cuir. Il avait le don de pouvoir aisément vendre une idée ou un produit. Et c'est justement cette qualité qui lui a permis de vivre une vie raisonnable comme vendeur itinérant et, plus tard, comme tenancier de magasins de vêtements et d'appareils électroménagers.

C'est vers lui que je me penchais pour savoir comment agir dans des situations difficiles. Il pouvait se tirer d'affaires si facilement. J'admirais sa beauté physique qui faisait de lui un garçon populaire. Avec ses amis, durant les années 70, il a fondé plusieurs formations musicales bien connues dans la région de la Baie des Chaleurs. Les filles étaient folles de lui.

Il serait faux de prétendre qu'on s'entendait à merveille. Nos personnalités, diamétralement opposées, provoquaient des chicanes interminables. Il aurait voulu un frère avec qui il aurait pu jouer aux « darts » (fléchettes) ou au hockey sur table, mais chaque fois qu'on essayait de faire une activité à deux, ça virait au vinaigre.

Après le départ de Peter, je me suis détaché de Patrick, préférant être seul que de me retrouver avec lui. En fait, c'est son frère, Norman, que je trouvais agréable, mais vu la différence d'âge et le fait qu'il était athlétique, je gardais mes distances. Je n'aurais pas voulu qu'il devine mon secret. Qu'avais-je tant à cacher? Je n'avais jamais passé aux actes. Certes, j'étais attiré vers les garçons, mais jamais je ne me serais permis de poser un geste qui aurait conduit à une répudiation au sein de ma famille. Même si j'aimais ma mère, j'avais une peur infondée de ce que serait son mécontentement si jamais elle découvrait mon orientation. J'avais appris à me protéger et à ne pas attirer ses mauvaises grâces. Il ne fallait pas jouer avec le feu, sinon on risquait de se brûler. Cette leçon, je l'avais apprise au sens littéral et figuré.

Deux autres garçons avec qui je m'entendais bien, Roger et Colin, m'invitaient, de temps à autre, à les accompagner pour des randonnées en vélo ou pour une nuit dans la tente de l'un ou l'autre. Ne connaissant pas le lien d'amitié qui les unissait, autre le fait qu'ils étaient voisins, je me sentais de trop et j'avais peur de faire un faux pas. Je me gardais de faire ou de dire des choses qui auraient démontré mes vraies couleurs. J'étais en admiration des talents de Roger qui pouvait dessiner n'importe quoi. De plus, il avait un don pour la musique, ce qui était très enviable car il se faisait inviter pour participer à des spectacles. Ça lui donnait une popularité et un accès facile à un tas de gens.

J'en étais, à ce stade, à ma dernière année de l'école élémentaire. En 7ᵉ année, je commençais à remarquer les vêtements portés par les autres gars de mon âge. Mon apparence physique m'importait et ma taille de guêpe me permettait de porter une variété de vêtements, mais mon corps chétif me laissait vulnérable à une attaque d'un plus fort que moi. Je devais quitter une école où je figurais parmi les plus âgés pour entreprendre des études au niveau secondaire avec des étudiants d'un peu partout en ville et de l'extérieur qui arrivaient en autobus. J'étais conscient qu'il me serait difficile d'interagir avec certains personnages de milieux défavorisés et qui, pour la plupart, était des bagarreurs ou qui voulaient donner l'impression de l'être.

Attentive aux implications que ce changement scolaire allait provoquer, ma mère s'est renseignée sur le découpage des élèves de la huitième année. Insatisfaite du classement, elle a exigé et obtenu une modification à la liste de sorte que je me trouvais dans la classe de Madame Aline, une enseignante très respectée et, comme je l'ai découvert plus tard, une soie. Je me sentais compris par cette dame au grand cœur même si on ne s'était jamais parlé de ma vie privée. Elle avait un sixième sens qu'elle employait avec doigté. Par choix ou non, elle n'avait pas d'enfants, mais tous les élèves de sa classe étaient ses enfants qu'elle aimait et qu'elle guidait avec son sens de l'éthique, ses connaissances et son cœur d'or.

J'étais conscient de mes limites tant physiques qu'intellectuelles. Sans pouvoir le prouver, j'avais le sentiment que l'enseignement dans les écoles publiques laissait à désirer. Les enseignants passaient un temps disproportionnel à faire de la discipline, ce qui réduisait la durée de la matière enseignée. À l'âge de 13 ans, j'ai demandé d'être envoyé dans une école privée pour garçons pour m'assurer d'une meilleure éducation. En chaire, le prêtre de la paroisse Saint-Jean-Bosco annonçait l'ouverture du Petit Séminaire Saint-Charles-Borromée (PSSC) à Bathurst, soit à environ 80 kilomètres de Dalhousie. J'y voyais une évasion de mon école secondaire (Notre-Dame) où j'avais fait mes 8e et 9e années. J'étais terrifié par l'intimidation et le « taxage » qui était monnaie courante, bien que les Frères de l'instruction chrétienne travaillaient fort pour assurer le bon ordre de cet établissement.

Pour être admis au PSSC, en plus d'être recommandé par le curé de sa paroisse, il fallait être d'une bonne famille catholique et prêt à payer les frais mensuels pour l'hébergement et la scolarisation. Au moment où j'ai fait la demande à mes parents, les ressources financières étaient étirées presqu'à la limite. Avec trois autres enfants en pension (Paul, Claudette et Éric), j'ajoutais au fardeau financier. Toutefois, mes parents étaient tellement heureux que je choisisse une école privée qu'ils étaient d'un commun accord à serrer les cordons pour me permettre d'aller chercher une éducation de qualité. Le PSSC offrait bien plus que l'instruction scolaire parce qu'on apprenait à vivre en société et en harmonie avec notre foi.

Les amitiés particulières

C'est à l'automne de 1967 que je fis mon entrée au PSSC à Bathurst, quelques semaines avant mes 14 ans. Les célébrations du Centenaire du Canada et la foire internationale à Terre des Hommes battaient son plein. Juste avant de partir pour le petit séminaire, j'ai profité d'un voyage avec ma sœur pour un court séjour à l'Expo 67 qui s'est avéré un point marquant de ma vie. Nos parents nous avaient donné la permission de partir ensemble pour la grande métropole sachant que nous serions logés dans le couvent des Sœurs de Notre-Dame du Bon-Conseil au 665 est, boulevard Gouin.

Lors de notre visite sur le site de l'exposition, j'ai eu le plaisir de rencontrer deux des prêtres enseignants du PSSC. Pour sa part, Claudette, m'a présenté deux religieuses de la Congrégation des Hospitalières Saint-Joseph du Nouveau-Brunswick, dont Sr Maillet, un personnage inoubliable autant pour sa joie de vivre que pour sa simplicité désarmante.

La vague de renouveau dans l'église catholique faisait suite au deuxième Concile œcuménique du Vatican (tenue dans la Basilique Saint-Pierre) qui venait de terminer le 8 décembre 1965 (jour symbolique de la Fête de l'Immaculée Conception). C'était la fin des messes tridentines (avec dos au peuple). L'ordinaire de la messe serait désormais prononcé dans la langue des fidèles. Fini aussi les chants grégoriens remplacés par cantiques liturgiques avec accompagnement à la guitare, au violon, au piano et autres instruments selon les talents des participants.

Cet engouement pour la religion s'est traduit par une vague de recrutement chez les religieux en congrégation et dans les diocèses de la planète en quête d'une relève jugée essentielle pour le bon fonctionnement de l'appareil religieux. L'idée de créer un petit séminaire était fort simple. On invitait des jeunes garçons à vivre une expérience de groupe basée sur une communauté catholique pour susciter leur intérêt à devenir prêtre. À Bathurst, on offrait la formation aux garçons de 10e, 11e et 12e année. Un quatrième dortoir avait été prévu pour les finissants du PSSC qui poursuivraient leurs études (le cours classique) au Collège de Bathurst à proximité du petit séminaire. Des études au Grand Séminaire de Québec s'imposaient pour acquérir les connaissances approfondies de la théologie avant l'ordination sacerdotale de jeunes hommes recommandés à la prêtrise.

À l'époque, le rêve d'une mère, c'était d'avoir au moins une vocation dans la famille. Le frère de ma mère (Aldéric) qui comptait parmi les adhérents des Frères de l'Instruction Chrétienne me servait d'exemple. Depuis mes débuts dans les rangs d'enfants de chœur, je songeais à devenir prêtre. J'ignorais si mon orientation sexuelle m'empêcherait d'atteindre mon but. La réponse me viendrait de mon expérience en tant que petit séminariste. J'étais un peu naïf, mais l'information sur le sujet n'était pas facilement accessible.

Au début des années 60, les pères Albert et Robichaud avaient été mandatés par l'Évêque de Bathurst pour faire le tour de l'Amérique du Nord afin de visiter des juvénats, des noviciats et des petits séminaires pour identifier les éléments clés de constructions gagnantes. Ils avaient interviewé des dirigeants d'institutions qui leur avaient fourni des conseils judicieux pour le bon fonctionnement d'un pensionnat.

De retour à Bathurst, de concert avec les architectes, les pères Albert et Robichaud dessinèrent un établissement composé de quatre édifices indépendants (chapelle, réfectoire, gymnase et résidence-école) en pierres de champs avec toitures en angle de 20 à-25 pieds au point le plus élevé. Des trottoirs en béton reliaient les quatre structures. En hiver, il fallait s'habiller pour aller à la chapelle ou au gymnase. À chaque automne, Marius, l'homme à tout faire, montait des coupe-vent en plastique quasi-rigides pour atténuer le froid et empêcher la neige au passage entre l'édifice principal (résidence-école) et le réfectoire.

L'édifice principal abritait, aux extrémités, quatre dortoirs au sud ainsi que quatre salles de classe et une bibliothèque au nord. Entre ces deux aires, on retrouvait trois salons (étudiants, prêtres et visiteurs) et quatre appartements privés pour les prêtres. Entre deux dortoirs se trouvait un appartement pour un autre prêtre : l'espace privé du Père Albert entre les deux dortoirs de l'est et le Père Robichaud à l'ouest. Ce sont eux qui avaient la responsabilité de veiller au respect des heures de silence (21 h 30 à 7 h).

En quittant le noyau familial, je n'imaginais pas à quel point je manquerais la nourriture de ma mère, une cuisinière hors pair. Je n'avais aucune idée à quoi m'attendre, mais j'étais ouvert à l'aventure, du moins c'est ce que je pensais. Il n'y avait aucune baignoire à notre disposition, seulement des douches. Et moi qui avais une peur morbide de l'eau, ça m'a pris du temps à m'adapter à me laver les cheveux sous la pomme de douche. Ma phobie était grande et je suffoquais lorsque l'eau me tombait sur la tête. Je crois que c'est la noyade du frère de ma mère qui a provoqué chez elle une peur de l'eau qu'elle nous a transmise sans même s'en rendre compte.

Le premier jour de mon arrivée au PSSC, une atmosphère de fête régnait. Des parents avec leur fils s'affairaient à transporter d'énormes malles mesurant approximativement deux pieds en profondeur, quatre pieds en longueur et deux pieds en hauteur. Le va-et-vient des prêtres, des parents et des séminaristes produisait un niveau d'agitation éphémère et, une fois les parents repartis après les adieux sanglotants, le calme s'installait avec l'aide des mots réconfortants des prêtres. Pour la plupart, il s'agissait d'un retour dans un environnement familier, mais pour les nouveaux venus en 10e année, c'était l'émerveillement des édifices et des intérieurs hors du commun et d'une beauté inégalée au Nouveau-Brunswick.

Je me souviens qu'un certain Gary est venu vers moi et s'est présenté. L'avait-il fait de son propre gré ou s'agissait-il d'une responsabilité qu'on lui avait donnée? Qu'importe, j'étais content qu'on veuille bien m'orienter dans cette immense propriété dont les styles et les structures m'étaient complètement étrangères. M'avait-on assigné Gary parce qu'il avait aussi un nom de famille anglais? Je suis resté sans réponse. Ce que j'ai vite

Gay et passionné

compris, c'est qu'il s'intéressait à moi pour des raisons inconnues. Originaire de Bathurst, Gary et son frère Claude étaient bien connus au PSSC. Gary commençait sa 11e année et Claude, sa 12e. Les cheveux peignés vers l'arrière soutenus par une bonne quantité de brillantine, Gary sentait comme mon père, c'est-à-dire une forte odeur d'Old Spice, un après-rasage bien en vogue. Son visage confirmait qu'il avait eu une période d'acné sévère dont les séquelles étaient de toute évidence. En dépit d'une belle personnalité, il me répugnait un peu. Je crois que la senteur y était pour beaucoup.

Une tournée du site m'a permis de voir des intérieurs splendides. La fenestration offrait beaucoup de clarté avec des vues sur un paysage encore en friche. Le site, en périphérie de la ville, n'était pas développé et un boisé derrière le gymnase sur une propriété qui n'appartenait pas au PSSC me rappelait ma ville natale. Le décor d'inspiration scandinave me plaisait : des murs blancs, des meubles simples, mais très fonctionnels, une disposition des pièces offrant de grands espaces pour des réunions ou des rencontres de groupes, tout avait été minutieusement pensé.

J'ignorais complètement le concept de « grand frère » qui se voit dans les pensionnats comme dans les prisons. À l'arrivée d'un nouveau venu, un ancien le réclame et interdit aux autres, par ses paroles ou par ses actions, de trop s'en approcher. Il se développe ensuite une relation spéciale et, dans certains cas, ça peut inclure de l'affection et, à l'extrême, des relations sexuelles.

Outre les légers attouchements avec Peter, je n'avais jamais été approché par un autre, soit pour de l'affection ou pour une expérience sexuelle. Si c'était ce dont Gary recherchait, il avait choisi la mauvaise personne et il perdait son temps. Il s'est vite rendu compte, sans que je ne le lui dise, qu'il ne pouvait pas s'attendre à un rapprochement avec moi.

La vie sociale dans ce genre d'établissement ressemble un peu à celle d'un petit village où on retrouve des services essentiels : la poste, la procure, une infirmerie, un réfectoire, une chapelle, un gymnase, une bibliothèque, une aile dédiée aux études, des aires de jeux et de repos.

21

On peut également trouver des amitiés, des activités récréatives, des rumeurs, du commérage, de la jalousie, du favoritisme, des actes répréhensibles mélangés avec du partage, de la collaboration, de bons conseils, de l'aide spirituelle, d'encouragement, d'appui, de compassion et de soutien physique et moral. C'est en fait un microcosme de la société à l'extérieur des murs de la petite communauté. Il fallait être un peu innocent de penser que tout irait bien et qu'il n'y aurait aucun problème. Pendant les deux années passées dans cette institution, j'ai reçu des leçons de vie qui me servent encore aujourd'hui.

Peu après mon arrivée, j'ai entendu l'expression « des amitiés particulières ». Sans en connaître le sens précis, mon imagination laissait entrevoir un rapprochement entre personnes de même sexe. Cette expression constitue le titre d'un roman autobiographique paru en 1943 de l'auteur français Roger Peyrefitte. Le roman qui a été porté au grand écran en 1964 « traite d'une relation amoureuse entre deux garçons dans un pensionnat catholique et montre la volonté d'un prêtre pour protéger un des jeunes garçons des « amitiés particulières » arrive à détruire les garçons et leur relation. »

Cette histoire, bien connue dans les pensionnats du pays, venait confirmer ce qui se passait depuis des siècles. Bien que l'auteur du roman ne cherche pas à légitimer les relations entre personnes de même sexe, on pourrait argumenter qu'en écrivant cette histoire, il donnait aux jeunes gens l'espoir de vivre une expérience plaisante avec une autre personne du même sexe. C'est à ce moment que je me suis rendu compte que mon secret pouvait bien ressembler à celui d'autres garçons qui vivaient les mêmes émotions que moi. À 14 ans, j'avais entendu parler d'homosexualité mais jamais dans un contexte favorable. Ceux qui en discutaient en parlaient de façon très péjorative, voire même avec dédain comme s'il s'agissait de la pire maladie à enrayer.

Pas surprenant alors que je repoussais ceux qui tentaient de se rapprocher de moi de peur de me faire pointer du doigt. Mais l'adolescence étant ce qu'elle est, la curiosité me piquait. Mais attention! Le commérage dans un institut en vase clos est pire que les romans savons à la télé et je ne pouvais me permettre de faire un faux pas qui aurait garanti mon expulsion du séminaire et des récriminations de ma mère.

Peu de temps après la séparation avec Gary, un autre prétendant s'est pointé. Il m'avait probablement à l'œil, mais n'aurait pas fait le premier pas tant et aussi longtemps que Gary était dans le décor. Quand la voie s'est ouverte, il s'est rapproché. Un étudiant en 12ᵉ, Léopold avait une réputation d'être un type un peu spécial. Mordu du hockey, il connaissait tous les joueurs, les ligues, les parties gagnées et les détails concernant ce jeu qui ne m'a jamais intéressé. Son passe-temps favori était le jeu de cartes « 10 » semblable au bridge où chacun des quatre participants se voit offrir dix cartes au hasard (les 2, 3 et 4 de chaque suite ne sont pas utilisés). L'objectif du jeu est d'analyser les probabilités d'atteindre le nombre de points fixés au départ (par surenchères) gagné par levées remportées par la carte ayant la plus grande valeur ou par une carte dite « atout ». Ce jeu exige une mémoire phénoménale et des stratégies bien placées. Léopold était un excellent joueur ce qui démontrait certaines qualités admirables.

Ayant deux ans de plus que moi, il était au stade de l'expérimentation sexuelle avancée et moi, je n'y étais pas. Avec le temps, mon amitié avec lui s'est estompée. Il était très gentil et d'une intelligence certaine, mais pas à mon goût physiquement. Nous sommes demeurés en bons termes, et j'avais l'impression qu'il avait compris que je n'étais pas prêt pour ce genre de rapprochement.

Une journée typique commençait à 7 h accompagnée de musique classique qu'on entendait dans toutes les pièces. Ce rituel quotidien était suivi de la messe, du déjeuner et de périodes en salle de classe (de 8 h 15 à 12 h 30). En après-midi et en soirée, trois périodes d'études étaient entrecoupées par des temps de récréation, une deuxième messe et le souper. Le couvre-feu de 21 h 30 était strictement imposé. Un weekend par mois, on avait le loisir de retourner en famille ou de rester au PSSC. Presque tous les garçons repartaient comme si on nous ouvrait les portes de la prison. Le plus souvent, je faisais de l'auto-stop au grand mécontentement de mes parents. C'était l'occasion de faire lessiver ses effets personnels avant de repartir le dimanche après-midi.

Au cours du premier semestre, j'ai vécu une expérience qui m'a marqué dont je n'ai pas parlé pendant des années. Dans mon groupe, nous n'étions que huit séminaristes. Nous avions donc beaucoup d'espace dans le dortoir même si on nous avait assigné chacun une place avec un lit, une commode, un pupitre avec tablette et une penderie. Les couvre-lits en canevas en tons de bleu ou vert répétés sur les portes de la commode et celle de la penderie, indiquaient clairement l'appartenance. Le dortoir avait été conçu pour deux groupes de huit, donc une capacité maximale de 16 personnes. La conception symétrique avec clôture en bois divisait parfaitement les deux moitiés : quatre lits faisant face à quatre autres formaient un tout. Mon lit était celui le plus près de la salle des douches et toilettes. En face de moi, c'était le lit de Ronald (pas son vrai nom), le fils du maire d'une petite municipalité dans la région du Miramichi. Il était plus grand et plus âgé que la moyenne du groupe. Il était enfant unique et très gâté par ses parents qui en avaient perdu le contrôle.

Ses parents avaient embauché une bonne avec qui Ronald s'entendait bien. Il avait le contrôle sur elle qui faisait tout ce qu'il lui demandait, y compris des faveurs sexuelles. Il s'en vantait ouvertement durant les récréations.

Je m'en méfiais et il s'en était aperçu ce qui lui donnait un certain pouvoir sur moi sans que je puisse en faire quoi que ce soit. C'est du moins ce que je pensais à l'époque. Je me glissais dans le groupe pour m'éloigner de lui le plus loin possible. Suite aux remarques des autres dans notre cohorte, il ne m'inspirait pas confiance et j'avais raison de le craindre.

Une certaine nuit, après que tous les garçons s'étaient endormis, Ronald m'a interpelé à son lit. Je ne voulais pas y aller, mais dans les semaines précédentes, il m'avait bien fait comprendre qu'il était prêt à m'écraser s'il n'obtenait pas ce qu'il voulait. Contre mon gré, je me suis rendu à son chevet et je me suis aperçu qu'il est en érection. Il m'a pris la tête pour exiger une fellation. N'ayant aucune expérience, je ne suis pas certain que je lui ai donné le plaisir qu'il escomptait.

De retour à mon lit, la panique m'a pris : est-ce que quelqu'un avait eu conscience de ce qui venait de se passer? Et si oui, y aurait-il des répercussions? Avec peine et misère, je me suis concentré pour m'endormir. Ce viol fut répété une autre fois, mais je ne me doutais pas de ce que l'avenir me réservait.

Ronald s'y prend de la même façon pour m'inviter une deuxième fois à son lit. Ce soir-là, un des deux prêtres en devoir faisait ses rondes nocturnes dans les quatre dortoirs. Lorsqu'il a quitté notre secteur, Ronald m'a interpellé. Je me disais que si on se faisait prendre, ces actes répréhensibles cesseraient. Toutefois, j'avais peur qu'on m'accuse d'être l'instigateur.

Malgré toutes mes craintes, personne ne nous a pris en flagrant délit. Je suis retourné dans mon lit en pensant que Dieu me protègerait et qu'il me viendrait éventuellement en aide. J'étais loin de me douter du sort de Ronald.

Pendant le cours de mathématiques avec le Père Richard, le directeur du PSSC est entré dans la salle de classe et a demandé à Ronald de le suivre. Mon cœur battait à une rapidité sans précédent. Qu'allait-il lui arriver? Avant la fin du cours, de par la fenêtre qui faisait face au stationnement, on a aperçu Ronald et ses parents qui se dirigeaient vers leur voiture avec une valise en main. Nous sommes tous restés muets, mais on a ressenti un soulagement collectif alors que personne n'osait dire un seul mot. Est-ce que tout le monde savait ce qui s'était passé entre lui et moi? Cette question est demeurée sans réponse.

Le même soir, lors de la période d'étude, le Père Albert, qui n'est pas mon directeur spirituel, m'a convoqué dans son appartement privé. Je tremblais de peur parce que j'imaginais qu'il me poserait un bon nombre de questions embarrassantes. Le Père Saulnier est celui qui me guide dans les sentiers de ma spiritualité.

J'avais un profond respect pour le Père Albert qui était le plus vieux des prêtres enseignants. Lorsque je suis entré dans son bureau, il m'a tout simplement demandé si mes problèmes étaient réglés? Je lui ai répondu « oui ». Il m'a fait un grand sourire avant de me dire de retourner à mon pupitre pour terminer la session d'étude.

Durant les semaines et les mois qui ont suivi, le Père Albert me portait une attention spéciale sans que ce ne soit évident. Lorsque je restais au PSSC pendant les fins de semaine, il veillait sur moi et m'invitait à faire des randonnées dans sa Volkswagen Beetle qu'il aimait tant. Était-il au courant des « amitiés particulières »? Je me suis souvent posé la question car je sentais qu'il me comprenait sans pour autant vouloir en parler. Avait-il lui aussi connu un rapprochement avec un garçon, mais sans être forcé? La diplomatie et la courtoise de cet homme m'ont marqué pour toujours.

Un peu avant Noël, j'ai remarqué que trois garçons étaient presque toujours ensemble. Ils étaient en 11e et j'ai appris qu'ils venaient tous de Notre-Dame des Érables, un village en banlieue de Paquetteville. Edouard, Bruno et Yves (pas leurs vrais noms) avaient le sourire facile et ils se connaissaient depuis longtemps. J'avais l'impression que ces séminaristes venaient de bonnes familles. C'est maintenant avec eux que je passerais mes temps libres. Ils m'acceptaient sincèrement dans leur cercle d'amis sans aucune obligation de ma part. Je trouve finalement l'équilibre qui me permettra de vivre de beaux moments dans cette atmosphère de paix qu'est un petit séminaire (une fois les obstacles disparus).

La loi du silence

À mon retour au PSSC après la période des Fêtes passée en famille, je me sentais mieux par rapport à moi-même et aussi en lien avec mon environnement et ses surprises constantes. J'apprenais à me débrouiller sans direction parentale. Les conseils prodigués par le Père Saulnier, mon directeur spirituel, lors de nos rencontres mensuelles dans son salon privé, suffisaient pour m'orienter dans la bonne direction. Une belle musique de fond semblait aider les conversations, parfois difficiles, mais jamais forcées. Il m'apprivoisait à sa façon. Au fil du temps, il a appris à connaître mes préférences musicales et il se préparait en conséquence.

Le trio (Edouard, Bruno, Yves) était maintenant un quatuor. Aucun de nous n'était sportif, mais Bruno et moi aimions regarder les parties de ballon-volant surtout lorsqu'une équipe de l'extérieur était invitée. Assis dans les petites estrades longeant le corridor du gymnase, on encourageait nos joueurs. Cependant c'est l'arbitre externe qui attirait notre attention. Il était évident que Bruno prenait autant de plaisir que moi à admirer ce beau grand jeune homme aux cheveux foncés qui courait d'un bord à l'autre pour accomplir ses fonctions. Impossible de dire son âge, mais nous pensions qu'il avait un ou deux ans de plus que les joueurs.

Bruno connaissait bien le concept des amitiés particulières parce qu'il m'en avait parlé à plusieurs reprises. J'avais l'impression qu'il aurait voulu en savoir plus long sur ce qui s'était passé avec Léopold, un autre séminariste qui s'est approché de moi dès mon arrivé. Bouche cousue! Il ne fallait pas encourager le commérage, moi qui détestais tellement cette forme de communication inutile. J'encourageais donc mon petit groupe à patiner sur la patinoire préparée par le Père Robichaud et son équipe de bénévoles, ces jeunes qui se levaient à tour de rôle pour aller arroser pendant des nuits entières.

Une autre activité, celle-ci plus près de mon cœur, était la boîte à chansons, concept populaire vers la fin des années 70. J'étais parmi le petit groupe de séminaristes qui avait fait la demande expresse au Père Richard (notre directeur) pour qu'il nous donne libre cours dans un petit local situé dans le pavillon du gymnase. Décoré de filets de pêche, de lumières colorées, de chandelles disposées dans des bouteilles de vins vides, de nappes carrelées rouges et blanches, cet espace étudiant comblait les romantiques et les amateurs de musique. Puisque nous étions seulement des jeunes hommes, il n'y avait pas lieu d'avoir une piste de danse, mais, au fond, je crois que certains d'entre nous en aurait eu envie. Je pouvais m'imaginer danser un « slow » avec l'arbitre sous les yeux envieux de Bruno. Mais ce n'était qu'un rêve...

Tous les samedis après-midi, au printemps, après la fonte des neiges, notre groupe de quatre se rendait au Bathurst Grill pour un coke et un plat de frites. Assis dans une banquette, nous avions toujours nos pièces de 25 sous pour nous permettre de choisir nos chansons préférées du juke-box. Chaque table avait sa boîte qui était reliée à la centrale. Nous pouvions donc faire nos sélections discrètement à partir de notre banquette. Mon choix était toujours le même : « Brown-Eyed Girl ». Cette ambiance, je l'avais vécue avec mon cousin Michel lorsqu'on partait de chez lui sur la rue Dufferin, à Campbellton, pour se rendre à pied à l'embarcadère du traversier qui nous déposait 20 minutes plus tard à la Pointe-à-la-Croix, en Gaspésie. À nos yeux, c'était un voyage en pays étranger. Sur place, on se rendait au Roméo et Juliette, un joli petit resto rattaché à une station de service. Comme ces deux restos se ressemblaient, je me sentais en terrain connu.

Avant d'entrer au restaurant, nous passions faire un tour dans le magasin à rayons Kent juste en face. C'est dans la mercerie que je prenais tout mon temps pour admirer les vêtements à la mode. J'avais remarqué que l'arbitre s'habillait en tons de bruns. Moi, je préférais la couleur caramel qui faisait rage cette année-là. J'ai acheté une chemise rayée blanche et caramel et une paire de chaussettes caramel. Il fallait autant que possible appareiller ses chaussettes à sa chemise. Quelle coquetterie!

À la caisse, la préposée rédigeait un billet de vente qui, avec un billet d'argent, étaient mis dans un tube de verre et de métal. Un système de succion faisait en sorte que la capsule se rendait au service de la comptabilité au troisième étage où l'achat était approuvé. La monnaie à remettre était retournée par cette même capsule. Je n'avais jamais rien vu d'aussi avancé. Quelle technologie! Que nous réservait donc l'avenir?

L'année scolaire tirait à sa fin et la question qu'on entendait le plus souvent : « Reviens-tu l'an prochain?» Tous ceux qui s'étaient fait de bons amis espéraient les revoir au mois de septembre. Il n'y avait rien de garantie étant donné qu'un bon nombre de séminaristes issus de familles bien moins nanties comptaient sur une subvention de leur paroisse. Sans ces sous additionnels, ils ne pourraient être au rendez-vous en septembre. Y aurait-il de nouveaux visages lors de la rentrée à l'automne? La direction en était au courant, mais pas nous. De toute façon, nous ne pouvions connaître à l'avance les nouveaux jeunes hommes qui s'ajouteraient. Seule la peur de me retrouver à l'École Notre-Dame de Dalhousie avec des étudiants qui m'épeurait constituait une justification raisonnable pour demander la permission de retourner dans un environnement protecteur dans lequel je me sentais grandir dans toutes les sphères.

Le choc culturel que fut le retour au bercail s'est adouci avec la rencontre de Raymond et un peu plus tard, de Michel, un voisin d'en face. Ces deux personnages avaient le même nom de famille et étaient parents lointains. Ils se connaissaient mais ne se fréquentaient pas. À prime abord, Raymond m'a paru comme une personne auto-suffisante et intelligente qui ne se laissait pas marcher sur les pieds. Sa grand-mère, qui vivait dans un logis parental rattaché à leur maison, lui servait de mentor. En plus d'avoir une bonne connaissance des marchés financiers, elle possédait une sagesse que seule une personne ayant vécue longuement pouvait avoir. Raymond n'avait pas peur d'afficher son orientation sexuelle et sa grand-mère semblait l'appuyer. Cette ouverture d'esprit m'a impressionné, sauf que je n'avais personne avec qui partager cette information. J'en ai beaucoup appris de Raymond sur ce qui se passait dans les réseaux d'homosexuels de la Baie-des-Chaleurs. Ce que Raymond ignorait, Michel le savait. Je me suis rapproché de lui pour qu'il me mettre au diapason.

Nous étions du même âge, mais pas au même point dans notre évolution personnelle. C'est en partie la crainte de répercussions de ma mère qui me freinait dans mes actions. Je me gardais d'être téméraire car la découverte de mon secret aurait pu avoir des effets désastreux sur ma famille. Dans une ville où tous se connaissent, il est difficile de garder pour soi une vérité qu'on ne veut pas partager. La possibilité de faire honte à sa famille est une force tellement contraignante qu'une personne se doit de faire bien attention. Je dépendais énormément de mes parents et je ne voulais pas les offenser. Mon éducation me servirait de porte de sortie, mais je devais m'assurer d'y arriver avant que le chat ne sorte du sac. Ce que Raymond et Michel faisaient pouvait bien se passer chez eux, mais les standards de Dorilla étaient drôlement élevés. J'avais intérêt à me conformer.

Bien que j'enviais la latitude dont jouissaient Raymond et Michel, les restrictions imposées par mes parents n'étaient pas déraisonnables. À la longue, j'en serais gagnant. Je leur faisais confiance sans vraiment connaître le raisonnement de leurs positions. Élevé dans le respect, je leur devais de me comporter comme un jeune homme sans reproche. L'amour propre nous avait été inculqué dès notre jeunesse. Pour être constant, il fallait que mes actions suivent les codes de vie approuvés.

Comme tout adolescent qui ne parle jamais des filles et qui ne les fréquente pas, mes parents ont dû avoir des doutes sur mon orientation sexuelle. Préféraient-ils ne pas être confrontés à une réalité dont ils n'auraient pas approuvée? L'omerta ou la loi du silence s'imposait. Si un de mes frères ou ma sœur avait des doutes, ils les gardaient pour eux-mêmes. Personne ne m'a posé de question et, en revanche, je n'offrais aucun indice qui aurait pu vendre la mèche. Mon mécanisme de défense n'était pas très fort et confronté par eux, je n'aurais pas eu les outils ou les arguments pour expliquer mes positions. J'aurais eu l'impression de vendre des crucifix en enfer.

La famille de Normand vivait dans le secteur est de la ville. Il était le deuxième de cinq garçons. La sœur de son père était la conjointe du frère aîné de ma mère. Nous avions donc des cousins en commun. On partageait aussi les mêmes intérêts pour la mode, la musique et les hommes. Efféminé et sans réserve, Normand, qui avait le même âge que moi, s'épanouissait aisément contrairement à moi avec ma réticence que je cherchais à masquer, dans la mesure du possible, une réalité qui serait sûrement, pour les miens, difficile à accepter.

Ses parents vivaient des difficultés de couple. Normand servait de mère suppléante pour ses frères pendant qu'elle gagnait sa vie dans les salles à manger de la région. Serviable et sensible, Normand répondait aux demandes de sa famille avec brio tout en poursuivant ses études au secondaire. Il était approchable et ouvert aux opinions des autres. Un blond aux yeux bruns, il ne passait pas inaperçu, attirant autant les filles que les garçons.

Naïf comme je l'étais à 15 ans, je ne m'étais pas aperçu que je lui plaisais et qu'il aurait voulu une relation avec moi. Lors d'une longue conversation en marchant les rues de Dalhousie pendant des heures, je lui ai avoué que je n'avais jamais embrassé un autre garçon et que je n'étais pas certain de pouvoir bien faire la chose. Ça n'avait pas tombé dans l'oreille d'un sourd et, quelques semaines plus tard, alors que nous attendions que sa mère finisse son quart de travail dans un restaurant de Campbellton, Normand décida que le moment était venu pour ma leçon. Ce baiser fut de courte durée parce qu'on riait tellement.

Dans les mois qui suivirent, une relation amoureuse entre Normand et Omer, un propriétaire d'une quincaillerie locale avait vu le jour. Omer, un homme marié avec des enfants, aimait les jeunes hommes et Normand avait le profil parfait. En contrôle de son emploi du temps, Omer pouvait rencontrer Normand à la sauvette. C'était mieux que rien puisqu'il n'y avait pas beaucoup d'alternatives. Il fallait donc se contenter de peu.

Vers la fin du mois août, je commençais mes préparatifs pour mon retour à Bathurst au PSSC. Mais

31

cette fois, je savais ce qui m'attendait. Les appréhensions de l'année précédente étaient remplacées par le plaisir anticipé de revoir mes amis, ce qui me rendait fou de joie. Outre la bouffe à peine mangeable du pensionnat, je n'avais que de bons souvenirs. J'avais hâte de revoir le trio de Notre-Dame-des-Érables. En retournant à la même institution, je devenais automatiquement un ancien, ce qui me conférait un certain statut. Au cours des 12 derniers mois, j'avais l'impression d'avoir acquis de la maturité. Les longues randonnées avec Normand, les rencontres avec Raymond et sa grand-mère, ainsi que les discussions intenses avec Michel avaient contribué à m'ouvrir les yeux. Il n'en revenait qu'à moi d'être à la hauteur des situations qui se présenteraient. Je quittais encore le noyau familial, mais cette fois sans remous intérieurs.

On ne voit bien qu'avec le cœur

Ma deuxième année au PSSC, à l'opposé de la première, m'a permis de constater que malgré les différences entre les gens, le respect des autres est primordial. Je venais de découvrir « Le petit prince » d'Antoine de Saint-Exupéry et je ne me lassais pas de citer ses beaux passages. « L'essentiel est invisible pour les yeux, on ne voit bien qu'avec le cœur ». C'est la phrase la plus percutante de ce conte pour enfants, mais qui n'en est pas un du tout.

Quel plaisir de revoir Edouard, Bruno et Yves! Que d'histoires à raconter sur les activités estivales. Au salon des étudiants, Jean-Robert joue du piano au grand plaisir de ceux qui attendent patiemment l'heure du repas. Il arrive même qu'il accepte une demande spéciale, comme dans les bars chics. L'heure est aux retrouvailles et nous sommes tous heureux de revenir en communauté. De nouveaux visages s'ajoutent à cette grande famille. Une nouvelle cohorte en 10e année et des jeunes hommes qui s'ajoutent en 11e et 12e. Je remarque un grand sec aux cheveux foncés et lunettes rectangulaires parlant avec Edouard et Bruno. Qu'il est beau! Plus tard, j'ai appris qu'il s'appelait Conrad, un nom hors de l'ordinaire et qu'il était excessivement gêné.

Au cours de la deuxième semaine de septembre, mon directeur spirituel m'a approché pour savoir si j'étais intéressé à partager les responsabilités de sacristain avec Edouard. Il s'agissait là d'un honneur que je ne pouvais pas refuser. J'allais enfin mieux connaître cette personne qui me paraissait très douée. Dès les premiers jours, j'ai mis mes talents de décorateur à profit. Dans le boisé derrière le gymnase, je suis allé chercher des branches de cormier pour ajouter au décor dans le sanctuaire de la chapelle. Au moyen de lumière bleue et d'un long tissu bleu attaché très haut sur le mur de pierre, Edouard et moi avions créé un décor avec la statue de la Sainte Vierge au centre et les branches, le tissu, les bougies, etc. stratégiquement placés pour obtenir le plus bel effet possible. Le Père Robichaud nous a félicités pour la belle « parure ». Son choix de mot m'amusait.

Durant les vacances d'été, les prêtres avaient préparé notre retour. On nous a annoncé qu'il y aurait des changements. Les modifications mineures sont passées inaperçues. Par contre, la possibilité de retourner chez soi toutes les fins de semaine a été accueillie vivement. Pour certains, qui aidaient leur famille, c'était une bonne nouvelle. Pour moi, cette flexibilité accrue était moins excitante car un retour à Dalhousie ne m'intéressait pas outre mesure.

Avec moins de séminaristes au PSSC durant les weekends, l'atmosphère changeait considérablement. Le cuisiner Dubé et sa femme étaient plus réceptifs à nos demandes spéciales, ce qui résultait en de meilleurs repas au grand plaisir de ceux qui avaient choisi de ne pas quitter. Au salon des étudiants, il était beaucoup plus facile d'obtenir un fauteuil juste en face du foyer. Que de belles soirées assis en demi-cercle devant les flammes qui pétillaient au son de la musique de Chopin ou de Vivaldi dans l'arrière-plan! Curieusement, ceux qui passaient les weekends au pensionnat étaient tous des amateurs de musique classique. Il n'y avait aucune négociation à faire pour le choix de disques.

Bruno et moi prenions toujours plaisir à voir l'arbitre de passage dans notre gymnase, même si, à notre grand chagrin, la cadence de ses visites diminuait avec le temps. On aurait voulu le connaître, lui poser des questions concernant sa vie, mais on n'aurait jamais osé. De plus, il était anglophone et Bruno, qui ne parlait pas anglais, n'aurait pas pu avoir une conversation avec lui. On devait se contenter de rêver. Il n'y avait aucun tort de fantasmer et pourquoi pas en ayant l'arbitre à l'esprit.

L'année scolaire s'était déroulée à une vitesse fulgurante. Nos visites au Bathurst Grill, nos tours de piste, nos sorties au Collège de Bathurst pour écouter des chanteurs et des chorales, pour voir des pièces de théâtre, tout ce tourbillon d'activités tirait à sa fin. Le plus grand plaisir avait été le soir du spectacle de Nana Mouskouri. À peine connue au Canada, sa carrière internationale venait de commencer. On était tous surpris qu'elle vienne donner un spectacle dans une ville si petite et dans un gymnase mal adapté pour ce genre de concert. Des chaises inconfortables amenées du sous-sol d'églises remplissaient tout l'espace disponible. Il n'y avait donc aucun siège réservé d'où la notion du premier arrivé, premier servi prenait tout son sens. Pour s'assurer d'avoir des places aussi près que possible de l'estrade, nous, les séminaristes du PSSC, sommes arrivés très tôt, mais seul le hall d'entrée était accessible. Tassés comme des sardines en boîte, chaque fois que la porte s'ouvrait, on sentait la foule pousser vers l'avant pour pouvoir refermer les portes. Tout d'un coup, on entend une voix de femme qui dit : « Si vous voulez un spectacle, il va falloir que vous me laissiez passer ».Nana venait d'arriver et elle devait entrer par la même porte que son auditoire.

Déjà le mois de mai et on commençait à parler du retour à l'automne. Un élément qui pesait dans ma décision de retourner ou non concernait les examens ministériels à subir à la fin de la 11e et la 12e année. J'étais également concerné par le fait que de vivre totalement en français, mon anglais en souffrait. Il n'y avait donc aucune urgence pour moi de prendre une décision spontanée puisque ça pouvait attendre au mois de juillet. Il fallait cependant penser au fait que le PSSC ne pouvait accommoder que 16 personnes par niveau, et que les places étaient donc limitées.

Les adieux se firent difficilement cette année-là, car plusieurs ne revenaient pas en septembre. Certains avaient décidé de poursuivre leurs études ailleurs qu'au Collège de Bathurst. D'autres choisissaient de retourner dans les écoles de leur canton. On avait l'impression qu'on ne se reverrait plus. Les finissants nous offraient leur photo signée et, à l'endos, une belle pensée. Même les prêtres s'étaient fait prendre en photo pour nous offrir un souvenir d'eux. Les malles au fond du couloir menant vers les dortoirs étaient prêtes. Nous attendions avec impatience l'arrivée de nos parents. Jean-Eudes, un sportif souriant aimé de tous les séminaristes, m'a fait une accolade. J'ai jeté un dernier coup d'œil vers Bernard et Abbé, des collégiens posés et astucieux qui m'épataient par leur intelligence. Que de jeunes gens impressionnants! Quelle chance d'avoir côtoyé les leaders de demain.

En route pour Dalhousie, j'avais le sentiment que mon stage au pensionnat était terminé et que je n'y retournerais pas. J'avais le ventre qui gargouillait, ce qui n'était pas bon signe. Un chapitre de ma vie se terminait et un autre commençait. L'idée de retourner dans une école « ordinaire » avec une trentaine d'étudiants dans un même local me tourmentait. Le côté positif, c'était que je serais parmi les finissants et que la torture prendrait fin en juin de l'année suivante. Aussi, mon retour dans ma ville natale me permettrait de revoir Normand et de bâtir une amitié avec lui.

Après avoir défait ma valise, j'ai enfourché rapidement mon vélo pour revoir les beaux coins de ma ville. Au passage, je suis arrêté dire bonjour à Raymond qui, lui aussi, revenait d'un pensionnat à Petit-Rocher. Il était dans un juvénat chez les Frères du Sacré-Cœur. Son expérience en communauté était très semblable à la mienne. Il m'a annoncé qu'il n'y retournerait pas et je lui ai laissé sous-entendre que je retournerais aussi à l'École secondaire Notre-Dame en septembre. On s'est donné rendez-vous pour le lendemain parce qu'il avait des histoires à me raconter.

Je téléphone à Normand pour lui dire que je suis de retour et il exige qu'on reprenne nos longues randonnées. Lui aussi avait des histoires à partager. On se rejoint chez lui vers 19h. Après avoir salué sa mère Méa, nous sommes partis en direction du Texaco à l'extrémité ouest de la ville. Il m'a raconté qu'il était en amour. La relation avec Omer avait donc survécu l'hiver. Il songeait à quitter l'école, mais sa mère insistait pour qu'il finisse son secondaire. Cependant il ne pensait pas qu'il en serait capable. On a discuté longuement de notre avenir et de nos choix de carrière. Dans son cas, il avait décidé de suivre les pas de sa tante Liliane et de s'orienter dans le domaine de la coiffure. À un an de ma graduation, je n'avais toujours pas d'idée dans quel domaine j'étudierais. Tout était mystère et boule de gomme!

Le lendemain, Raymond m'a fait part que le nouveau bibliothécaire de la ville était Taïwanais et, de plus, qu'il était gay. Ce jeune homme vivait dans un petit appartement avec entrée privée à l'arrière de la maison de Mme Mott. Selon Raymond, il se prénomme Larry et Wally était un de ses amis. Il n'était pas difficile de deviner ce qu'ils avaient en commun. Larry ne connaissait personne à Dalhousie et la bibliothécaire adjointe, une amie de ma mère, cherchait à le présenter à des gens avec qui il aurait des affinités. De passage à la bibliothèque, elle me l'a présenté et il m'a demandé si je connaissais Wally. Quelle question! Qui ne connait pas Wally! Illico, il m'a invité à prendre un café vendredi soir en prenant soin de souligner que Wally serait présent. On aurait pu m'assommer tellement j'étais surpris par la rapidité des évènements. Je ne m'en plaignais pas, mais c'était hallucinant, pour dire le moins.

Par l'entremise d'une connaissance de la famille, j'avais appris qu'un grand motel un peu à l'extérieur de la ville cherchait à embaucher des serveurs pour les banquets. Je me suis présenté et j'ai été embauché sur-le-champ. Le propriétaire, un homme marié qui aimaient les jeunes garçons, se disait très satisfait de ma performance au travail. Il m'a assigné plusieurs autres fonctions y compris le service aux chambres, la réception, le service aux tables dans la salle à manger, entre autres. Il y avait également une salle de danse où toutes les deux ou trois semaines, une nouvelle formation musicale prenait place. Le soir, je travaillais au vestiaire pendant que le propriétaire accueillait la clientèle pour percevoir les frais d'entrée.

Au cours de mon emploi, j'ai rencontré trois jeunes vérificateurs de la CIP du bureau chef de Montréal. Damien (pas son vrai nom), Louis et Steve étaient de passage au moulin de Dalhousie pour une semaine. Ces trois comptables faisaient le tour des moulins de la CIP pour faire un examen minutieux des transactions comptables. Puisque leur séjour s'échelonnait sur une semaine et qu'ils sont revenus à plusieurs reprises par la suite, nous avons eu l'occasion de faire plus ample connaissance. Je suis demeuré en contact avec Louis et Damien pendant plusieurs années. Tous les deux étaient gays. Normand et moi les avons rencontrés après mes heures de travail. Normand et Louis se sont revus

quelques fois et l'année suivante, il est allé le visiter à Montréal.
 Ma mère m'avait invité à l'accompagner chez son amie Annette, la bibliothécaire adjointe. Je n'étais jamais entré dans cette maison auparavant, bien que j'aurais bien aimé le faire parce que le style de celle-ci m'intriguait au plus haut degré. J'étais curieux de savoir comment l'intérieur avait été aménagé. Tous les trois assis au salon, ma mère et Annette discutaient de la Société Culturelle de la Baie-des-Chaleurs, et plus précisément des spectacles prévus pour la prochaine saison. Je suivais la conversation tout en regardant attentivement le décor de la pièce. De retour à la maison, à l'heure du souper, ma sœur m'a demandé ce que je pensais du décor du salon chez Annette. En deux temps, trois mouvements, je lui ai expliqué l'emplacement des meubles et comment, avec un peu d'ingéniosité, la disposition pourrait être modifiée pour créer une pièce plus accueillante. J'ai ensuite ajouté que, selon moi, il y manquait des schémas de couleurs et d'accents normalement réalisés par de petites touches de teintes fortes. Stupéfaite, Claudette m'a dit : « Comment fais-tu pour te souvenir de tout ce que tu as vu en si peu de temps? »
 Je lui ai expliqué que je ne comprenais pas d'où ce talent provenait, mais que je m'étais souvent questionné à savoir s'il s'agissait d'un signe de l'univers que je devrais m'orienter vers le monde de la décoration intérieure. Avoir une mémoire visuelle était certainement une habileté agréable, mais la capacité de créer de magnifiques décors est une toute autre chose. Ma mère ne semblait pas vouloir entrer dans la discussion et son silence me disait qu'elle n'approuverait pas ce choix de carrière.
 La rentrée scolaire s'est faite sans trop de tumultes. Nous étions quatre classes de finissants, trois francophones et une anglophone. La salle de cours de M. Clinton se situait au fond d'un petit couloir. Le groupe des anglophones occupait la salle de l'autre côté du hall. Mon pupitre me permettait de voir le fond de la classe des anglophones de Mme Brown. De ma chaise, en me penchant vers l'avant, je pouvais voir les étudiants anglophones dans la dernière rangée de leur classe. Il y avait un beau jeune barbu, svelte avec un sourire

merveilleux qui s'appelait Jimmy. J'en rêvais! Aux récréations, je m'organisais pour pouvoir l'observer sans qu'il ne s'en rende compte. Avec le temps, j'ai vu la ressemblance avec l'arbitre au PSSC. Décidément, il y avait un style de jeune homme que je préférais.

Lors d'une récréation, un matin d'octobre, j'ai fait la connaissance de David. Nous nous sommes reconnus comme gays. Je lui ai demandé s'il connaissait Normand. Il en avait entendu parler, mais ne le connaissait pas. David, le fils aîné d'Aurélien et Janet s'habillait à la mode. Son apparence lui était très importante. Il était centré sur lui-même et il ne s'en cachait pas. Grand, aux yeux bruns et cheveux brun foncé, il était délicat sans être efféminé.

Normand a accepté de rencontrer David. Nous sommes allés au resto du Texaco prendre un café, une pointe de tarte et une cigarette, puisque tous deux étaient fumeurs. On s'est si bien entendus qu'on est devenu quasi inséparables. Lorsqu'un des trois n'était pas disponible pour une sortie, les deux autres y allaient ensemble. Normand a présenté Omer à David lors d'une escapade où j'étais absent. Peu de temps après, la relation entre Omer et Normand s'est terminé et David l'avait remplacé.

La première soirée chez Larry m'a beaucoup plu. Je suis arrivé avant Wally ce qui m'a permis d'en savoir un peu plus sur sa vie avant son arrivée au Canada. Lorsque Wally est entré, on s'est regardé en riant. Il me connaissait car son fils nous avait présentés. Je ne savais pas qu'il s'intéressait aux hommes, mais il avait deviné que j'étais gay et ce n'était pas une surprise pour lui. En peu de temps, tous les vendredis et samedis soirs, le petit appartement de Larry était devenu un centre de rencontre pour les gays de Dalhousie. Certains soirs, j'étais seul avec Larry et d'autres fois, on se retrouvait cinq à six personnes. Larry avait du mal à gérer le niveau de bruit et, à plusieurs reprises, sa propriétaire, Mme Mott, lui a lancé de sérieux avertissements.

Grâce à Omer, nous avions appris qu'à Campbellton, un homme accueillait des gays et lesbiennes à son appartement les soirs de fins de semaines. Maurice, un employé du Canadien National, arrondissait ses fins de mois en travaillant en tant que maître de cérémonies pour des mariages et de grandes occasions. Son charme et sa personnalité attachante lui donnaient un accès facile à une partie de la population qu'on ne voyait que rarement. Il était si bien connu que les gens de la Gaspésie, de la Pointe-à-la-Croix jusqu'à New Richmond, faisaient le trajet dans l'espoir de faire de nouvelles connaissances chez lui. Normand et moi y sommes allés à quelques reprises et je craignais une descente à tout moment. La police locale était bien au courant de cet endroit parce que c'était une place connue pour acheter et vendre de la drogue. À la lumière de ce constat, je n'y suis pas retourné souvent.

Larry m'a servi de mentor pendant un certain temps. Il cherchait un rapprochement sexuel que je lui ai refusé car je n'étais pas attiré vers les orientaux. Mon refus ne l'a pas offensé et j'en étais bien heureux. Je pouvais en apprendre beaucoup de lui. Âgé d'une trentaine d'années, il avait terminé des études avancées en bibliothéconomie au niveau de la maîtrise. Le temps qu'on passait ensemble était toujours très intéressant. Il me parlait beaucoup de ses origines, de sa famille, de sa culture et de ses rêves. Wally, qui n'était pas aussi disponible, venait se joindre à nous à l'occasion alimentant les discussions sur ce qui se passait dans notre entourage. Bien informé, il possédait le don de raconter ce qu'il avait vu ou connu de façon à capter notre attention. Lui aussi s'intéressait à moi, mais l'ai repoussé gentiment en lui expliquant que je préférais une relation monogame à long terme.

Le 21 décembre 1969, le ministre de la Justice, Pierre Elliot T., a prononcé les mots suivants dans une allocution : « L'État n'a rien à faire dans les chambres à coucher ». Ce premier pas vers la décriminalisation de l'homosexualité a été accueilli avec grande joie par la population canadienne. Pour les gays et lesbiennes, c'était l'euphorie. Enfin quelqu'un qui comprenait que le sexe et/ou l'amour entre deux hommes ou deux femmes n'était pas une maladie ou un acte criminel passible d'une peine en prison. C'était le début d'un temps nouveau!

Raymond, David et moi étions tous des présidents de classe et mon cousin, Dan, était le président du Conseil étudiant à l'École Notre-Dame. Nous partagions la responsabilité de préparer l'album souvenir et de diriger l'équipe qui assurait la réussite du banquet et du bal des finissants. Avec un peu d'aide, Normand a réussi à graduer avec nous. Je me souviendrai toujours du bal des finissants, chacun en complet accompagné d'une jolie fille. Quelle charade ! J'avais invité Monique, la sœur de mon copain Jocelyn. Cette jeune demoiselle était bien connue pour sa débrouillardise et on la décrivait comme un « garçon manqué ». Ce choix, inconscient ou non, m'a permis de vivre avec aise ce rituel de passage qui aurait pu s'avérer désastreux.

Durant le deuxième semestre, l'orienteur de l'école m'a fait passer une batterie de tests pour tenter de déterminer le domaine d'études le plus approprié pour moi. Parmi toutes les carrières possibles, les résultats pointaient vers la décoration intérieure. Ma réaction initiale était que j'avais sûrement biaisé les résultats en raison de mon vif intérêt pour ce domaine. Je suis allé le voir pour me faire expliquer pourquoi mes scores démontraient une tendance si prononcée. Sa réponse m'a convaincu qu'il n'y avait aucune façon pour fausser la lecture des orientations d'une personne.

J'appréhendais la réaction de ma mère, et en moins de deux minutes elle m'a dit qu'il s'agissait d'une profession pour une femme et non pour un homme. Les hommes et les femmes pouvaient bien devenir des enseignants, des médecins, des comptables, des architectes, mais la décoration, selon elle, était au même rang que la coiffure, le soin des malades ou autres professions du genre où les femmes sont largement majoritaires. J'ai compris qu'elle visait le baccalauréat pour ses enfants. De retour en tête-à-tête avec l'orienteur, je lui fais part des fortes réactions de ma mère. Nous avons donc entrepris des recherches pour identifier une université canadienne offrant un baccalauréat en déco. En 1970, seulement l'Université du Manitoba offrait un programme de design d'intérieur, et ce, en anglais. Le prérequis était la 13e année, ce qui n'existait pas au Nouveau-Brunswick. La seule alternative était de faire une année d'université pour combler ma lacune.

Comme ma mère n'était pas très heureuse de ma décision de poursuivre en design, le fait que j'étais disposé à compléter un baccalauréat a semblé la satisfaire. J'ai donc rempli la documentation pour une admission dans une université anglophone afin d'être accepté au programme de design d'intérieur au Manitoba. La sœur de ma mère, Irène, et sa famille vivaient dans la capitale manitobaine et ils m'aideraient sans doute à m'orienter une fois sur place. La première université à m'accepter était l'Université Saint-Thomas à Fredericton, la ville où ma mère avait complété sa formation à l'École normale. La différence entre la décoration intérieure et le design d'intérieur est mince. Le travail du designer se situe entre l'architecte et le décorateur, qui, de par sa fonction, exige des études ciblées sur des thèmes tels que la portée des matériaux et les techniques de construction. Pour ma mère, tout homme qui travaille comme coiffeur ou décorateur est un homosexuel. Donc, si je poursuivais dans cette direction, j'avouais indirectement que j'étais gay. Cependant nous n'avons jamais eu cette conversation, soit parce qu'elle voulait l'éviter ou parce qu'elle pensait pouvoir influer mon choix dans le but d'éviter la honte d'avoir un fils homosexuel. J'imagine que la position de l'église catholique envers les homosexuels ne l'aidait pas à voir clair dans cette affaire. Elle avait remarqué qu'à mon retour du PSSC, je négligeais ma religion étant donné que j'allais rarement aux offices. Ma décision était prise et j'étais exclu de la prêtrise en raison de mon orientation sexuelle. Je n'avais aucun désir de me cacher ou de faire taire la vérité en moi. Pour être intègre, je devais renoncer à une vie religieuse. Cette décision m'a hanté toute ma vie. Même aujourd'hui, en voyant Edouard qui est devenu prêtre, je me questionne à savoir ce qu'aurait été ma vie si j'en avais décidé autrement.

    Personne dans ma famille ne réagissait à mon orientation sexuelle cachée. Mon père, Francis, avait, selon moi, connu ou vu des situations où le contact sexuel est normal entre hommes puisqu'il avait travaillé sur les navires de la marine marchande américaine durant la Deuxième Guerre mondiale. Le système du grand frère en évidence dans les pensionnats et les prisons, par exemple, où deux hommes trouvent une façon de réduire les tensions sexuelles, ne signifie nullement que les participants sont homosexuels, mais que le jeu entre eux se fait avec des personnes de même sexe. La distinction entre la personne et l'acte est importante. Nombreux sont les hommes qui veulent un rapprochement avec un autre homme (sexuel ou autre) sans qu'ils ne s'identifient comme étant homosexuels. Selon l'échelle Kinsey, je me place à l'extrême droite, c'est-à-dire exclusivement homosexuel n'ayant jamais eu ou voulu une relation sexuelle avec une personne du sexe opposé.

David quittait pour des études en sciences à l'Université de Moncton. Raymond avait décidé de prendre une année pour voyager et songer à une carrière qu'il voudrait entreprendre. Pour Michel, c'était l'armée canadienne. Normand attendait une place dans une école de coiffure dans une des grandes villes du sud de la province. Il espérait que ce soit Saint-Jean parce que sa tante Béatrice y demeurait. Et moi, je partais pour Fredericton, une ville qui m'attirait sans en savoir les raisons précises.

Une année de transition

Au début de septembre 1970, la ville universitaire de Fredericton bouillonnait d'activités lorsque les étudiants arrivaient de partout pour s'installer à l'Université du Nouveau-Brunswick, au Collège de formation des enseignants ou à l'Université Saint-Thomas. Ces trois institutions se partagent une immense parcelle de terre au cœur de la capitale provinciale. Ville verte ayant une population de moins de 24 000 habitants à l'époque, ce sont les établissements universitaires et le gouvernement provincial qui embauchent la grande majorité des travailleurs. Connue sous le nom de Ste Anne au temps des premiers colons, la capitale a grandi avec les années et compte aujourd'hui quelques banlieues dont Nashwaaksis qui se trouve de l'autre côté de la Rivière Saint-Jean. En dépit des origines francophones, en 1970, on n'entend que très peu de français.

J'étais tout seul. Je ne connaissais personne! Il n'y avait aucun visage familier. Bien que j'aimais me retrouver dans un grand centre, je me sentais un peu perdu. Sans mes mentors à mes côtés, j'étais fébrile au point où j'avais la larme à l'œil lorsque le soir venu, j'étais couché. Avais-je pris la bonne décision? Qui me viendrait en aide si jamais le pire se présentait?

Mon choix de cours s'est fait sans l'aide de quelqu'un qui aurait pu m'orienter convenablement. Certains noms de cours ne me disaient rien et j'ai donc choisi des cours dont le contenu était évident (mathématiques, économie, anglais, espagnol, philosophie, etc.). C'était mon choix de faire ma 13e année en anglais en prévision du baccalauréat à l'Université du Manitoba. Jusqu'à ce jour, toutes mes études avaient été faites en français. Je ne pouvais pas m'imaginer les difficultés que j'aurais en changeant de langue à ce stade.

Sur les campus universitaires, la communauté gay de l'époque n'était pas organisée comme elle l'est aujourd'hui.

J'avais l'impression que j'avais intérêt à taire mon orientation sexuelle. Mon colocataire de chambre (101), Édifice Harrington, sur le campus, un jeune homme à barbe très forte qui avait, selon moi, des problèmes d'alcool, m'évitait. Nous n'avons jamais parlé de notre sexualité, mais je crois qu'il avait compris que j'étais gay. En gardant mon bord de chambre et en le respectant, nous avons réussi à passer l'année sans qu'il n'y ait de mauvais sang. Ses amis, tous des hommes gros, grands et barbus me regardaient de travers. En ouvrant notre porte de chambre, on voyait à gauche ma moitié, bien rangée, organisée et propre et à droite, un lit défait, des vêtements qui trainaient un peu partout, une bouteille de bière à moitié vide sur la table de travail, des murs nus et la porte de la penderie ouverte.

Dans le 102, deux jeunes hommes qui se connaissaient à l'école secondaire partageaient une chambre où l'atmosphère était accueillante. Les deux Michael avaient compris que je nageais en eaux troubles. De temps en temps, ils m'aidaient en me donnant de judicieux conseils. J'avais cependant le pressentiment qu'il ne fallait pas que je les dérange trop souvent. Je gardais donc mes distances tout en évitant de parler de ma vie privée.

Avant de partir pour Fredericton, j'étais allé chez Maurice à Campbellton, où j'ai rencontré une personne qui m'avait dit que l'agent de nuit dans un hôtel de la basse ville était gay. Il suffisait de passer voir Graham qui me dirait tout sur la vie gay dans la capitale. Ça me gênait de me présenter ainsi, mais je l'ai fait parce que j'avais besoin d'une communauté gay. Il m'a informé des endroits les plus reconnus fréquentés par les homosexuels. Sur cette liste, il y avait parcs, aires de stationnement, centres commerciaux et restaurants. Graham m'a parlé d'un appartement où il était possible de rencontrer d'autres gays. Louis, le locataire, permettait qu'on vienne chez lui les vendredis et samedis soirs. Au contraire de Maurice, où chacun faisait ce qu'il voulait, Louis encadrait ses visiteurs au moyen de règlements qu'il partageait lors de la première visite d'un nouveau venu. Cet appartement se situait à Nashwaaksis, non loin du pont qui reliait la vielle ville et cette petite communauté distincte à l'époque. Le transport en commun rendait difficile l'accès de ce côté-là de la rivière et il valait mieux s'y rendre à pied.

Bien qu'il y avait des gays sur le campus, c'était surtout les hommes les plus évidents qui se faisaient remarquer. Il y en avait sûrement certains, moins efféminés, que j'aurais voulu faire la connaissance, mais sans lieu de rencontre, c'était impossible de faire des contacts avec les jeunes de mon âge aux études sur le même campus. Je ne me considérais pas masculin, mais j'étais loin d'être efféminé, du moins selon mon point de vue. Ce que voyait les autres en moi pouvait bien donner un différend son de cloche. Mon cousin Michel m'avait montré comment s'asseoir comme un homme et j'avais trouvé qu'il exagérait un peu. Il ne fallait pas se croiser les jambes parce que seules les femmes pouvaient le faire. Je m'observais inconsciemment parce que je me doutais que ma façon d'agir pourrait peut-être éloigner des personnes que j'aurais voulu approcher. Mais comment pouvait-on donner le signal non-verbal qu'on est gay si on ne dit pas ou ne fait pas un geste qui nous trahit? Ce dilemme me hanterait pendant de nombreuses années.

À la fin du premier semestre, je suis retourné à Dalhousie pour la période des Fêtes. Un répit bien mérité qui me donnait l'occasion de revoir Normand, Larry, et possiblement Raymond. Mais c'était avec Wally que je voulais discuter parce que j'avais un grand besoin d'une écoute attentive et sans jugement. Ses mots réconfortants me soulageaient. Arriverait-il à m'orienter?

Normand parlait toujours coiffure et son choix s'était arrêté sur deux écoles, une à Moncton et l'autre à Saint-Jean. Il attendait une place dans l'un ou l'autre de ces établissements approuvés par le gouvernement du Nouveau-Brunswick. En attente d'une réponse, il s'occupait de ses jeunes frères.

En janvier, lorsque j'ai reçu les résultats d'examens du premier semestre, j'ai commencé à m'inquiéter. Si la tendance se maintenait, j'étais voué à l'échec. Avec tous les efforts que je déployais, je n'arrivais pas à atteindre le niveau de performance requis et tout particulièrement dans le domaine des mathématiques. Je dois ajouter que même les premiers de classe se lamentaient. De jour en jour, je sentais la tension monter, mais il n'était pas question de retourner chez mes parents avant la fin de l'année scolaire. Ça aurait été la catastrophe, j'en étais certain. De plus, je voulais avoir les crédits pour les cours où la réussite était quasiment assurée.

J'ai reçu une enveloppe de l'Université Saint-Thomas qui contenait une seule feuille de papier sur laquelle figuraient mes notes pour tous les cours de l'année. On avait estampillé, en grosses lettres noires, « année échouée, pour continuer, faire une nouvelle demande ». J'ai constaté que j'avais obtenu un peu moins que la moitié des crédits nécessaires pour la réussite. La réaction de ma mère était plutôt neutre. Elle ne pouvait être heureuse de mon échec, mais la possibilité que son fils devienne un décorateur diminuait de beaucoup. Si mon contretemps faisait son bonheur, elle ne m'en a jamais parlé.

Qu'allais-je donc faire? À l'instar de Raymond qui avait décidé de se donner du temps avant de commencer ses études postsecondaires, j'ai décidé de prendre une année pour me réorienter. Ne voulant pas abuser de la générosité et de la bonne volonté de mes parents, je devais me trouver un emploi pour gagner des sous et aussi pour m'occuper. J'ai multiplié les efforts pour me trouver un job. Je répondais par écrit ou oralement à toutes les offres d'emplois qui paraissaient dans le journal local et dans un des principaux journaux de la province. La Banque Impériale de Commerce du Canada était à la recherche de stagiaires. Ma candidature a été retenue et j'ai été invité pour une entrevue formelle à Halifax, la capitale néo-écossaise. Mon frère Paul, qui travaillait pour une autre banque dans la même ville, est venu me rencontrer et on en a profité pour jaser de carrières bancaires.

De retour à Dalhousie, l'attente de l'offre me faisait languir. Deux semaines plus tard, on m'annonçait que j'avais été sélectionné pour un poste de stagiaire en gestion pour une première affectation à la succursale de la banque sur le campus de l'Université Saint-François-Xavier, à Antigonish, en Nouvelle-Écosse. Paul y avait fait ses études et pourrait m'orienter au besoin. La banque avait un arrangement avec un couple âgé qui acceptait des pensionnaires, soit des employés de banque ou des policiers de la Gendarmerie royale du Canada. Dans une maison sur la rue McNaughton, ma petite chambre au deuxième étage faisait bien mon bonheur. Mon déjeuner et mon souper étaient préparés par la maîtresse de maison qui m'aimait bien, ce qui facilitait mon incursion dans un nouvel endroit où je ne connaissais absolument personne.

Tous les jours, je me rendais à la banque à pied avec ma collation du midi, ainsi que mon cartable de documentation bancaire que je devais étudier. Le fait de travailler sur un campus me plaisait bien parce que les gens étaient jeunes et beaux. Mon premier rôle, celui de caissier, me permettait de rencontrer un éventail d'étudiants de toutes sortes. Je me plaisais à leur offrir le meilleur service possible même si ça me prenait du temps pour compléter chaque transaction. Un soir en quittant mon travail, j'ai remarqué un jeune homme qui semblait attendre quelqu'un. Richard était venu me rencontrer en espérant qu'on puisse faire plus ample connaissance. De fil en aiguille, j'ai rencontré tous ses amis qui vivaient sur le campus.

La famille de Richard vivait au Cap-Breton où il retournerait bientôt pour le congé d'été. Nous avons profité du temps qu'il nous restait puisque l'amour s'est installé très rapidement. Des sorties au resto, des soirées dans ma chambre à écouter Mireille Mathieu, de longues randonnées sur le campus, toute occasion d'être ensemble semblait justifiée parce que les quatre mois de séparation seraient difficiles à accepter.

Richard et un de ses amis avaient eu l'idée de partager un appartement pour leur dernière année à Antigonish. Afin de réduire les frais de location, ils m'ont demandé si j'étais intéressé à partager le loyer avec eux. En acceptant leur offre, je devenais le chef du projet pour la recherche d'un logis acceptable. Il ne m'a fallu que quelques jours pour dénicher un bel appartement dans un semi sous-sol d'une maison neuve. Durant les mois d'été, je suis allé rencontrer la famille de Richard à Glace Bay. Tout de suite, j'ai senti que sa mère m'acceptait. Elle voyait en moi un bel avenir qui, à mes yeux, était loin d'être évident. En septembre, nous avons emménagé dans ce petit nid qu'on avait eu soin de décorer selon nos goûts avec un infime budget.

La joie de se retrouver n'a été que de courte durée parce qu'au début octobre, le gérant de la banque m'annonçait une deuxième affectation. La semaine suivante, on m'attendait à Alberton, à l'Île-du-Prince-Édouard. Avec le peu que j'avais accumulé à Antigonish en plus de mes vêtements, je suis arrivé dans ce petit village à l'extrémité ouest de l'ile, un coin qui m'était complètement inconnu. Les gestionnaires de la banque avait prévu un logement temporaire pour deux soirs. Au premier jour au travail, l'adjointe du gérant, Annetta, m'a recommandé une chambre dans une vielle maison où je pourrais préparer mes repas sur une plaque chauffante. J'ai accepté à contrecœur parce que j'étais malheureux dans ce petit village de 600 personnes.

Au bout d'une semaine, je savais que je ne tiendrais pas le coup et je suis resté une semaine de plus avant de demander une réaffectation. À un mois de Noël, j'apprenais que mon prochain lieu de travail serait à Campbellton. Pas certain que c'était un choix que j'aimerais, mais les dés avaient été jetés et je devais me conformer ou bien démissionner. L'avantage d'être à Campbellton, c'était que je pouvais retourner chez mes parents tous les weekends. J'ai loué une chambre que j'occupais la semaine et les vendredis, je filais vers Dalhousie.

Au travail, ma formation se continuait. Toutefois, je n'étais pas convaincu que j'étais dans le bon domaine. Un frère de ma mère m'avait confié que le travail dans une banque est un apprentissage irremplaçable qui me servirait toute une vie. Savoir gérer ses sous, c'était et ça demeure pour moi un élément essentiel d'une vie réussie. Derrière le comptoir, à la fin d'une longue journée, je jasais avec ma collègue tout en préparant mon rapport financier hebdomadaire. Je lui ai parlé de mes rêves. J'étouffais dans cet environnement écrasant. Je voulais voyager, visiter les belles villes de la planète. « Un poste d'agent de bord chez Air Canada serait idéal », lui dis-je.

Mon manque de discrétion est venu me hanter. Le lendemain, je fus convoqué dans le bureau du gérant qui me dit : « j'entends dire que tu songes à devenir agent de bord. Est-ce vrai? » En lui répondant dans l'affirmative, je savais que mon emploi se terminerait le jour même. À vrai dire, je me suis senti libéré, même si un avenir incertain commençait déjà à me ronger les intérieurs. À deux semaines de Noël, j'avais encore une mauvaise nouvelle à annoncer à mes parents. Le fait de devoir retourner en permanence dans la résidence familiale ne me plaisait pas, eux qui me croyaient enfin casé. Dans ma tête, je me revoyais au point de départ, là où j'en étais en mai de l'année précédente. La recherche d'emploi ne serait pas plus agréable quelques mois plus tard.

La relation avec Richard prendrait un tournant imprévu. Il comprenait que nos chances de poursuivre notre relation étaient presque nulles. Loin des yeux, loin du cœur. Graduellement, la flamme s'est éteinte.

Chez Irving

En janvier à Dalhousie, les gens ont tendance à rester au chaud plutôt que de s'aventurer dans le froid, sauf peut-être pour les patineurs et les skieurs qui pratiquent ces sports d'hiver. Les froids sibériens qui peuvent atteindre jusqu'à moins 40 Celsius me forçaient à m'habiller très chaudement pour me rendre au bureau de poste de la rue Adelaide, endroit que je fréquentais sans faute tous les jours. Du 626 de la rue Victoria, en marche rapide, je pouvais m'y rendre en 12 minutes, vêtu du vieux manteau de fourrure à ma mère, ma tuque et mon foulard jaune et vert (aux couleurs de l'Université Saint-Thomas) long de sept pieds qui me pendait presqu'aux genoux. J'avais eu vent que des employés de mon père parlaient en mal de moi. Je dois avouer que j'ai dû avoir l'air un peu fou. Ce look passait bien dans un milieu universitaire, mais à Dalhousie, ça ne passait pas. On entendait l'expression : « *il est peut-être artiste à Montréal, mais à Dalhousie, c'est une tapette.* » Il ne fallait pas être dupe devant de telles affirmations.

Ma routine consistait à fouiller toutes les annonces classées pour trouver une occasion d'emploi. Je ne pouvais pas « faire le difficile » pour utiliser une expression populaire de la Baie-des-Chaleurs. Vers la fin janvier, j'aperçois une très petite annonce indiquant qu'on était à la recherche de personnes ayant des habilités en comptabilité. Le nom de la compagnie ne paraissait pas, ni le lieu du travail. Les curriculums devaient être expédiés à une adresse de la rue Water, à Campbellton. Quelques jours plus tard, je recevais un coup de fil m'invitant à une entrevue à cette même adresse. La personne qui m'interviewait m'a expliqué qu'il s'agissait d'un processus de sélection à deux étapes. Si ma candidature était retenue, on m'enverrait à Saint-Jean pour une seconde entrevue au siège social de la compagnie Irving, une des plus importantes du Nouveau-Brunswick.

Je pouvais compter sur Normand qui vivait maintenant à Saint-Jean pour m'ouvrir des portes. Enchanté d'être invité à une entrevue dans la plus grande ville du Nouveau-Brunswick, je lui ai téléphoné pour lui annoncer la bonne nouvelle. Sur le champ, il m'a invité à passer la nuit chez sa tante Béatrice avec qui il demeurait. Ça ne pouvait pas mieux tomber étant donné que les frais d'hébergement n'étaient pas couverts par la compagnie.

Lors de ma rencontre avec le gestionnaire qui serait mon superviseur si j'obtenais une offre d'emploi, il m'a informé que le poste que je convoitais figurait dans l'équipe responsable de la comptabilité pour les dépenses des camions de la compagnie. Avant de quitter la ville reine, j'ai fait part de mes inquiétudes à Normand en lui avouant qu'avec le salaire qu'on m'offrait, j'aurais très peu d'argent en poche pour payer un loyer. Il m'a rassuré en me disant qu'avec un minimum de chance, je pourrais occuper la troisième chambre à coucher dans leur appartement. Il se chargerait d'amadouer sa vieille tante, même s'il était convaincu qu'elle et moi serions sur la même longueur d'ondes.

À peine de retour à Dalhousie que j'ai reçu un appel de chez Irving m'annonçant la bonne nouvelle. J'ai immédiatement téléphoné à Normand pour lui dire qu'on m'offrait un poste et que je devais me présenter la semaine suivante. Entretemps, sa tante avait donné son approbation pour un court séjour en attendant que je me trouve un logis permanent.

Juste avant de quitter Dalhousie, Normand était allé faire un tour chez Maurice à Campbellton où il a rencontré Marcel, un beau jeune homme de Saint-Omer, en Gaspésie. Gérant adjoint de la Banque Canadienne Nationale à Carleton, il était très charmant, débrouillard et à la recherche d'un partenaire de vie. Selon Normand, il avait rencontré l'âme sœur. Ses études en coiffure lui donneraient un moyen de gagner sa vie peu importe l'endroit où il choisirait de s'établir. Si la relation avec Marcel lui donnait des espoirs inattendus, il n'en demandait pas mieux. Sans savoir où il aboutirait éventuellement, l'univers déciderait pour lui.

Il était fort à parier que je ne resterais pas longtemps dans un poste chez Irving. Ma mère, contente de cette petite réussite, ne me parlait plus de mes études. Elle savait que cet emploi représentait un tremplin vers autre chose. Dans mes temps libres, après mon expulsion de la CIBC, j'avais entrepris des cours de correspondance en décoration intérieure. En moins de six mois, j'avais complété tous les modules et réussi, avec brio, tous les examens imposés par la Chicago School of Interior Decoration qui m'ont émis un magnifique certificat attestant que j'étais désormais un décorateur attitré. Le travail chez Irving s'est avéré bien monotone. Nous étions à des pupitres disposés de la même façon qu'une salle de classe et le superviseur assis au fond de la pièce nous observait sans qu'on le sache. Ça m'agaçait au plus haut degré. J'étais de passage sans savoir combien de temps j'y serais. Mon objectif était de retourner aux études pas plus tard que deux ans après avoir quitté l'université. Il ne restait que sept mois avant la fin de cette échéance que je m'étais imposée.

Tante Béatrice recevait tous les matins le journal francophone des Maritimes, *L'Évangéline*. Pour me garder au courant des nouvelles acadiennes et canadiennes françaises, je feuilletais régulièrement sa copie du journal une fois qu'elle en avait terminé. C'est en lisant au sujet des activités de l'Université de Moncton que j'ai pris connaissance qu'un baccalauréat en traduction et interprétation était offert depuis un an. Le nouveau programme de quatre ans servait à former les futurs traducteurs, interprètes de conférences et terminologues. Sans trop réfléchir à une carrière à long terme, j'ai envoyé une demande d'étude de mon dossier scolaire pour savoir si j'étais admissible à ce programme. La réponse reçue dans les semaines suivantes m'a surpris. On m'accepterait en deuxième année du baccalauréat à condition que je prenne des cours pour obtenir les crédits manquants de la première année.

Vers la fin du printemps, j'ai reçu une lettre de Damien (anciennement de la CIP à Montréal) me disant qu'il quittait Montréal pour s'établir à Saint-Jean. Il m'annonçait qu'il lançait une nouvelle compagnie pour offrir des services d'encadrement (Maritime Frame-It). Lui et deux autres collaborateurs avaient décidé d'ouvrir simultanément des succursales dans plusieurs villes dont

53

Halifax, Moncton et Saint-Jean, entre autres. Il ne savait pas que j'étais déménagé de Dalhousie et que je me trouvais avec Normand dans la ville reine. Nous nous sommes revus après une absence d'un peu plus d'un an. Je ne l'avais pas oublié, loin de là. Ses cheveux frisés, son sourire espiègle, ses yeux pétillants et son intelligence me faisaient fondre. Mon attirance envers lui était forte, plus forte qu'avec toutes les autres personnes rencontrées antérieurement. D'une famille juive de Montréal, il possédait le charme et le savoir-faire que je recherchais d'un partenaire de vie. Le seul hic, c'est qu'il entrait dans ma vie à un moment inopportun, mais il ne s'en doutait pas. Lorsqu'il me regardait et qu'il me chantait les airs d'une mélodie populaire à l'époque, « *Heaven Must Be Missing an Angel* », j'avais du mal à m'imaginer que la vie pourrait être meilleure. Nos doux moments ensemble sont gravés dans ma mémoire.

Ma vie à Saint-Jean avec Normand et Béatrice se passait bien. Toutefois, les arrangements étaient devenus permanents et je sentais que j'avais dépassé de beaucoup ma bienvenue chez elle. Il était temps que je me trouve un logis. Une garçonnière sur la rue Orange, à quelques rues de Mecklenburg où nous vivions avec Béatrice, rencontrait toutes mes exigences. Normand décida d'emménager avec moi tout en sachant bien qu'à la fin de l'été je retournerais aux études. À l'insu de tante Béatrice, nous avons téléphoné pour un taxi, rempli sa voiture et donné l'adresse de notre destination. Le chauffeur nous regarde d'un air bizarre et dit : « *j'ai l'impression que vous déménagez!* ». Pour étouffer les rires, on évitait de se regarder, sinon on aurait éclaté.

Au cours des quelques mois alors que nous avons habités ensemble dans ce minuscule logis, nous avons compris à quel point on pouvait compter l'un sur l'autre. Au fil des dernières années, Normand était devenu mon ami le plus cher. Le fait qu'il soit un peu efféminé ne me dérangeait en rien. Son honnêteté, sa joie de vivre et son intégrité faisait de lui une personne extraordinaire. Je pouvais compter sur lui pour une amitié à long terme.

En entendant la nouvelle que je serais à Moncton en septembre, David, m'a immédiatement rejoint pour me dire qu'il y avait une chambre disponible dans la même habitation où il vivait. Quelle bénédiction! Encore un exemple que l'univers fait bien les choses. Je n'avais pas besoin de courir de gauche à droite pour trouver un hébergement acceptable. De plus, la maison était située non loin de l'université. J'ai reçu ma confirmation qu'une chambre serait prête au 140 de la rue Jones à Moncton. Un chapitre prenait fin et un autre commençait.

Le retour aux études

Un Baccalauréat en traduction! Ma mère était contente. Cette nouvelle orientation cadrait bien avec ses attentes. Elle n'aurait plus aucune raison d'avoir honte de son fils. On ne pouvait pas dire que c'était une profession où les femmes étaient majoritaires. Elle pourrait l'annoncer à ses amies sans que celles-ci ne puissent dire du mal à propos du choix de son quatrième enfant qui avait de la difficulté à se frayer un chemin dans la vie, mais qui, Dieu merci, avait finalement choisi une carrière noble.

Dorilla, enseignante de formation, qui avait préféré rester à la maison pour élever ses enfants, m'avait déconseillé une carrière dans l'enseignement. Pourtant, à la fin de mon année désastreuse à l'Université Saint-Thomas et en attente d'un emploi j'avais fait des semaines de suppléance à l'École Notre-Dame de Dalhousie et j'y prenais plaisir. J'étais toujours en contrôle de mes groupes. Comme j'avais été élevé dans un environnement de discipline, je pouvais facilement gérer un groupe d'étudiants excités de ne pas avoir à subir les rigueurs de leurs enseignants réguliers. C'était un geste naturel pour moi d'être devant une classe d'étudiants et de livrer un message ou une leçon. Cette habileté me servirait sans doute plus tard dans la vie.

Dans une maison de l'après-guerre à Moncton, difficilement distinguable des autres car il y en avait une quantité importante, le rez-de-chaussée comprend un salon, une petite cuisine avec une dinette, une chambre à coucher et une salle de bain. À l'étage, sous le toit en pente, se trouvent deux chambres à coucher identiques. Nous sommes dans la maison de Léo, un veuf aigri du sort que la vie lui a jeté. Sans un revenu additionnel, il n'aurait pas été en mesure de garder cette propriété qui lui servait de supplément à son fond de pension.

David, qui commençait la dernière année de son baccalauréat en biologie, occupait la chambre face à l'est et moi, celle vers l'ouest. Depuis son arrivée à Moncton, il avait fait un tas de connaissances tout en gardant sa relation avec Omer qui s'organisait pour venir en voyages d'affaires au grand dam de sa conjointe. David s'était fait un impressionnant réseau d'amis et de connaissances gays, ce qui m'a permis d'intégrer la communauté de Moncton sans avoir à faire des efforts.

Vers la fin septembre, Damien m'a invité à faire un voyage à l'Île-du-Prince-Édouard. Depuis son arrivée dans les provinces maritimes, il était curieux de visiter les endroits qu'il ne connaissait pas. Maritime Frame-It n'avait pas percé le marché sur cette petite île et je soupçonnais que c'était la raison non déclarée pour ce voyage surprise. Nous disposions de très peu de temps pour tout voir ce qui intéressait ce Montréalais en quête de nouvelles aventures. Pour lui permettre d'en voir davantage, j'ai accepté de prendre le volant. Arrêté à une station-service pour faire le plein d'essence, le préposé me demande si nous désirons du « régulier » ou du « super octane ». Sans broncher, je réponds « super octane ». Sa réaction instantanée en disait long : « *ça ne te dérange pas de dépenser mon argent!* »

Ce faux-pas m'a valu une relation qui venait à peine de commencer. Elle se serait peut-être éteinte naturellement avec le temps. Une plante privée d'eau finit par sécher. Je ne pense pas qu'une relation à distance avec toutes les dépenses que ça entraîne aurait pu durer bien longtemps. J'avais passé de merveilleux moments avec Damien, mais il fallait que je me rende à l'évidence. C'était fini et ça ne servirait à rien de s'acharner. Je n'étais plus un ange descendu du ciel!

Une fois par mois, à peu près, on retournait dans nos familles à Dalhousie. À quatre heures en train, le trajet se faisait bien. Toutefois, il n'y avait pas de gare pour passagers à Dalhousie. Si plusieurs personnes le demandaient, le conducteur autorisait un arrêt à Charlo, en banlieue de Dalhousie, sinon il fallait se rendre à Campbellton et rebrousser chemin pour revenir à Dalhousie. Le plus souvent, un parent venait nous chercher à la gare.

J'aimais bien les parents de David et je ne manquais jamais d'aller leur rendre visite lorsque j'étais de passage. À l'occasion, c'est David qui venait chez nous. Un bon samedi matin, je repassais mes chemises lorsque ma sœur Claudette est entrée dans la cuisine où nous étions David et moi. Nous étions en train de jaser de tout et de rien. On discutait, entre autres, des plans de famille pour la période des Fêtes. J'ai annoncé que je n'y serais pas, que je serais aux Caraïbes pour Noël. Elle m'a demandé : « *avec qui?* » Je lui ai répondu que j'y allais avec mon ami Damien. « *Qui va payer ce voyage?* » J'ai répondu, « *Damien* ». Elle a poursuivi en ajoutant : « *il doit être gay!* » Saisissant une occasion inespérée, ma réponse est sortie de ma bouche avant même que je puisse y penser, « *oui, ma chère et moi aussi!* » Et j'ai continué mon repassage comme si de rien n'était. Du coin de l'œil, je voyais le visage de David. Il ne savait plus où jeter son regard. Claudette n'a posé aucune autre question ce jour-là, ni durant les weekends subséquents. Il m'était impossible de jauger sa réaction, mais elle n'était pas du genre à juger les gens et une réaction négative m'aurait donc surpris.

Retourner aux études après une absence de deux ans n'est pas du tout cuit. En deuxième année d'un programme spécialisé (une concentration), c'est là que la cohorte se définit. Nous n'étions qu'un petit groupe de moins de 25. Parmi eux, il y avait des gens intéressants. Une petite blonde aux yeux bruns de la république du Madawaska, Françoise, se mêlait aisément au groupe. Je suis allé vers elle lorsque j'ai vu son ouverture envers les autres. Aussitôt, nous sommes devenus complices. Raphaël, le clown du groupe, amusait la galerie. Sonia brillait par son intelligence et Céline, par sa désinvolture. Le « beau » Alain frisoté me faisait perdre les pédales. Yves, le sage, épatait par ses réflexions mures. Nous formions un groupe hétéroclite égal à la cohorte de la troisième année. Dans celle-ci figurait Gary, un bon vivant de Cap-Pelé avec qui je me suis lié d'amitié. Sans poser de questions, nos radars gays, aussi connu sous le nom de « gaydar », nous avaient signalé la présence de l'autre. Il aimait plaisanter et son rire contagieux remplissait toute pièce dans laquelle il se trouvait.

Avec permission spéciale, grâce en partie à mon diplôme du Chicago School of Interior Decoration, la faculté m'a permis une mineure en « design » à condition de pouvoir obtenir 12 crédits (quatre cours) dans ce domaine. La Faculté des sciences domestiques, sous la tutelle de Jacqueline, m'a permis d'assister à quatre cours reliés au thème du design, ce qui me donnait les 12 crédits exigés par ma faculté. Ce n'était pas la réalisation du rêve que je caressais trois ans auparavant, mais ça me satisfaisait dans la mesure où je gagnais une formation qui me serait utile plus tard.

De retour à Dalhousie pour Pâques, je me rends chez David. Dès que je suis entré dans la maison, je sentais qu'il s'était passé quelque chose d'inhabituel. J'ai pris le temps de prendre des nouvelles d'Aurélien et de Janet avant de monter à la chambre de David. La porte fermée, il me dit à voix basse, tu ne vas pas croire ce qui est arrivé plus tôt ce matin. Avec cette introduction, il avait toute mon attention. Il m'a raconté que sa mère lui avait posé une question du pied de l'escalier. Il avait compris, « *ça fait longtemps que t'es gay?* », mais elle lui avait demandé : « as-*tu de BenGay (*un onguent*)?* » En la faisant répéter sa question, il était convaincu qu'il avait vendu la mèche. Nous en avons ri pendant un bon bout de temps et rien n'est survenu de cet incident cocasse.

Vers la fin de l'année scolaire, j'ai commencé ma recherche d'emploi pour les mois d'été. Un poste dans un grand restaurant de Moncton m'intéressait. Le Centre de main-d'œuvre du Canada cherchait « une hôtesse/un hôte ». Pour poser ma candidature, il fallait rencontrer l'agente de placement qui m'a informé que je perdais mon temps parce que le propriétaire voulait une personne de sexe féminin. Contrarié par ce manque d'ouverture à l'égalité des sexes, j'ai porté plainte en alléguant que cette approche allait à l'encontre des droits de la personne. Rien n'a bougé.

J'ai continué ma recherche d'emploi mais je n'ai rien trouvé qui m'aurait permis de rester à Moncton pour l'été. Je suis donc retourné à Dalhousie. Ma priorité était de m'inscrire au répertoire du Centre de main-d'œuvre. Trois jours plus tard, j'ai reçu un appel du Centre me convoquant à une interview pour un poste dans un Centre de main-d'œuvre pour étudiants qu'on ouvrait à Campbellton. Sans aucune préparation, je me suis présenté au rendez-vous. L'interview a duré une trentaine de minutes. Une des questions qu'on m'a posées cherchait à savoir comment je transigerais avec un gestionnaire/propriétaire qui cherche à embaucher mais qui ne veut pas de femmes. En guise de réponse, j'explique mon point de vue en faisant référence aux droits de la personne. J'ajoute du contexte en parlant de mon rejet pour le poste que je convoitais à Moncton et de mon dégoût dans cette affaire.

Avant de quitter, le jury de sélection m'a informé qu'une décision rapide serait prise sans indiquer la durée de l'attente. À peine trente minutes après mon retour à la maison, le téléphone a sonné pour m'annoncer que j'étais l'heureux candidat. J'étais fou de joie et je devais commencer la semaine suivante. Mon premier emploi au gouvernement fédéral! Ce poste convoité par tous les étudiants du comté a marqué le début de mon intérêt pour la gestion des ressources humaines.

La troisième année du baccalauréat s'est avérée plus difficile que la précédente. À chaque semaine du premier semestre, quelqu'un changeait de faculté ou quittait l'université. À la fin de l'année, on s'est retrouvé un petit groupe de survivants qui sont restés jusqu'à la toute fin. J'ai commencé à douter de mes capacités avant la fin de cette année. Mon expérience en ressources humaines de l'été 1974 m'avait ouvert les yeux. J'aimerais mieux travailler avec des personnes qu'avec des livres et des textes, sauf qu'il était un peu tard pour changer de direction. Je me suis résolu à terminer ce que j'avais entrepris en me disant que l'univers s'occuperait de moi.

Les visites à Dalhousie avaient diminué avec le temps. J'avais perdu mon compagnon de voyage. David avait terminé ses études et il avait choisi d'aller vivre à Montréal. Avant les grands froids, j'avais décidé d'aller passer un weekend à Dalhousie. Comme ça faisait longtemps que je n'étais pas allé chez Maurice à Campbellton, je m'y suis rendu tout seul, une première pour moi. Rien n'avait changé. Il y avait toujours une armée de mal léchés qui fumait, qui buvait et qui n'avait rien d'intéressant à raconter. Je suis revenu à Dalhousie bredouille.

Le samedi soir, c'était toujours la même affaire chez mes parents. Mon père, confortablement assis au salon, écoutait la partie de hockey pendant que ma mère jouait au solitaire assise à la table de la cuisine. Je suis entré par la porte arrière où se trouvait la cuisine et j'ai vu ma mère avec son jeu de carte et un verre d'alcool. Elle était contente de me voir arriver et elle avait le goût de jaser. Elle m'a offert une collation que j'ai refusée puisque je n'avais pas faim. Elle m'a parlé de la visite de sa sœur Annette qui vit des moments difficiles. Puisque j'étais bien au courant des histoires de ma tante Annette, j'ai écouté sans poser de questions. Ma mère m'a regardé dans les yeux et me dit : « *ta tante Annette me raconte que toi et Michel vous êtes des ami – es.* » Elle insiste sur le « e » pour que je comprenne bien le message véhiculé. Je ne lui ai pas répondu, mais je l'ai regardé et j'ai observé qu'elle avait les larmes aux yeux.

Elle cherchait à prendre sa part de responsabilité mais je l'empêchais. Le fait que mon père travaillait des heures de fou n'était pas non plus une raison pour expliquer mon homosexualité. J'aurais préféré le lui dire moi-même, mais c'était un peu de ma faute! J'avais attendu si longtemps que quelqu'un d'autre s'en était occupé. La réaction, sans être la meilleure possible, était quand même acceptable. On ne me rejetait pas et on ne mettait pas à la porte. D'autres moins chanceux que moi avaient vécu des expériences horribles, voire inhumaines. Ce n'était pas mon cas. Ma mère finirait par accepter mon homosexualité avec le temps. Je suis monté me coucher sans dire un mot de plus.

Wally me téléphonait régulièrement pour prendre de mes nouvelles et on en profitait pour discuter des décisions que je devais prendre. J'avais confiance en son bon jugement et à sa longue expérience de travail. Il me donnait confiance lorsque je sombrais dans le noir parce qu'il savait ce que j'avais besoin d'entendre, même si parfois je n'étais pas en accord avec lui. Il connaissait bien mes parents, ce qui lui permettait de mieux me conseiller. Son profond respect pour ma famille me plaisait et me touchait énormément.

Une occasion d'aller dans l'Ouest canadien s'est présentée au printemps 1975. Le Canadien National, propriétaire de grands hôtels de luxe, était à la recherche d'étudiants pour des postes à l'Hôtel du Parc Jasper. Le goût du voyage jamais très loin de ma pensée, j'ai décidé de poser une candidature. Ils avaient besoin d'une centaine d'employés, ce n'était donc pas difficile d'être choisi. On a retenu ma demande pour un poste de nuit en comptabilité. Mes expériences à la CIBC et chez Irving m'ont facilité la vie. Je comprenais que tout ce qu'on fait dans la vie nous sert un jour ou l'autre et j'en avais la preuve. De retour dans nos familles pour se préparer à un trajet de quatre jours en train, il fallait se préparer pour une absence prolongée. La date des billets était le même pour tous. On voyagerait ensemble telle une grande famille. Lorsque je suis monté à bord du train à Campbellton, il y avait déjà un bon nombre d'étudiants qui se pointaient eux aussi pour aller travailler au même hôtel. À chaque arrêt, le groupe augmentait. Assis dans un fauteuil le voyage a été long, mais tellement amusant. Des paysages spectaculaires nous en donnaient plein la vue. Et lorsqu'il n'y avait rien de spécial à voir, on se regroupait pour raconter des histoires et pour chanter. La mère d'une des filles lui avait préparé une énorme boîte de provisions qu'elle a partagée avec notre petit sous-groupe. Ce fut un voyage inoubliable!

En prévision de la dernière année à Moncton, il fallait faire vite si on voulait se trouver un logement. La ville grandissait à vue d'œil et les propriétaires étaient plus enclins à louer à des travailleurs qu'à des étudiants. Mon amie Françoise, qui avait quitté le baccalauréat en traduction pour la faculté d'éducation, m'a proposé de vivre à deux. Elle aussi s'était déniché un emploi dans un ministère fédéral qui avait un bureau à Halifax. On a cogné à quelques portes en se présentant comme un couple. Notre choix s'est arrêté sur un édifice tout neuf de trois étages au 40 de la rue Ward. En un rien de temps, on a signé le bail et c'était chose faite. Un peu plus tard, le propriétaire s'est aperçu qu'on filait chaque matin pour le campus universitaire. Il ne nous en a jamais parlé.

Un travail en terminologie attendait Françoise au Secrétariat d'État à Ottawa. Le gouvernement se chargeait d'expédier ses effets personnels aux frais de la Couronne. Curieusement, mes boîtes se trouvaient parmi les siennes. Une nouvelle vie nous attendait dans la capitale nationale. Plusieurs des finissants en traduction se dirigeaient vers Ottawa. C'est l'endroit de prédilection pour les traducteurs et interprètes.

À la suite de son cours en coiffure, Normand avait déménagé à Old Chelsea où se trouvait Marcel qui avait accepté une mutation à Hull. Ils voulaient absolument que j'aille les rejoindre dans leur appartement au-dessus du dépanneur. Gary, qui avait gradué un an avant moi, était à l'embauche de la Société centrale d'hypothèque et de logement en tant que traducteur. Il vivait en appartement dans la Côte-de-Sable, à Ottawa. Je ne manquerais pas de contacts dans cette ville verte aux tulipes printanières. Deux villes canadiennes retenaient mon attention, Fredericton et Ottawa, cette dernière étant ma préférée. Un autre rêve se réalisait.

Pour une première fois, ma famille avait décidé de passer Noël en Floride. Ma sœur connaissait quelqu'un dont les parents habitaient sur la côte ouest de la Floride et ils nous suggéraient des endroits dans le coin de Clearwater. Mes parents avaient donc décidé de louer un chalet à Indian Rocks sur le Golfe du Mexique.

Pat, l'amie de ma sœur, était venue à Bathurst pour diriger des sessions de formation destinées aux travailleurs sociaux du Bureau provincial des services sociaux où Claudette travaillait depuis un an. Les connaissances et le savoir-faire de Pat avaient impressionné Claudette. Elle voulait en apprendre plus de cette femme qui détenait un doctorat en psychologie. On la réclamait partout aux États-Unis pour faciliter des ateliers et fournir des conseils sur les moyens efficaces de fournir des services sociaux a la population.

En plus d'être une femme de carrière, Pat était avant tout une personne attachante, pleine de surprises qui adorait aider les autres. Elle avait vendu l'idée d'un Noël en Floride. Puisque bon nombre de Canadiens y allaient, mes parents ont trouvé l'idée excellente. On partirait à mon retour de Moncton à la fin de la session. Un premier vol nous déposa à Montréal et notre correspondance vers Tampa se faisait presqu'immédiatement.

À notre arrivée à Tampa, Pat nous attendait à l'aérogare, un sourire resplendissant aux lèvres. Elle était heureuse de rencontrer la famille. Avec sa Mercedes-Benz, elle nous a déposés à notre chalet en disant qu'elle serait de retour le lendemain. J'ai appris qu'elle vivait à Albany, la capitale de l'État de New York. Chaque année, elle passait Noël avec son frère et ses parents dans leur grande maison de St. Petersburg.

Vers la fin de l'après-midi le jour suivant, Pat est arrivée au chalet et elle nous a fait part des points d'intérêt à visiter dans la région. Au bout d'une heure, elle nous a invités, Claudette et moi, pour aller faire un tour d'automobile. Curieux d'en connaître davantage sur la Floride, ce premier voyage dans le sud des États-Unis allait m'ouvrir les yeux.

J'avais déjà visité des villes américaines dans le nord du pays mais je n'avais jamais vu celles du sud avec palmiers, bougainvilliers et poinsettias qui touchaient la toiture des maisons. Mon émerveillement n'avait pas de fin. Il y avait assurément des gens bien à l'aise à St. Petersburg.

Au bout d'une demi-heure, Pat suggère d'aller chez son cousin. Je ne voyais pas la pertinence d'un arrêt chez quelqu'un que je ne connaissais pas et que je ne reverrais probablement jamais. Cependant, par politesse, je n'ai rien dit pour éviter de la blesser étant donné qu'elle avait tant de délicatesses à notre égard. Elle arrêta la voiture et la gara devant un commerce. J'étais un peu perplexe ne sachant pas pourquoi on s'arrêtait là. En me levant la tête, j'aperçois une enseigne : « My Cousins ». Il s'agissait d'un bar et non de son cousin propre. En entrant dans le bar, j'ai tout de suite compris que c'était un établissement gay. C'était la façon dont Claudette et Pat avaient choisi pour m'annoncer qu'elles étaient lesbiennes. Les larmes aux yeux, j'ai immédiatement embrassé ma sœur. Son secret, elle l'avait bien gardé. Je n'avais aucune idée qu'un jour j'apprendrais qu'elle aussi préférait des personnes du même sexe. Ma deuxième réaction était de m'informer si notre mère était au courant. Non! Il ne fallait pas en parler : le mot d'ordre, bouche cousue!

Mes premières années à Ottawa

En ce 26 avril 1976, il faisait beau et j'avais l'impression d'arriver au paradis lorsque j'ai mis les pieds à Ottawa. Marcel et Normand m'attendaient et ma chambre était prête. Ils avaient même pensé à un emploi à temps partiel pour m'occuper en attendant que je me trouve un emploi permanent. Tous les deux travaillaient à Old Chelsea dans un joli restaurant italien (Café Luigi) à l'entrée du Parc de la Gatineau (aujourd'hui l'Orée du bois). Les propriétaires (McCuaig) appartenaient deux autres restaurants dans les Caraïbes. On formait toute une équipe : Marcel au bar, Normand dans la salle à manger principale, Richard dans la petite salle à manger et, peu après, moi à la réception, S'ajoutaient au groupe, en rotation active, quelques garçons de table, dont Larry et Réjean. Tous étaient gays et on s'entendait à merveille!

Ce petit village a été choisi par la famille Trudeau pour le baptême de leurs enfants à l'église St-Stephen. À l'époque, outre le Café Luigi, il n'y avait pas beaucoup de commerces et il fallait aller à Hull (maintenant un secteur de la grande ville de Gatineau) pour presque tous nos besoins. On sortait aussi le soir pour aller prendre un verre au Chez Henri ou encore au bar situé au sous-sol du Lord Elgin qui avait la réputation d'être un bar gay depuis la fin de la Deuxième Guerre mondiale, au grand dam des propriétaires.

Pour 500 $, je me suis acheté une vieille Pontiac Parisienne de couleur rouge vin. Pas question d'être au crochet des autres, je voulais ma liberté. Avec ma voiture, j'ai pu récupérer mes boîtes à l'appartement de Françoise sur la rue Friel, dans la Côte-de-Sable. Depuis mon passage à Antigonish, je n'avais pas accumulé beaucoup d'effets personnels. Tant mieux parce que ça aurait été pénible de trimbaler tout ce bagage chaque fois que je changeais de logis.

Pour une raison qui m'échappe, Marcel et Normand ont décidé qu'il serait préférable de vivre en ville. Une maison de ville sur la rue Mutchmore, non loin de la résidence de Richard, a été le choix unanime. Toutefois, comme chez Béatrice, je me sentais de trop lorsqu'une occasion en or s'est présentée. J'ai accepté l'invitation de Dave, un employé de Maritime Frame-It, pour partager un appartement aux Jardins Radisson. Ce dernier avait décidé de quitter Moncton. Au 7 de la rue Radisson, au septième, notre logis faisait face à l'ouest et, de la fenêtre du salon, on pouvait voir la maison de Marcel et Normand. Une fois bien installé, je me sentais très bien dans cet appartement neuf. C'est toujours très agréable d'être les premiers locataires.

Un dimanche après-midi, nous étions tous les deux couchés dans nos chambres lorsque l'alarme d'incendie s'est mis à sonner. Je croyais que j'entendais le réveille-matin de Dave, alors qu'il pensait que c'était le mien. Au bout de quelques minutes, je me suis levé alors que Dave sortait de sa chambre au même moment. En arrivant tout près de la porte d'entrée, on sentait la boucane et il fallait évacuer immédiatement. Les couloirs remplis de fumée, nous marchions le long du mur pour se rendre à la cage d'escalier. Plus on descendait les marches, plus la situation s'aggravait et plus la fumée était épaisse. Dehors, les gens s'éloignaient de l'édifice. Les policiers et les pompiers s'assuraient que personne ne tente de retourner à l'intérieur. Des ambulances arrivaient à toute vitesse. Sans qu'on ne le sache, le deuxième étage était occupé par une résidence temporaire pour personnes âgées. Un fumeur était à l'origine du feu et quand les pompiers sont entrés dans la chambre pour le secourir, une explosion a poussé les flammes un peu plus loin.

Je n'ai pas pu me réadapter à cet environnement. Je pensais aux personnes prisonnières dans leur logis en feu. Devant mon désarroi, Dave m'a offert de quitter sans pénalité. Il était prêt à vivre seul dans cet appartement. De l'autre côté de la rivière, sur la rue Laurier est, Gary venait de perdre son colocataire. Il m'a offert de prendre la place qu'avait occupée son ami Omer avec qui il ne s'entendait plus. J'ai hésité, mais je n'avais pas tellement d'alternatives. Connaître quelqu'un et vivre avec lui, c'est bien différent. J'ai pris le risque sachant que si ça ne faisait pas mon affaire, je trouverais une autre solution. Mon cercle de connaissances s'agrandissait. Un soir, dans un bar gay de la rue Laurier ouest, j'ai rencontré Jacques, un Acadien de la République du Madawaska. Je lui ai raconté que je venais d'arriver dans la capitale et que je me cherchais un emploi, même un emploi temporaire. Tout de suite, il m'a demandé si j'étais intéressé à faire de la suppléance puisque son amie Geraldine au Greater Hull Protestant School Board cherchait régulièrement des personnes pour remplacer des enseignants en français langue seconde. Mon enthousiasme l'a convaincu de rejoindre Geraldine dès que possible. Au rendez-vous de la semaine suivante, elle m'a expliqué que c'était pour un congé de maladie prolongé. J'ai accepté!

Mon affectation était à l'École Gatineau Elementary sur la rue Maple dans le vieux secteur de Gatineau (anciennement Gatineau Mills). La CIP, la même compagnie qui exploitait aussi l'usine de Dalhousie, avait construit cette école. Les maisons construites pour la haute gestion de l'entreprise sont de mêmes modèles que celles construites sur la rue Montgomery et sur la rue Cameron à Dalhousie. Je me sentais en pays de connaissance, et à ma grande surprise, Wally avait accepté une mutation à Gatineau.

J'étais responsable pour l'enseignement du français aux petits bouts de choux allant de la maternelle à la troisième année. Le gouvernement du Québec fournissait généreusement du personnel non enseignant qui faisait de l'animation en soutien au programme du Ministère enseigné par les professeurs. Pendant que je donnais la leçon à une moitié de la classe, l'autre groupe rencontrait l'animateur dans une autre salle. Au bout de 30 minutes, on s'échangeait les étudiants. En règle générale, la taille du groupe ne dépassait pas 15 élèves. C'était une situation idéale.

Wally continuait son rôle de mentor. On se parlait un peu plus souvent parce que son bureau était à un coin de l'école où j'enseignais. Il m'a refilé plusieurs contrats de traduction technique que je faisais à temps perdu. Ces travaux sont venus confirmer que la traduction n'était pas pour moi. Bien que la rémunération soit excellente, ça me déplaisait tellement que j'ai fini par lui dire que ce serait mieux qu'il embauche un traducteur attitré.

La situation avec Gary, loin d'être excellente, comblait mes besoins. Je pouvais mettre des sous de côté pour l'achat éventuel d'une voiture neuve. Lorsque Normand a rencontré Gary, il y avait des étincelles dans l'air. Je ne parle pas d'amour, mais d'un commun intérêt pour la comédie. Après avoir fumé un joint, les deux se mettaient à rire sans arrêt et pour aucune raison évidente. Me sentant exclus, j'ai décidé de me joindre à eux. Je n'avais pour ainsi dire jamais fumé de ma vie. Quelques touches plus tard, je riais moi aussi, la main dans le sac de biscuits Oreo tant cette drogue donne l'envie de manger du sucré et du salé. Gary, un mélomane averti, nous servait de disc-jockey et il nous initiait à toutes sortes de musique qu'on ne connaissait pas. Chaque fois que j'entends, « *The Year of the Cat* » d'Al Stewart, je me souviens de ces moments-là.

Au terme de mon affectation à l'école de Gatineau, le directeur, Hank, m'a demandé quelles étaient mes intentions pour l'année suivante. Si j'acceptais de m'inscrire au programme de certification pour les enseignants de langue seconde offert par l'Université du Québec à Hull, on m'offrirait un contrat d'un an. Puisque rien de mieux ne s'offrait à moi, j'ai accepté vivement cette offre. Loin d'être un emploi de rêve, c'était tout de même un job qui payait bien et qui me donnait deux mois de congé en été.

Ma mère m'avait avoué qu'on s'attache à certains de nos étudiants même si on ne devrait pas. Pour moi, ce fut aussi le cas. Un grand nombre de ces enfants étaient beaux, intelligents et attachants. Deux étudiants sont gravés dans ma mémoire : une fille et un garçon.

Victorine (pas son vrai nom) était tellement belle et bien élevée, en plus d'être charmante et intelligente. Toujours prête à m'aider quand j'en avais besoin, elle insistait auprès de ses parents pour qu'elle puisse m'offrir des cadeaux faits à la main par sa mère. Je voyais en elle une personne de caractère fort qui ne se laisserait pas marcher sur les pieds. Elle avait un talent de comédienne et j'ai appris plus tard qu'elle faisait du théâtre, ce qui ne m'a pas surpris.

Le garçon se nommait Jason (pas son vrai nom). Sa famille habitait dans une des maisons de la CIP. Sa douceur et son sourire évoquaient une vie harmonieuse avec des parents qui l'aimaient et qui s'en occupaient. Curieux de nature, il posait toujours des questions pointues pour en savoir plus long sur un sujet qui l'intéressait. Je l'aurais adopté!

Marion, la titulaire de la maternelle, avait remarqué que je vivais un peu de stress. Elle m'a suggéré un voyage de fin de semaine pour me changer les idées. À trois heures et demie d'Ottawa, Syracuse me faisait signe. Ça roulait bien dans ma nouvelle Dodge Arrow jaune moutarde et elle avait besoin d'un bon rodage. Sur la rue Salina, en plein cœur du vieux Syracuse, se trouvait un bar gay qui attirait les travailleurs à la sortie de leurs bureaux. En entrant, j'ai remarqué trois hommes, dont un barbu avec un grand sourire. Lorsque j'ai hésité en commandant ma bière ne sachant quoi choisir, je leur confirmais que je n'étais pas de la place. Un nouveau venu attire toujours bien de l'attention. Petit à petit, le cercle des trois hommes s'est élargi et j'en faisais partie sans vraiment le vouloir. De fil en aiguille, on m'a présenté à tout le groupe et j'ai appris que le barbu se nommait Garry. Nos yeux se sont croisés à maintes reprises et je sentais qu'il voulait en savoir plus long à mon sujet. Vers 8 heures, il ne restait que cinq ou six personnes de ce grand groupe. Quelqu'un a suggéré d'aller à un resto du coin. Garry s'est avancé vers moi pour s'assurer que l'invitation s'était rendue jusqu'à moi. Après un léger souper, il m'a invité chez lui où j'ai passé le reste du weekend. Lui et son colocataire, son ex-amant, occupaient le haut d'une maison richement décorée dans un style sobre et masculin. Une relation à distance s'est amorcée mais n'a malheureusement pas duré. Ni l'un, ni l'autre ne voulait changer de pays.

La période disco battait son plein et, une après l'autre, les boîtes de nuit ouvraient et fermaient. Il en était de même pour les discothèques gays. Certaines ont duré plus longtemps que d'autres, comme ce fut le cas pour le Sacs, le Spotlight et le Domino du côté de Hull et de Shades et de Tactix du côté d'Ottawa. Je préférais les bars moins bruyants mais, de temps en temps, je fréquentais les discothèques en vogue avec Normand. Un soir, au Sacs, j'ai rencontré John, un décorateur qui travaillait aux Affaires étrangères. La musique était tellement forte qu'on avait du mal à s'entendre. Il m'a invité chez lui et j'ai accepté de le suivre avec ma voiture. Il vivait dans le quartier Lindenlea en bordure de Rockliffe, le plus riche quartier d'Ottawa. Son appartement de rêve aurait pu figurer dans une revue de décoration tellement il avait eu soin de décorer avec goût et dans un style qui ressemblait étrangement au logis de Garry à Syracuse. J'ai été emporté par un tourbillon d'émotions créé par John et son environnement. Il me traitait comme un roi, moi qui ne cherchais que de l'amour et l'honnêteté.

En juin de l'année suivante, mon directeur d'école, Hank, m'a convoqué dans son bureau pour savoir si je pensais revenir pour une autre année. Je n'étais pas certain que la carrière d'enseignant était un bon choix pour moi. Je pouvais refuser et retourner au chômage ou accepter un autre contrat d'un an. La loi du moindre effort se fit sentir et j'ai décidé que je continuerais dans la même voie jusqu'au moment où l'univers m'indiquerait qu'il était temps d'abandonner.

Le temps était venu de quitter l'appartement que j'avais partagé avec Gary pour aller vivre seul. J'avais le goût de vivre l'expérience d'un chez moi où tous mes choix personnels me refléteraient. Je n'avais jamais vécu seul, sauf pour les deux semaines à Alberton. L'appartement numéro 1 du 398 de la rue Chapel au coin de la rue Somerset faisait parfaitement mon affaire et le loyer était si raisonnable que je n'osais pas en parler. Tout était très petit mais j'avais quand même une cuisine acceptable avec un coin à déjeuner, une salle de bain, un salon, un hall d'entrée qui servait de salle à manger, une chambre à coucher et un sous-sol non fini où je pouvais brancher ma lessiveuse.

Normand, suite à sa rupture avec Marcel, vivait aussi dans le voisinage (Côte-de-Sable) sur la rue Wilbrod. Leur relation avait commencé à dégringoler au moment où ils ont emménagé sur la rue Mutchmore. J'étais triste pour lui mais content de l'avoir plus près de moi. Le connaissant, je savais fort bien qu'il ne serait pas seul bien longtemps. On vivait les belles années de la période juste avant le SIDA. Cette maladie qui au début semblait être une forme de cancer s'est avérée l'événement le plus marquant dans l'histoire des gays des temps modernes.

Un retour en éducation

Tout semblait parfait : un emploi respectable bien rémunéré, un logis beau, bon, pas cher et une voiture de l'année. Le trajet de mon appartement jusqu'à l'école me prenait seulement 15 minutes. Je filais dans le sens contraire de la circulation, alors que les Gatinois, eux, se dirigeaient vers le centre-ville d'Ottawa. Les journées de travail étaient épuisantes pour dire le moins, mais quand la cloche de 3 h 15 sonnait indiquant la fin de la journée, je me précipitais pour retourner chez moi. Je n'étais pas du genre à traîner à l'école pour compléter la préparation des cours pour le lendemain puisque je préférais faire ce travail à la maison.

John était souvent à l'extérieur étant donné que son travail exigeait des visites sur place pour finaliser les décors d'ambassades, de consulats et de résidences d'ambassadeurs. Au retour, il était toujours épuisé à cause, en grande partie, au décalage horaire. Pour faciliter son retour, je nettoyais son appartement et j'allais faire les courses pour qu'il n'ait pas à aller faire d'épicerie pendant les premiers jours. Comme ces tâches avaient été faites, nous avions plus de temps à passer ensemble et il était moins stressé.

L'année scolaire filait à un rythme époustouflant. Mes études à temps partiel à l'Université du Québec allaient bien. Une de mes professeurs, Sandra, m'encourageait à finir un projet d'écriture que j'avais commencé dans le cadre d'un de ses cours. Mon objectif était d'écrire des livres pour enfants basés sur les phonèmes. Ce concept lui plaisait et elle était convaincue que la publication de ces aides pédagogiques servirait pour le plus grand bien des étudiants des écoles élémentaires du pays. C'est ainsi qu'est née la Collection Turlututu, un ensemble de huit petits livres chacun consacré à l'apprentissage d'un unique phonème répété presqu'à l'exagération. Pour m'aider à choisir un vocabulaire approprié, j'avais demandé à mes étudiants d'énumérer les mots qu'ils connaissaient à partir d'un phonème que je voulais exploiter. Par exemple, je leur ai demandé de me donner tous les mots où on entendait le phonème « u ». Le premier mot suggéré était « écureuil » et c'est ainsi que j'ai écrit l'histoire de Turlututu l'écureuil. Étant donné que le phonème apparaissait quatre fois dans le même mot, j'ai décidé que la collection porterait ce nom. C'est au Centre Franco-Ontarien des ressources pédagogiques que j'ai trouvé intérêt pour la publication de mon œuvre.

Lors de la parution de la Collection Turlututu, j'ai envoyé un échantillon aux médias régionaux. À ma grande surprise, j'ai reçu un coup de fil de la chaine de télévision CTV qui souhaitait faire une entrevue dans le cadre de l'émission hebdomadaire *Morning Magazine* en direct des studios d'Ottawa. Deux animateurs se partageaient l'antenne, Bill et Margaret, qui avaient le choix de décider de leurs invités. Juste avant d'aller en ondes, on m'a informé que ce serait Margaret qui m'accueillerait. Ça s'est passé tellement vite, comme un éclair. Suite à cette émission, j'ai envoyé une copie complète de la collection à la résidence officielle du Premier Ministre et, en retour, j'ai reçu une lettre de remerciement signée par Pierre, un souvenir que je conserve précieusement encore aujourd'hui.

Comme John était bien connu et aimé, les activités sociales ne manquaient pas. Les invitations provenaient d'amis en ville et d'endroits tels que Montréal et Toronto où certains de ses confrères de classe s'étaient établis. Étant donné que j'avais 12 ans en moins, les regards étaient portés vers moi et on parlait à voix basse pour échanger des commentaires à mon sujet. J'imaginais que John faisait l'envie de ses amis.

Dans mes temps libres, j'explorais Ottawa à la recherche d'antiquités et d'objets inhabituels. Ce qui a commencé par une chasse aux aubaines pour des meubles et accessoires afin d'aménager mon appartement est devenu une passion pour des objets raffinés. En parcourant les villes et villages du côté ontarien, il n'était pas rare de trouver nombre de revendeurs de meubles d'occasions et des antiquaires dont l'honnêteté n'était pas toujours assurée. Je prenais plaisir à dénicher de bonnes

73

aubaines et la chasse était tout aussi agréable que l'obtention de l'objet convoité. Je ne sais pas d'où me venait ce désir de réutiliser ce que les autres considéraient désuet, mais il faut dire que mon grand-père paternel était « avant-gardiste » dans le domaine de la récupération et de la réutilisation sous toutes ses formes peu importe l'objet. Tous les dimanches après-midis, soit avec Normand ou John, ou encore une nouvelle connaissance, je réussissais à convaincre quelqu'un qui m'accompagnerait dans cette chasse aux trésors.

J'aimais John. Cependant, je me sentais étouffé par cette relation. Je n'avais pas goûté aux plaisirs qu'offrait la vie dans une grande ville. Lorsque je voyais un bel homme qui me faisait virer la tête ou qui me faisait de beaux yeux, j'avais du mal à cacher mon intérêt. C'était une obsession et je n'étais pas prêt à me restreindre à une seule personne. N'ayant pas fait le tour du jardin, je voulais vivre des expériences autres qu'avec John. Pour sa part, il était bien avec moi parce qu'il avait trouvé ce qu'il cherchait. On s'est quitté en bons termes même si John n'acceptait pas cette séparation. Il s'est tourné vers mon amie Françoise avec qui il avait beaucoup en commun. Il espérait qu'avec son intervention, on pourrait retourner en arrière. Il l'a suppliée d'intervenir pour m'encourager à reprendre notre relation. Il n'avait pas vu venir la rupture et j'avais l'impression de l'avoir énormément blessé.

Croyant bien faire, j'ai accepté une réconciliation, mais ce n'était pas une bonne raison pour reprendre une relation déchue. Nous n'étions pas au même rythme dans nos vies et ça ne pouvait pas fonctionner peu importe la bonne volonté qu'on aurait pu y apporter. La rupture définitive n'a pas occasionné beaucoup de chagrins puisqu'on en était venu à l'évidence qu'en dépit du fait qu'on se trouvait mutuellement agréable, il était temps de passer à une autre étape de nos vies.

Au travail, je commençais à penser que ma mère avait raison quand elle disait que la carrière d'enseignant n'était pas de tout repos. Ce n'était pas pour tout le monde. Avais-je fait un choix judicieux ou tout bonnement accepté un travail dont la rémunération était sans contredit exceptionnelle? Pendant plusieurs mois, j'ai évalué le degré de satisfaction que j'en retirais et j'ai été ébranlé par ma conclusion. Vers la fin du semestre, j'ai vécu quelques situations difficiles qui m'ont bien fait réfléchir. Un incident en particulier m'a secoué. Un jeune garçon de 10 ans avec des comportements dérangeants dans la salle de classe courait dans le corridor en descendant l'escalier pour sortir de l'école à l'heure de la récréation. Au même moment, je montais l'escalier pour me rendre à la salle des professeurs. Pour éviter qu'il me renverse, j'ai tenu la main droite devant moi, ce qui a eu pour effet de l'arrêter. Furieux, il est allé se plaindre au principal. Je l'avais touché, ce qui était interdit. J'ai dû me défendre et je n'avais pas l'impression que le directeur de l'école a cru dans ma version des événements. Hank était furieux et j'ai eu droit à un sermon. Il craignait une poursuite judiciaire qui ne s'est pas produite, mais cela aurait justifié ses excès de colère.

À mon avis, les plus vieux en 6ᵉ année avaient leur doute concernant mon orientation sexuelle et ce n'était qu'une question de temps avant que la rumeur ne circule dans la cour d'école. J'ai commencé à avoir peur des conséquences. À toutes les semaines, les journaux rapportaient qu'un enseignant avait agressé un élève ou encore qu'un écolier alléguait une agression de la part d'un de ses professeurs. Vrai ou non, la carrière et la réputation de la personne impliquée étaient détruites. Plusieurs ont été accusés de pédérastie! J'en faisais des cauchemars parce que je ne supportais pas le stress qu'une fausse accusation vienne gâcher ma vie. Qui va-t-on croire, l'enfant ou l'adulte? Bien que je n'en parlais pas, il y avait au moins un ou deux enseignants qui savaient pertinemment que j'étais homosexuel. Je préférais m'écarter de tout soupçon.

Six semaines plus tard, les choses revenues à la normale, Hank m'a invité dans son bureau pour une réunion. Je pensais qu'il allait me demander mes intentions pour l'année suivante. Bien au contraire, il a joué le rôle du grand frère, me suggérant de quitter l'enseignement avant d'y être piégé par le salaire. Il m'a expliqué que bien des enseignants étaient aux prises avec des dettes accumulées et ne pouvaient donc pas quitter une profession qui ne leur plaisait plus, mais qui leur permettaient de vivre confortablement. Il m'a encouragé à songer à ses propos, ce que j'ai fait pendant deux semaines avant de l'informer que je ne retournerais pas en salle de classe à l'automne. J'étais terrifié, mais je croyais prendre une bonne décision.

Je n'avais aucune idée quel genre de travail me conviendrait parce que j'étais littéralement dans la brume. Peu importe les recommandations des autres, rien ne me faisait de sens. C'était évident que j'avais un don de formateur. Il m'est venu l'idée de m'inscrire au baccalauréat en enseignement à l'Université d'Ottawa qui s'échelonnait sur un an. C'était une façon de garantir mon avenir. Si jamais ma recherche de carrière n'aboutissait pas, avec ce baccalauréat, je pourrais gagner des sous en attendant des jours meilleurs.

À l'automne de 1980, je me suis joint à un groupe de jeunes étudiants qui n'avaient jamais mis les pieds comme enseignants dans une salle de classe. Les cours de pédagogie étaient d'une simplicité pour moi étant donné que je pouvais comprendre, peut-être mieux que les autres, les conseils qu'on nous prodiguait. Ce sont les cours de sociologie et psychologie de l'enfance où j'en ai le plus appris.

Dans ma cohorte, il y avait un autre étudiant de mon âge qui avait quitté une carrière de graphiste au gouvernement fédéral. Il voulait à tout prix changer de direction. Sa femme était enseignante et ses aventures en salle de classe lui avaient donné le goût de l'imiter et de poursuivre son rêve de devenir lui aussi professeur. C'est le sourire de Louis (pas son vrai nom) qui m'a attiré vers lui, mais il ne pouvait pas savoir à quel point il me plaisait. Il était heureux avec sa femme et ses trois enfants. On se retrouvait sur plusieurs plans puisqu'on partageait de nombreuses idées communes. Étant sur la même longueur d'ondes, on se comprenait sans même se dire à quoi on pensait. Il savait que je le trouvais de mon goût et ça l'amusait sans lui causer d'ennuis. Un sportif et un amateur du plein air, il planifiait des sorties avec sa famille tous les weekends.

Le lundi matin, il arrivait toujours en classe épuisé et il me disait que c'était sa femme qui l'attaquait la nuit. Je comprenais le message sous-entendu. Une fois, pour le narguer, je lui ai dit que j'étais reposé parce que les oreillers n'attaquaient pas. Cette phrase a été répétée bien souvent par la suite. Les derniers stages en salle de classe indiquaient la fin de l'année scolaire. Je me souviendrai longtemps des plaisirs au cours de cette année à l'Université d'Ottawa, grâce, en grande partie, à Louis qui m'a accepté tel que j'étais sans jamais le moindre manque de respect envers moi. Je me doutais bien qu'on ne se reverrait jamais parce qu'il y avait peu de chance qu'on se croise à nouveau dans cette grande ville. Il y avait donc peu d'espoir que cette belle amitié se poursuivrait. Il m'avait fait un cadeau surprise d'une une paire de mitaines en cuir que je porte encore tous les hivers. Lorsque je les enfile, je me rappelle les beaux moments que j'ai vécus avec cet homme extraordinaire.

Un tournant difficile

Pour me récompenser d'avoir terminé mon Baccalauréat en éducation, j'avais décidé de faire un petit voyage afin de découvrir de nouvelles destinations. Je commencerais par aller visiter mon frère à Sarnia et ensuite je filerais pour les États-Unis. En allant vers le sud, je me suis dirigé vers la grande ville de Columbus en Ohio, lieu de naissance de Garry de Syracuse. Il m'avait pourtant dit que ce n'était pas un endroit extraordinaire, mais j'étais curieux. J'y suis resté un soir, le temps de me reposer, de refaire mes énergies et de reprendre la route le lendemain matin pour Philadelphie, le berceau de la civilisation américaine. Dans cette ville, j'ai admiré de magnifiques édifices gouvernementaux, des rues piétonnes remplies de gens heureux et de chics restos. Dans un restaurant français, j'ai fait la connaissance d'un homme âgé qui, lui aussi, était seul à sa table. Quand il a su que j'étais Canadien, il s'est offert pour me donner une visite guidée des endroits historiques. Il avait appris le français à l'université et se plaisait à me dire les mots dont il se souvenait.

C'est à Washington que j'ai connu le sabot Denver. J'étais tellement excité de visiter cette ville que je me suis garé dans un endroit interdit. Quelle surprise le lendemain matin! Je n'avais jamais vu ce dispositif qui empêchait un véhicule de circuler, mais j'en avais entendu parler. Après avoir réglé le problème de la voiture, j'ai visité le Capitol et un des musées Smithsonian. Cependant il y avait beaucoup à voir en peu de temps, mais mon petit budget ne me permettait pas un long séjour.

Je suis donc revenu à Ottawa triste de ne pas avoir eu le temps de pleinement découvrir la capitale fédérale américaine, cette ville qui a été conçue sur le même plan que Paris, c'est-à-dire en rayons. C'est à l'urbaniste français, Pierre Charles L'Enfant, architecte et ingénieur, que revient la gloire d'avoir créé ce qu'on a surnommé à l'époque « Paris on the Potomac ». J'attends toujours de pouvoir y retourner.

La réalité s'est installée rapidement. Sans emploi et donc sans revenu, je suis allé au bureau du chômage pour remplir les formulaires d'usage. On m'a informé que je n'avais pas droit aux prestations puisque j'étais retourné aux études. Mes économies ne me permettraient pas de continuer bien longtemps et je devais me trouver un travail le plus rapidement possible. Si j'avais su, je n'aurais pas fait le voyage aux États-Unis.

Une recherche d'emploi en plein été n'est jamais facile parce que les employeurs embauchent rarement durant cette période. Je commençais à désespérer. En entendant mon histoire, mon amie Françoise s'est souvenu que le Centre national du sport et de la récréation était à la recherche d'une personne pour les traductions techniques du bureau. Interviewé par Yvette (pas son vrai nom), la veille de son départ pour un congé dans les Caraïbes, elle m'a offert le poste illico.

Les textes étaient habituellement envoyés à une maison de traducteurs et on faisait rarement la traduction de textes en maison. Mon rôle consistait à m'assurer que le compte des mots correspondait à celui qui avait été facturé.

Durant les premiers jours du départ d'Yvette, j'ai appris qu'elle était en vacances avec la propriétaire de la maison de traduction. Certains employés dans le bureau n'étaient pas heureux de cette situation et ne s'en cachaient pas. Croyant qu'il y avait peut-être anguille sous roche, j'ai fait une analyse en profondeur des contrats terminés avant mon arrivée. C'est à moment-là que je me suis aperçu qu'il y avait une énorme différence entre le nombre de mots d'un texte et le nombre apparaissant sur la facture. Il était de toute évidence que le voyage d'Yvette avait été payé par la maison de traduction. J'y voyais un énorme conflit d'intérêt qui pourrait m'impliquer si je demeurais en poste. Pour me protéger, j'avais photocopié des preuves à l'appui que je gardais chez moi.

Au retour de vacances d'Yvette, elle a eu vent que je fouillais dans les dossiers. Elle savait que j'avais identifié des irrégularités, mais elle ne savait pas lesquelles. Je n'avais aucune idée comment me sortir de ce carcan. Une réunion avec une représentante des ressources humaines avait été prévue pour le vendredi après-midi à 15 h. Sentant la soupe chaude, je pensais que je serais renvoyé. La réunion a commencé par un énoncé d'Yvette attestant que j'avais mal agi en son absence et que j'avais porté atteinte à sa personne.

Lorsqu'on m'a donné une occasion de me défendre, j'ai expliqué ma situation en disant que j'avais preuve à l'appui. Avant qu'on m'annonce que j'étais limogé, j'ai annoncé ma démission. J'ai également ajouté que j'enverrais aux ressources humaines les pièces justificatives de mes allégations. Ils auraient donc la responsabilité de poursuivre ou non une enquête qui dévoilerait ces malversations. Deux mois plus tard, j'ai appris qu'Yvette avait perdu son poste.

À deux semaines de Noël, sans emploi, je revivais les moments où j'avais dû quitter mon poste à la banque pour retourner vivre chez mes parents. Je planifiais un voyage à Noël même si je n'en avais guère le goût. Ma mère m'a questionné concernant ma recherche d'emploi. Je lui ai raconté mon histoire du Centre national du sport et de la récréation. Son regard neutre m'en disait long sur ce qu'elle pensait et elle n'a pas osé être négative face à cette situation.

De retour à la maison, au début janvier, ma situation était critique. Je ne pouvais durer encore bien longtemps sans entrée d'argent. Mon réseau de contacts gays me viendrait en aide. Dans un bar gay de la rue Laurier, Le 166b, j'ai rencontré Barry, un employé de Postes Canada, avec qui j'ai partagé ma misère. Il travaillait aux ressources humaines de l'organisation et il en connaissait donc long sur les besoins des gestionnaires. Selon lui, un de ces patrons n'arrivait pas à garder son personnel et il était à la recherche d'un employé. Cependant Barry hésitait à me référer parce que ce n'était pas facile de travailler pour cet homme à problèmes qui faisait peur à tout le monde. Pour souligner la gravité de ma situation, je l'ai informé que j'étais prêt à laver des planchers s'il le fallait. En voyant mon acharnement, il a compris que je ne plaisantais pas et que j'étais à la limite de ce que je pouvais endurer. J'en dormais à peine la nuit ne sachant à qui m'adresser. J'aurais voulu en parler avec Wally mais j'hésitais. Par orgueil?

Quelques jours plus tard, j'ai reçu un coup de fil de Barry qui m'informait que Bernard, le patron en question, me téléphonerait prochainement pour une entrevue. On m'a embauché sur-le-champ sans prise de référence. J'étais surpris qu'un gestionnaire puisse faire une telle chose, mais je ne m'en plaignais pas.

La section dans laquelle je travaillais était responsable de la préparation et de l'émission de mandats salariaux pour les maîtres de poste dans des coins isolés du pays, souvent où il n'y a pas de services bancaires. De cette façon, les maîtres de poste pouvaient encaisser, à partir de leur caisse de travail, leurs mandats comme ils le feraient avec un chèque dans une banque. Comme c'était du travail de comptabilité, mon expérience à la CIBC et chez Irving me servait bien encore une fois.

L'atmosphère de travail était absolument infecte. Les hommes harcelaient les femmes à cœur de jour. La tension régnait continuellement dans le bureau. C'était impensable qu'au début des années 80 de telles situations existaient encore. J'avais peur pour ma peau et avec raison.

En peu de temps, on s'est attaqué à moi. Mitchell (pas son vrai nom), un jeune homme d'expérience, semblait être le leader du groupe de mauvaises langues. J'entendais ses commentaires sournois contre les gays et je savais qu'ils étaient dirigés vers moi, mais j'essayais de les ignorer. Je détestais mon travail, mais c'était un emploi au gouvernement fédéral. À cette époque, Postes Canada avait le statut de ministère fédéral et il était donc possible de muter à un autre ministère moyennant une offre d'emploi d'un gestionnaire autorisé.

Au printemps 1981, il était évident que ma voiture était un citron et qu'il fallait que je m'en débarrasse au plus vite. Je me suis donc acheté une Renault Alliance DL. Mitchell a crié à tue-tête, pour être entendu de tout le monde, que j'avais acheté une voiture DL qui, selon lui, voulait dire « dick licker » (lécheur de pénis). J'ai gardé mon sang froid sans rien dire, mais dans la voiture en retournant à la maison, les larmes coulaient. Que faire?

Que dire? À qui le dire? Je n'étais pas outillé pour me défendre et je n'avais aucune idée comment m'en sortir. Tout ce que je savais, c'était qu'il fallait que je reste dans ce job parce que j'avais besoin de manger.

Une amie de bureau, Bernadette (pas son vrai nom), sympathisait avec moi. Juive et d'une bonne famille, elle avait sombré dans l'alcool et elle participait au programme des Alcooliques anonymes. Je suis allé à une de ces réunions où chacun se lève à tour de rôle et admet à la foule qu'il/elle est alcoolique. Ça m'a vraiment touché qu'elle s'ouvre à moi ainsi. Son réseau de connaissances incluait bien des Juifs tant du secteur public que privé et certains d'entre eux faisaient partie du programme des Alcooliques anonymes.

Une nouvelle administration fédérale pour encourager l'investissement dans le secteur pétrolier canadien avait été lancée par le Premier Ministre. La loi régissant cette organisation était en attente à la Chambre des Communes, mais le bureau d'affaires commençait sa recherche pour doter une foule de postes. Bernadette connaissait une gérante qui avait besoin de commis au même niveau qu'elle et moi. Janie a signé la mutation de Bernadette et lorsque cette dernière était en place, elle a fait des pressions pour qu'on m'offre une mutation dans la même unité.

Nous étions seulement quatre commis qui avions été embauchés, mais le travail ne pouvait commencer avant le passage du projet de loi en Chambre. Entretemps, on devait faire de la lecture sur l'administration du programme. La plupart du temps, on lisait des romans ou on jouait aux cartes. De temps en temps, des employés des autres sections nous demandaient de l'aide ce qui faisait bien mon affaire. Je n'étais pas du genre à me tourner les pouces.

Un jour, une gestionnaire se présente dans notre section et elle cherche quelqu'un qui voudrait bien faire des photocopies. J'étais le seul intéressé. Mary m'a donné les consignes du travail à accomplir. Quelques jours plus tard, j'avais terminé cette demande spéciale. Je suis retourné voir Mary pour la remercier et lui dire que j'étais disponible pour d'autres travaux qu'elle aurait à me donner.

Mary occupait le poste de directrice de Consultation à la gestion. Je ne connaissais pas cette fonction et elle m'a expliqué que le travail consistait à fournir des services à la gestion pour améliorer les processus de travail. Elle supervisait une équipe de cinq personnes. Un de ses consultants, Richard, avait besoin d'aide pour compléter une enquête interne. Sous la direction de Richard, j'ai terminé ma partie du projet avant la date cible. Mary était ravie de ma performance et m'a offert un poste dans sa section. Toutefois, elle n'avait pas de poste à mon niveau et le seul poste vacant était deux niveaux plus élevés. Elle a jugé que la qualité de mon ouvrage démontrait que je pouvais travailler à ce niveau. Une promotion à deux paliers était extrêmement rare, mais je ne m'en plaignais certainement pas. Pour une fois depuis longtemps, la chance était de mon côté. Bernadette et les deux autres commis (Linda et Ron) me trouvaient « merdeux ». Je quittais un poste de soutien administratif pour accéder à un poste d'agent, ce qui était une barrière assez difficile à surmonter.

Juste comme tout semblait entrer dans l'ordre, mon propriétaire m'annonce que l'édifice dans lequel se trouvait mon appartement avait été vendu et que je devais quitter le 30 septembre. Fini le loyer modique! Avec le salaire d'un agent, j'étais en mesure de me permettre un appartement plus luxueux. À Ottawa, il y avait, à ce moment-là, une pénurie sévère d'appartements et, pour être le premier à visiter un logis, il fallait s'y prendre très tôt, c'est-à-dire dès que le journal était disponible.

J'ai donc réussi à obtenir un appartement dans une maison historique de la Côte-de-Sable. La maison en pierre au 420, rue Besserer avait été construite en guise de cadeau de mariage pour la fille de Sir Sanford Flemming, ingénieur et inventeur connu pour la création des fuseaux horaires qu'on connaît aujourd'hui. La parcelle de terre avait été utilisée comme jardin potager de la famille Flemming qui habitait sur la rue Daly. La maison avait été divisée en quatre logis et les propriétaires occupaient le rez-de-chaussée. À l'étage, mon appartement occupait la partie avant nord de la maison. Il y avait un petit appartement à l'arrière et un autre au-dessus. Mon appartement comptait deux foyers dont un, au salon, qui était fonctionnel.

    Normand avait quitté son appartement de la rue Wilbrod pour emménager avec Léo dans une petite maison sur la rue Armstrong, juste à côté du marché public Parkdale. On se voyait moins souvent puisque leur vie sociale était très active. Chaque année, au début décembre, Léo faisait une levée annuelle. Ce party attirait entre 100 et 150 personnes. Des pâtisseries de Noël confectionnées par Léo étaient servies. Un homme habile autant avec un marteau qu'une spatule, il n'y avait rien à son épreuve. Après avoir été marié pendant plusieurs années, il s'est rendu compte qu'il était gay. Ayant mis un terme à sa relation avec sa conjointe, il a décidé qu'il voulait vivre avec un conjoint. Normand et Léo ont été pendant plusieurs années un des couples les plus connus d'Ottawa. Léo s'impliquait dans toutes sortes d'organismes et il a fondé le Club Moustache pour hommes gays.

    J'étais à l'aube de mes 30 ans et il était temps que je fasse mon premier saut l'autre bord de l'océan. Mon ami Andrew (pas son vrai nom) préparait un voyage en Europe et acceptait que je l'accompagne. Il avait beaucoup voyagé et je me sentirais en sécurité avec lui. J'ai commencé à mettre mes sous de côté puisque je n'avais pas d'économies en banque.

    Au printemps 1982, une autre surprise est venue bousculer ma vie. La maison du 420 rue Besserer était vendue et les nouveaux propriétaires avaient l'intention de rénover les logis. Mon voyage en Europe, prévu pour le mois de septembre, tombait à l'eau. Un de mes amis m'encourageait à acheter une maison plutôt que de louer. Neil vivait dans le sud de la ville non loin de l'aérogare, dans un développement de maisons de ville qui se vendaient à des prix abordables. J'ai décidé de faire le saut même si je n'étais pas tout à fait convaincu que j'aimerais vivre si loin du centre-ville. Normand et Gary pensaient que j'avais perdu la tête. Mes économies de voyage ont servi à faire le dépôt initial.

Encore un déménagement

Neil m'avait influencé dans l'achat de ma première maison. Il vivait près de chez moi et je croyais qu'une relation ou une amitié était en train de naître. Ce ne fut pas le cas. Il ne cherchait pas ma compagnie et je ne savais pas pourquoi. Plus tard, j'ai compris qu'il avait un secret. Un autre ami, Michel, que j'avais rencontré de façon singulière, m'avait fortement encouragé à acheter une maison. Selon lui, c'était une des meilleures façons d'investir son argent. Un soir, alors que j'étais assis sur les escaliers de mon appartement de la rue Chapel, il m'a salué au passage. Il savait que j'avais fréquenté John et il voulait me parler de la raison de notre rupture. Il avait aussi entretenu une relation avec John, mais d'une plus courte durée que la nôtre qui avait duré deux ans et demi. Cette conversation nous avait permis de mieux nous connaître. Par la suite, Michel m'a invité chez lui à plusieurs reprises. Je ne savais pas qu'il était attiré vers moi, mais on a fait un voyage à Montréal pour rencontrer sa famille et c'est là que je me suis rendu compte qu'il me présentait comme sa nouvelle conquête. Sa mère m'aimait bien et me démontrait son approbation par des gestes positifs. J'ai dû lui dire, sans le blesser, que je n'étais pas intéressé à vivre une relation, mais que j'aimais bien le côtoyer. Heureusement pour moi, il ne m'en a pas voulu et une belle amitié s'est amorcée.

Le jour de mon déménagement au 3260, rue Southgate, toute une armée d'amis gays sont venus m'aider : Michel, Gary, Normand, Léo et Neil, entre autres. En un rien de temps, tous mes meubles et mes boîtes étaient en place. Ils sont tous repartis me laissant seul dans mes pièces dénudées. Cette petite maison de ville à trois niveaux (sous-sol, rez-de-chaussée et étage) n'avait rien de charmant. J'ai mis les bouchées doubles pour l'aménager à mon goût. J'ai peinturé, j'ai retiré de la tapisserie et j'ai réaménagé quelques pièces. Au bout d'un mois, je commençais à me sentir chez moi dans cet environnement qui ne me ressemblait pas beaucoup. Les visites d'amis s'espaçaient avec le temps. Tous trouvaient que c'était un peu loin pour venir me voir. Par contre, mes parents sont venus m'encourager. C'était un long voyage pour eux, mais ma mère insistait pour venir me visiter dans ma nouvelle habitation. Chaque maison avait son petit carré de jardin de la même largeur que le salon. J'occupais la dernière maison d'une rangée où un passage piétonnier longeait ma cour. De très grands arbres, le long de ce trottoir, bloquaient le soleil, ce qui rendait l'intérieur de ma résidence très sombre.

À l'été 1982, les journaux rapportaient qu'une maladie inconnue se propageait dans la communauté gay. Cette nouvelle a eu l'effet d'une bombe parce que personne n'était à l'abri. On ne connaissait pas les moyens de transmission puisqu'on en savait que très peu. Au tout début de cette épidémie, Gaétan, un agent de bord d'Air Canada âgé de 40 ans, a été considéré comme étant le « patient zéro ». Tout portait à croire qu'il s'agissait d'une maladie mortelle transmise sexuellement.

Cette maladie sans nom commençait à faire rage dans les grandes villes américaines. On rapportait que les gens atteints de la maladie mouraient dans l'espace de quelques semaines après avoir contracté le virus. Ça faisait peur et on se demandait tous qui serait le premier dans la communauté des gays de la capitale nationale à être atteint. Certains disaient que ce qui nous arrivait était la réponse de Dieu en raison de notre promiscuité. D'autres faisaient le commentaire que nous méritions ce qui nous arrivait. Que de réactions ignobles, ignorantes et désobligeantes!

Au début de l'été, Michel avait rencontré un homme de New York et une nouvelle relation avait vu le jour. Ils se fréquentaient les fins de semaine soit à Ottawa ou à New York. Ça faisait « jet-set » pour employer l'expression du temps. Son copain, Henrik, possédait une propriété à Fire Island, lieu de villégiature des gays de la Nouvelle Angleterre. J'ai accepté une invitation pour aller le visiter avec Michel dans le « Big Apple » comme on surnomme cette métropole américaine. Notre court séjour comprenait une visite éclair à Fire Island. Les maisons d'été entassées les unes contre les autres étaient, dans bien des cas, des joyaux d'architecture. Il n'y avait aucun doute que seuls les fortunés pouvaient se permettre une résidence secondaire dans cet endroit idyllique.

Fire Island avait la réputation d'être un endroit propice aux orgies gays. Les plages sablonneuses, bondées de beaux jeunes hommes en speedos, attiraient une foule de visiteurs à la recherche de bons temps y compris du cul.

Bien que conscient des maladies transmises sexuellement (MTS) comme on les appelait à l'époque, le port du condom était loin d'être la norme.

Henrik s'était organisé pour qu'on puisse visiter Manhattan et Fire Island. Ces endroits contrastant avaient chacun leur charme. Les gratte-ciel de la grande ville, les taxis en course folle s'opposaient au calme des dunes de sable et des habitations conçues pour des vacanciers en quête de relaxation au bord de l'eau. Je n'avais jamais visité un endroit aussi ouvertement gay et j'avais l'impression de rêver. Le retour à la réalité arriverait beaucoup trop vite.

Pour me rendre au centre-ville d'Ottawa à partir du sud, il n'y avait aucune voie rapide. J'empruntais donc les rues Alta Vista et Main. Il me prenait environ 20 à 30 minutes pour me rendre dans le coin de l'Université d'Ottawa. À part Neil, tous les gens que je connaissais vivaient près ou dans le centre-ville. Éventuellement ça m'agaçait de ne pas pouvoir me rendre à pied chez mes amis. Je devais aussi éviter les heures de pointe lorsque la circulation était au ralenti, le plus souvent pare-chocs à pare-chocs.

Au début de l'automne, j'apprenais de Michel qu'Henrik était très malade, mais qu'aucun diagnostique n'avait été fait. Trois ou quatre semaines plus tard, il était décédé à la suite d'infections liées au SIDA. C'était le premier cas qui me touchait de si près. Heureusement que personne dans mon entourage n'avait été atteint. Toutefois ce n'était qu'une question de temps avant que l'épidémie ne fasse des ravages à Ottawa.

Au printemps 1983, comme l'isolement me déplaisait, j'ai pris la décision de revenir au centre-ville. Puisque je n'avais pas les moyens financiers pour acquérir une

87

propriété en ville, je me suis résigné à retourner en appartement. La pénurie de logements locatifs n'avait pas changé et il était presqu'impossible de trouver un appartement à prix raisonnable. Avec ma détermination de quitter la banlieue, j'ai déniché un logis au rez-de-chaussée d'une vieille maison sur la rue James. Dans ma liste de critères, je voulais un stationnement, ce qui éliminait des propriétés intéressantes.

Un mois avant mon déménagement, alors que je me rendais à un rendez-vous chez mon médecin au coin des rues O'Connor et McLaren, j'ai aperçu une pancarte annonçant des appartements rénovés dans un immeuble en briques rouges sur le coin opposé de l'édifice médical. Je suis entré pour visiter l'appartement témoin au deuxième étage. Le propriétaire de l'immeuble avait installé une petite table dans la salle à manger pour recevoir les clients. Il m'a invité à faire le tour du logis. J'ai eu le coup de foudre pour cet appartement en coin avec façades au sud et à l'est. Le logis était très éclairé, ce qui fait contraste avec ma maison de ville. Les planchers en bois franc avaient été refaits, les murs avaient été peints en beige et les moulures en blanc. Des plafonds de huit pieds ajoutaient à l'élégance des pièces plus spacieuses que dans les appartements modernes. Des fenêtres à plomb dans toutes les pièces venaient couronnés ces magnifiques intérieurs. J'étais vendu! Le seul hic, un loyer qui était sensiblement plus dispendieux que celui de la rue James. Tony, le propriétaire, me réservait l'appartement 11 pour deux jours pendant que j'y réfléchissais.

Michel a réussi à me persuader qu'à la longue, je serais gagnant avec ce logis. Selon lui, le fait d'avoir à déménager souvent, comme je le faisais régulièrement, comportait des dépenses importantes. La différence de loyer se justifierait moyennant une période de stabilité de dix ans. Il m'a convaincu qu'à long terme je serais plus heureux dans ce bel appartement qui était mieux situé que celui de la rue James. De plus, il y avait un stationnement intérieur pour ma voiture. J'ai donc emménagé le 14 septembre, jour de mon anniversaire de naissance, soit un mois après la vente de ma maison en banlieue.

Le 250 de la rue O'Connor était si bien situé que je pouvais me rendre au bureau et faire mes courses à pied. Il y avait même un bar gay, le Centretown Pub, à un coin de rue sur Somerset. Gary habitait tout près, au Duncannon, sur la rue Metcalfe dans le même voisinage. Mon dentiste et mon ophtalmologiste avaient leur bureau respectif non loin de la rue O'Connor. Dès les premiers jours, je me sentais chez moi. C'est à ce moment-là que j'ai compris que j'étais une personne de ville même si j'aime bien la campagne. Mon expérience de vivre à l'extérieur du centre-ville m'avait appris que les banlieues n'étaient pas pour moi.

Au travail, je commençais à me sentir dépassé par la complexité des tâches. Sans formation dans le domaine de l'informatique, j'étais désavantagé par rapport au reste du groupe. J'avais été chanceux d'être promu encore une fois mais là j'avais atteint mon niveau d'incompétence. Le prochain palier, c'était un poste de gestionnaire, mais ça ne m'intéressait pas du tout. En jasant avec Mary, elle m'a demandé si j'étais bien dans mon poste. Je lui ai répondu que non et que je sentais qu'il était temps que j'aille explorer d'autres fonctions au sein du gouvernement fédéral.

Ma patronne immédiate, Carol, s'est aperçue que j'étais limité dans le genre de travail qu'on avait à faire. À ma grande surprise, un projet touchant les processus de dotation était sur le point d'être lancé et ma participation était sollicitée. Vivement, j'accepte le défi. Le travail consistait à faire les organigrammes de tous les processus de dotation dans le but d'analyser les étapes inutiles ou qui prenaient trop de temps. Mes expériences au Centre de main-d'œuvre pour étudiants m'ont beaucoup aidé à comprendre le contexte du travail à faire.

À la fin des travaux, j'ai rencontré Mary pour lui parler de mon expérience sur ce dernier projet. Je lui ai demandé si elle accepterait de me laisser partir en affectation temporaire advenant qu'un poste aux ressources humaines m'était offert. Elle m'avait toujours appuyé et dès que j'ai ouvert la bouche pour lui parler de mon désir d'aller tenter une expérience de travail dans la Direction générale des Ressources humaines, elle a simplement souri pour me confirmer son support inconditionnel.

Quelques semaines plus tard, en jasant avec Diane, une dame dont l'expérience et l'élégance étaient remarquables, je lui ai fait part de mon désir ardent de me trouver une affectation dans sa Direction générale. Elle était au courant que Pierre, le chef de la Planification en ressources humaines cherchait à embaucher quelqu'un pour combler un poste vacant dans son unité de travail.

N'ayant que de vagues notions de la gestion des ressources humaines, je ne pouvais pas lui offrir des années d'expérience pertinentes, mais je pouvais lui garantir du bon travail moyennant un encadrement et un suivi continus. Le protocole d'entente a été rédigé et signé dans un temps record. J'ai quitté le bureau de la consultation à la gestion sans remords et sans craintes d'avoir à y retourner. Cette nouvelle étape de ma vie signalait un tout nouveau chapitre. J'allais enfin faire du travail qui correspondrait mieux à mes aspirations et à mes ambitions.

Une année qui finit mal

Au mois d'août 1982, j'ai reçu un coup de fil d'une commission scolaire qui cherchait un formateur pour un cours aux adultes en décoration intérieure. Il s'agissait d'une formation non-créditée, c'est-à-dire un cours d'intérêt personnel. La personne qui devait assurer cette formation s'était désistée à la dernière minute et il y avait plus de 20 personnes inscrites pour le cours de 10 semaines à raison d'un soir par semaine. J'ai accepté à condition qu'on me laisse le temps de formuler un curriculum de cours. On m'a accordé 48 heures pour leur fournir un plan général des thèmes de chaque session.

L'année suivante à l'automne 1983, je reprenais ma place à l'École secondaire Carine Wilson à Orléans pour une deuxième année à titre de directeur du cours de décoration intérieure.

Les premiers mois au 250 de la rue O'Connor, c'était le paradis sur terre. Le retour en ville, près de mes amis, me redonnait un nouvel élan. Gagner à la loterie, je n'aurais pas été plus content. Il y avait tellement de nouvelles choses à découvrir, de nouvelles personnes à rencontrer. N'ayant jamais vécu à l'ouest du Canal Rideau, j'ignorais les avantages de se trouver à proximité de la rue Bank. Mon logement se trouvait en plein centre du soi-disant quartier gay. Cette appellation n'avait rien d'officiel et en faisait rire plus d'un, mais qu'importe, plusieurs commerces affichaient le drapeau gay. Dans les rues, on voyait des gays partout. Ce statut officieux de village gay résonnait avec la communauté et personne ne s'en plaignait.

Le journal gay « Capital Xtra » nous informait des évènements gays dans la capitale. Dans la mesure du possible, je m'organisais pour profiter des activités qui me permettraient de faire des rencontres intéressantes. Une chorale d'hommes gays avait pris forme sous la direction de Gerald (pas son vrai nom), un professionnel de la musique sacrée. Il avait choisi de vivre sa vie à Ottawa suite à sa sortie du placard dans une famille Mormon de Salt Lake City. Non seulement avait-il ressenti le rejet de sa religion, mais aussi de sa famille pour laquelle l'homosexualité était une aberration.

Tous les mercredis soirs, une vingtaine d'hommes gays se réunissaient dans la salle paroissiale de l'église anglicane Saint-Jean-l'Évangéliste au coin de la rue Elgin et Somerset. J'y voyais des visages familiers tels que Luc, Neil et Robb. Ce dernier, je le connaissais depuis mon arrivée à Ottawa alors qu'on s'était rencontré au bar au sous-sol du Lord Elgin. Luc était un ami de Léo et Normand. J'avais fait sa connaissance lors d'une corvée pour reconstruire la véranda de la rue Armstrong. Il habitait à deux coins de rues de chez moi sur McLaren. Les soirs de répétition nous donnaient une belle occasion de se retrouver en gang et de rire des commentaires sarcastiques de Gerald lorsqu'on ne réagissait pas à ses blagues comme il l'aurait voulu. Il était bouffon. C'était sa façon de venir nous chercher et de nous pousser à donner le meilleur de nous-mêmes.

Lors d'un party chez Luc où il n'y avait que 10 ou 12 personnes, j'ai rencontré Jack (pas son vrai nom) de descendance allemande. Un blondinet aux yeux bruns, il était d'une grande intelligence. Il parlait l'anglais, le français et le russe. Fils d'une mère enseignante, son père est décédé alors qu'il n'était que tout jeune. Il partageait un appartement avec un professeur de musique, Philippe, avec qui il avait eu une courte relation. Leur appartement, juste à l'est de la rue Elgin, était à 10 minutes de marche de chez moi.

Jack n'était pas affectueux, peut-être à cause de ses origines germaniques. On aurait dit qu'il n'était pas bien sa peau, qu'il n'avait pas tout à fait sorti du placard. Pour ne pas le bousculer, je le laissais dicter nos sorties. Il avait eu du mal à se trouver un emploi en sortant de l'université en dépit de son bilinguisme officiel. Un non conformiste, il détestait les contraintes et l'idée de travailler au gouvernement fédéral lui puait au nez. Il avait réussi à dénicher un emploi avec la Ville d'Ottawa en tant qu'adjoint au gérant du Marché By. Dans ce genre de poste, il se plaisait beaucoup. Son patron était un homme dont les valeurs étaient semblables aux siennes.

Invité chez Normand et Léo, j'étais fier de présenter mon beau Jack à tous ceux qui se trouvaient chez ce couple vedette. Il faisait virer les têtes. Ma voisine de palier, Sally, nous avaient invités à pendre la crémaillère. Elle me trouvait chanceux d'avoir un beau partenaire. Jack était masculin, raffiné et élégant dans ses vêtements sobres. Tous deux nés sous le signe de la Vierge, moi du 14 septembre et Jack du 15, nous étions tous les deux à la fois critiques et perfectionnistes. Ce n'était pas de bonne augure, je l'avoue, mais je n'étais pas anxieux de mettre fin à cette relation, même si je croyais que notre avenir était très incertain.

La mère de Jack avait hâte de me rencontrer après qu'il lui ait raconté que je faisais des contrats de décoration intérieure à domicile. La popularité de mes cours m'avait poussé à offrir des consultations. En arrivant chez sa mère, elle m'a annoncé qu'elle songeait à vendre sa maison et qu'un meilleur choix de couleurs pourrait assurer une vente plus rapide. Sur mes conseils, elle a entrepris quelques modifications quant à la disposition des meubles et elle a fait repeindre quelques murs pour ajouter de la couleur. Sa maison s'est vendue dans l'espace de quelques jours.

Habituellement, je me rendais à Dalhousie pour Noël, mais en décembre 1983, j'ai préféré rester à Ottawa, près de Jack et dans mon nouvel appartement. Nous avons échangé des cadeaux bien que j'avais l'impression que Jack le faisait par obligation. Ce genre de conformisme lui déplaisait. Sa mère a reçu toute sa famille à souper, ce qui m'a permis de connaître ses deux sœurs.

L'Ottawa Men's Chorus dont je faisais partie donnait son spectacle annuel de Noël à l'église Saint-Jean-L'Évangéliste. Cette tradition musicale, appréciée de la communauté gay et des familles des chanteurs, attirait une foule impressionnante. La qualité de la performance laissait à désirer et nous en étions bien conscients, mais ce qui importait le plus, c'était l'implication des gays qui n'avaient autres moyens de socialiser. Chaque spectacle était suivi d'un goûter au sous-sol de l'église, ce qui nous permettait de revoir des connaissances qui ne sortaient pas souvent de leur chez-soi.

Pendant la période des Fêtes, j'ai discuté avec Jack l'idée d'un voyage à Provincetown au Massachusetts. Vers la fin de la Deuxième Guerre mondiale, ce petit village de pêcheurs portugais à l'extrémité du Cap Cod était devenu un endroit prisé par les gays. Avec une population de quelques milliers d'habitants, les revenus des visiteurs gays prêts à dépenser dans les bars, les restaurants et les auberges donnaient aux habitants de Provincetown les ressources nécessaires pour restaurer leurs maisons et commerces pour en faire une attraction populaire grandissante d'année en année. Les villageois y ont vu un moyen de remplacer un mode de vie qui n'attirait plus la jeunesse. Les commerçants de la rue « Commercial », l'artère principale du village, pouvaient compter sur des clients réguliers qui venaient en vacances chaque année. À la fermeture de la saison vers la fin septembre, un bon nombre de commerçants se rendaient à Key West, une autre ville qui attirait les gays. C'est avec John, le décorateur, que j'avais découvert Provincetown, ce centre de villégiature gay. Ça me plaisait beaucoup parce que deux hommes pouvaient marcher dans la rue, main dans la main, sans jamais avoir à souffrir les remarques effrontées de gens ignorants.

Michel et son nouvel ami, Jocelyn, prévoyaient un voyage à Provincetown. Nous nous sommes coordonnés pour qu'ils puissent louer un petit chalet près de notre studio chez Tillie sur la rue Bradford. Une de nos plus agréables sorties fut une excursion à quatre à Nantucket alors qu'on a pris le traversier à partir d'Hyannis. J'imagine encore le visage de Jack, heureux et sans stress, assis sur la passerelle du traversier en train de lire son journal. Quel beau moment!

Au début de 1984, on commençait à entendre parler de gens qui avait le SIDA à Ottawa. Heureusement je ne connaissais personne atteint de cette maladie. Cette crise humanitaire aux proportions alarmantes envahissait le quotidien de toute la communauté LGBTQ. Le niveau d'intolérance envers les personnes ayant le SIDA ou le HIV atteignait des sommets impensables. Des hauts placés de la religion catholique ont eux aussi exprimé leur dédain pour ce fléau, un manquement de charité qui n'est pas passé inaperçu. Combien de gens ont été délaissés par leur famille qui avait honte d'admettre que l'un des leurs souffrait de cette maladie?

Vers la fin de l'été, j'ai reçu la visite de Normand qui prévoyait faire un voyage éclair au Nouveau-Brunswick. Son intention était de partir le vendredi de la fin de semaine du congé de la fête du Travail et revenir le lundi. Il insistait pour que je l'accompagne. Un long trajet en si peu de temps m'épuiserait et j'ai donc décliné son offre. Il est reparti bredouille. Deux jours plus tard, il est revenu avec des arguments pour que j'accepte de participer à cette aventure qui ne m'intéressait aucunement. Lors de sa visite, je lui avais raconté que ma mère prenait sa retraite de l'enseignement en juin. Mon père avait pensé qu'il serait préférable qu'elle ne soit pas à Dalhousie lors de la rentrée scolaire pour lui épargner la tristesse de ne pas retourner en salle de classe. Puisque ma mère n'était jamais allée de l'autre côté du grand étang, mon père lui avait offert un voyage de groupe de trois semaines dans les pays de l'Europe occidental.

Normand argumentait que si quelque chose arrivait à mes parents lors de ce voyage et que je n'avais pas pris le temps d'aller les voir avant qu'ils ne partent, je le regretterais toute ma vie. Il était rusé et savait comment tirer les bonnes ficelles. Je ne croyais pas que le destin leur réserverait de mauvaises surprises, mais Normand avait réussi à me convaincre de l'accompagner. Sait-on jamais, un malheur peut survenir et j'aurais du remords d'avoir refusé une belle occasion de voir mes parents avant le début de cette excursion en Europe.

Nous sommes donc partis selon l'horaire qu'il avait établi. Douze heures de route et nous arrivions tard le soir dans la Baie-des-Chaleurs. Je n'avais pas prévenu mes parents de notre arrivée. Lorsque je me suis pointé à la porte de la cuisine, comme à l'habitude, ma mère était assise à la table et un paquet de cartes à ses côtés indiquait qu'elle avait ou prévoyait jouer au solitaire. Quelle fut sa surprise de me voir!

Mes parents, heureux de me revoir, étaient surpris que je prenne le temps de faire ce voyage à la sauvette. Mes frères et ma sœur étaient absents, alors j'étais seul avec eux. J'ai beaucoup apprécié ce moment de détente. Ils envisageaient un beau voyage et avaient hâte de partir. Mon père, un grand voyageur du temps de la Deuxième Guerre mondiale, était impatient de montrer à ma mère des pays qu'elle ne connaissait que sur des photos. S'ils étaient inquiets, rien n'a paru. J'avais l'impression qu'ils partaient en seconde lune de miel.

Normand et moi sommes retournés à Ottawa le lundi matin, tel que prévu. Je l'ai remercié de m'avoir tordu le bras pour faire le voyage. Son petit côté sorcier me faisait peur et me laissait perplexe. Avait-il eu une prémonition dont il ne pouvait me parler? Sa boule de cristal était toujours à ses côtés. Je dois ajouter que cette figure de style n'était pas une grande exagération parce qu'il avait un sixième sens, mais il s'en servait d'une façon intelligente.

Quelques semaines plus tard, j'ai reçu une première carte postale de ma mère. Son écriture, normalement très lisible, démontrait qu'elle avait eu de la difficulté à rédiger son court texte. Ma réaction initiale était qu'elle avait dû l'écrire assise dans l'autocar en mouvement, ce qui expliquerait les lettres pointues. Ma sœur Claudette avait aussi reçu une carte postale et sa réaction avait été semblable à la mienne.

De retour au Canada, les nouvelles de Dalhousie étaient embrouillées et ma mère s'était plainte qu'elle était fatiguée lors du voyage. Dans une photo, on la voyait qui retenait son bras droit avec l'aide du bras gauche, comme si elle cherchait à cacher un malaise. Au bout de quelques jours, sa situation ne semblait pas s'améliorer. Ma sœur, inquiète de ne pas avoir l'heure juste, s'est rendue à Dalhousie pour voir ce qui se passait. Elle a trouvé ma mère dans un état lamentable.

Avec un peu d'aide, un rendez-vous chez un médecin spécialiste à Moncton a été organisé. Une batterie de tests est venue confirmer qu'elle avait une tumeur inopérable au cerveau, ce qui expliquait sa fatigue, son écriture inhabituelle et sa paralysie d'un côté de son corps. Mon père et ma sœur ont décidé d'obtenir une deuxième opinion, telle que suggérée par un des médecins de Moncton. Elle a été transportée en ambulance à Halifax où ma sœur vivait à l'époque. La famille s'est rassemblée pour entendre un deuxième verdict qui venait confirmer le premier. Des traitements de chimiothérapie et de radiothérapie étaient les seules approches possibles pour prolonger sa vie.

Une fois les traitements terminés, les médecins ne pouvaient rien faire de plus pour elle. Ils nous ont suggéré de l'envoyer par ambulance à l'hôpital de Dalhousie où elle est demeurée dans un coma pendant quelques jours avant de s'éteindre le 16 décembre.

Ce fut un Noël de grande tristesse. Mon père qui dépendait de ma mère pour presque tout se retrouvait seul dans sa maison. Ma mère n'avait pas profité de sa retraite. Elle nous a quittés à peine six mois après avoir pris sa retraite. Normand avait-il eu une prémonition?

Le début des ravages

Le décès de ma mère à l'âge de 63 ans a été un choc et une surprise, elle qui faisait attention à son alimentation pour vivre une vie en santé. Je n'aurais pas voulu qu'elle parte sans savoir que j'étais gay. J'étais content d'avoir eu l'occasion d'en discuter avec elle et je voyais qu'elle ne comprenait pas vraiment sauf que l'amour inconditionnel était à la base de ses croyances et de son cœur. Elle n'aurait pas pu m'abandonner pas plus qu'elle n'aurait délaissé Éric quand elle a appris qu'il serait mentalement handicapé pour le reste de ses jours. Avec le temps, sa pensée aurait évolué et elle aurait été mon alliée la plus fidèle.

À peine remis de la mort de ma mère, les décès d'hommes gays commençaient à Ottawa. Même si je ne les connaissais pas tous, j'ai été touché par ces pertes de vie de gens si jeunes, à l'aube de leur existence. Le Ottawa Men's Chorus a chanté aux obsèques de ses membres dans les salons mortuaires. Pas facile de produire un son musical avec la gorge serrée par le chagrin, mais on se faisait un devoir d'y aller lorsqu'on était invité, question de présenter une image positive des gays à la population.

En février, aux répétitions, j'avais remarqué qu'il nous manquait des choristes, y compris Neil. La rumeur courrait qu'il n'était pas bien. Je pensais à ses deux jeunes garçons pour qui il avait la garde partagée avec son ex-conjointe, Louise. Leur père était un héros et ils l'adoraient. Je comprenais maintenant la raison pour laquelle il m'avait repoussé. On ne parlait pas du SIDA. Les préjugés étaient si odieux qu'il était préférable de taire cette information au risque de se voir maltraiter, même par des intervenants en milieu hospitalier. D'ailleurs, dans certains hôpitaux, on laissait aux préposés le choix de soigner ou non une personne atteinte du VIH ou du SIDA.

Au travail, je n'abordais pas le sujet de cette épidémie puisque je n'étais pas sorti du placard. J'imaginais que bien des gens s'en doutaient, mais je n'étais pas prêt à faire face à ceux qui ne voulait pas savoir ou qui étaient homophobes.

Pierre, mon patron, m'avait fait confiance. Les 12 mois dont je disposais pour démontrer que j'étais à la hauteur de la tâche passaient rapidement. Je devais lui prouver qu'il devait me garder dans sa section. Quand il me demandait de rédiger une lettre ou un rapport, je commençais par une recherche d'information pour m'assurer d'avoir bien compris le sujet avant d'entreprendre la rédaction que je faisais dans une salle où il y avait des ordinateurs à la disposition du personnel. À cette époque, presque tous écrivaient à la main et les textes étaient ensuite envoyés à l'équipe qui s'occupait de les transposer en format électronique. Je préférais taper moi-même mes textes, ce qui réduisait des étapes et du temps. Lorsque Pierre s'est aperçu que je dactylographiais mes écrits, sa réaction a été immédiate. Il m'a fait savoir qu'il ne m'avait pas embauché pour faire du travail de secrétariat. Je lui ai expliqué que la technologie moderne changerait les façons de faire et qu'il était avantagé par le fait que je pouvais produire du travail plus rapidement que les autres.

Au bout de trois mois, il m'a convoqué dans son bureau. Il a fermé la porte ce qui m'indiquait qu'il avait des inquiétudes. Il m'a informé qu'il voulait mettre fin à l'entente de détachement. Surpris, je lui ai demandé la raison qui avait motivé sa décision étant donné qu'il ne m'avait jamais fait de reproches sur mon travail ou demandé de m'améliorer. Que se passait-il?

Voyant mon inconfort, il s'est empressé de me dire qu'il ne voulait pas me perdre et qu'il m'offrait un poste permanent. J'étais tellement soulagé. Mary serait contente de me voir dans un poste qui me rendait heureux. Mon poste d'attache dans sa direction générale deviendrait donc vacant, ce qui lui permettrait de me remplacer de façon définitive.

J'avais beaucoup à apprendre, mais par où commencer? Une jolie jeune femme prénommée Carole travaillait dans la section de l'Équité en emploi. Son dynamisme et son enthousiasme pour entreprendre des activités de sensibilisation sur des thèmes d'équité en matière d'emploi, tels que la représentativité des groupes cibles (femmes, personnes handicapées, Autochtones et minorités visibles) en disait beaucoup sur ses valeurs. Il y avait une flamme qui l'allumait, qui lui donnait la force et le courage de persévérer même dans les moments les plus difficiles lorsqu'elle se faisait dire qu'elle perdait son temps à promouvoir des idées que les gestionnaires n'étaient pas prêts à accepter. C'est cet engagement pour assurer un équilibre parmi les employés du ministère de l'Énergie, des Mines et des Ressources qui m'a attiré vers elle. On s'est vite lié d'amitié. Elle aussi avait soif d'information et elle cherchait à apprendre, entre autre, le domaine de la dotation, une sphère qui comprend le recrutement de nouveaux employés de l'extérieur de la fonction publique, les transferts et les promotions internes.

    Je me suis ouvert à Carole. Elle me parlait de son « Ben » et je me devais donc d'être franc en retour. Notre complicité ne passait pas inaperçue. Nous prenions nos pause-café et heures de lunch ensemble. Elle aspirait à des niveaux supérieurs sans être très précise sur le genre de travail recherché. Une femme intelligente, mais sans instruction formelle, sa carrière serait probablement limitée, sans vraiment savoir quel niveau elle pourrait atteindre.

    Plus le temps avançait, plus le taux de mortalité gay s'élevait. Il se passait rarement une semaine sans que j'aille à des obsèques pour un ami ou encore un ami d'un ami. J'ai appris que Luc était atteint, pauvre lui qui était mince comme un chicot, j'avais l'impression qu'il ne survivrait pas longtemps. Peu de temps après, c'était au tour de Normand de montrer des signes de maladie parce qu'il avait le zona.

    Méa, la mère de Normand est venue vivre à Ottawa à l'été 1985, juste avant que les problèmes de son fils ne commencent à se manifester. Avait-elle une prémonition? Est-ce qu'elle était au courant de l'épidémie qui sévissait à Ottawa? Personne ne disait mot. Méa avait choisi un petit appartement non loin de la maison de Léo et Normand et elle pouvait facilement s'y rendre à pied. Les premiers symptômes se sont développés tellement rapidement que Méa a quitté son logis pour venir habiter avec eux sur la rue Armstrong.

Gay et passionné

De son côté, la santé de Luc s'aggravait de jour en jour. Il était fils unique et adopté par ses parents qui vivaient dans le nord de l'Ontario. Un cercle d'amis s'est formé pour lui venir en aide. Quand la situation est devenue critique, on l'a transporté dans sa famille à Smooth Rock Falls pour la période des soins palliatifs. J'ai eu vent de son décès après que les obsèques avaient eu lieu.

Dans mon for intérieur, je me disais que moi aussi j'allais y passer. Ce n'était qu'une question de temps avant que cette maladie me rattrape. Je n'étais pas mieux que les autres et j'avais goûté au plaisir de la chair autant que le voisin. J'essayais de bien comprendre les différences entre le comportement sexuel des autres par rapport au mien. Selon les chercheurs, la transmission du SIDA se faisait en passant par les liquides biologiques tels que le sang et le sperme. Certains liquides biologiques peuvent contenir le virus du VIH, mais en quantités trop faibles pour transmettre le virus.

Des trois modes de transmissions du virus VIH, seule la transmission par voie sexuelle concernait spécifiquement les gays. Un tableau montre les quatre niveaux de risque : élevé, moyen, faible et impossible. Pour les gays, il n'y avait qu'une activité à risque élevé (pénétration pénis-anus) et une activité à risque moyen (partage de jouets sexuels).

On ne sait jamais d'où nous vient le degré de pudeur. Était-ce la façon dont on avait été élevé ou encore des influences hors de la famille? Y avait-t-il un lien à faire entre l'amour anal et la pudeur? J'étais bien conscient qu'il s'agissait d'un acte sexuel comportant un danger réel. Je n'ignorais pas qu'il s'agissait d'une pratique normale chez les gays. Sans le port du condom, on jouait à la roulette russe et les téméraires se vantaient allégrement du danger. J'avais la réputation d'être audacieux, mais jamais irresponsable.

Même si je n'étais pas convaincu que ma vie était en danger, je continuais à vivre comme si c'était le cas. Plus on avançait dans le temps et qu'aucune infection reliée au VIH ne se manifestait en moi, une autre émotion est venue m'envahir, celle de la culpabilité des survivants. C'est mon médecin de famille qui m'en a informé. En bref, le survivant est rongé par la culpabilité, le sentiment d'avoir trahi. Douloureusement ressentie par des personnes qui survivent un accident, un massacre ou un fléau, ce syndrome provoque de la tristesse intense voire même de la dépression.

Comment ne pas être triste quand la majorité de nos amis nous quittent d'une manière aussi cruelle? La liste de noms s'allongeait toutes les semaines. Lorsque j'ai atteint le 75e nom, j'ai mis fin à cette pratique qui n'avait rien pour m'encourager. C'est en partie grâce à mon travail dans lequel je me replongeais tous les matins que j'ai pu continuer à vivre sans en perdre mon équilibre mental.

Il n'en a fallu que six autres mois avant que Léo ne soit atteint à son tour. La présence de Méa dans la maison de la rue Armstrong était un cadeau du ciel. Lorsque la nouvelle le concernant a fait le tour de la communauté, l'effet de choc était palpable. Comment un couple si agréable et qui travaillait si fort pour la communauté se voit aux prises avec cette maladie maudite?

Une passion s'amorce

Ma relation avec Jack commençait à fléchir sans que l'on ne s'en parle ouvertement puisqu'il n'était pas du genre à discuter de sentiments. Tout ce qui touchait le côté des émotions semblait hors limites. Comme je ne voulais pas le mettre dans une position inconfortable, j'évitais de parler du « nous ». De cette façon, les conversations demeuraient neutres et sans ambiguïté. Mais pouvait-on continuer bien longtemps à faire les autruches avec la tête dans le sable?

L'arrivée des ordinateurs dans les bureaux des employés a eu un effet bénéfique. Au cours des premières semaines, Pierre m'appelait à son bureau pour que je lui donne de courtes leçons sur les principes de base de cette machine qui lui semblait si étrangère. Il en voyait les bienfaits, mais le moyen d'y arriver constituait un mystère. Chaque jour, il en apprenait davantage et, au bout de quelques mois, il en chantait ses louanges.

Juste à côté du bureau de Pierre se trouvait celui de Denise, une de ses collègues qui était responsable de la dotation des cadres, c'est-à-dire le recrutement et la promotion des employés dans les postes exécutifs du ministère. Sa petite section était composée de quatre postes, y compris celui de conseiller en dotation aux gestionnaires de l'organisation. La personne qui avait occupé ce poste était en détachement pour un an dans un autre ministère, ce qui créait un poste vacant, mais de façon temporaire seulement.

Depuis mon arrivée à la Direction générale des Ressources humaines, Denise m'avait remarqué. À mon insu, elle a approché Pierre pour lui demander s'il accepterait de me laisser partir pour une affectation dans sa section. Puisque j'étais en poste dans la section de Pierre depuis à peine six mois, sa réaction n'a pas été très favorable. Il comprenait que cette opportunité me donnerait un bel avantage pour un avenir prometteur en ressources humaines étant donné que la dotation, la classification des postes et les relations de travail constituaient la base de la gestion des ressources humaines. Mon travail dans la section de la Planification des ressources humaines, aussi valide soit-elle, ne me donnerait pas les fondements nécessaires pour avancer dans ma carrière. Le directeur m'avait aussi observé et était également d'avis que je serais le candidat idéal pour occuper le poste de prestige dans la section de Denise. Pierre a cédé à la pression du directeur et Denise est venue me rencontrer pour m'offrir un poste dans son unité de travail.

J'ai accepté le poste de conseiller en dotation des cadres à la condition qu'on me donne la formation nécessaire pour obtenir une accréditation en dotation autorisée par la Commission de la fonction publique. Denise, une femme en fin de carrière et experte en dotation, s'est offerte pour être ma tutrice. La formation se faisait par des modules de lecture suivis par des tests de connaissance administrés par le tuteur. Puisque Carole s'intéressait à la dotation, il m'a semblé logique de lui demander si elle voulait m'accompagner dans cette démarche sachant très bien que sa participation était sujette à l'approbation de son superviseur, Bob.

Avec l'encadrement de nos tuteurs, Bob et Denise, Carole et moi avons entrepris une formation qui s'est échelonnée sur une période de 18 mois. La dotation à la Fonction publique fédérale est légiférée par la *Loi sur l'emploi dans la fonction publique* qui était en vigueur depuis 1967. Cette première tentative de comprendre une loi canadienne et le règlement qui en découle posait tout un défi. J'étais content de ne pas avoir à compléter les modules sans partenaire d'étude. Carole avait travaillé au gouvernement fédéral depuis des années et sa connaissance de la hiérarchie et du fonctionnement d'un ministère m'aidait à mieux comprendre les assises de la dotation.

La crise du SIDA battait son plein. Chacun souffrait différemment, Les infections opportunistes attaquaient les points faibles des gens atteints de la maladie. Dans le cas de Normand, le zona a été la première manifestation suivi de champignons buccaux et d'infection pulmonaire, entre autres. Antérieurement, il avait contracté l'hépatite B qui l'avait assommé. Est-ce qu'il s'en était vraiment débarrassé? En 1986, le SIDA était une maladie mortelle. Il n'y avait pas d'espoir de s'en sortir en dépit du fait que les scientifiques cherchaient de nouvelles drogues à administrer et peut-être qu'un jour, un vaccin serait disponible. Mais on en était bien loin de ces approches thérapeutiques qui prirent des années à voir le jour. Parmi les premiers médicaments efficaces, on comptait le AZT (azidothymidine ou zidovudine) un antirétrovirale causant des effets secondaires tels la nausée, les maux de tête et la perte d'appétit. Ce médicament ne sera approuvé par la « USDA » qu'en mars 1987.

Méa en avait plein les bras à s'occuper de Normand. Les sueurs nocturnes que presque tous les sidatiques connaissent exigeaient un changement quotidien de la literie. Il y avait là tout un travail ménager à accomplir. Avec la perte de l'appétit, le produit « Ensure » arrivait à combler une lacune nutritive des malades. Léo et Méa se partageaient les responsabilités des soins de Normand qui occupaient leurs journées. Bien que Léo savait qu'il était atteint, aucun symptôme sévère ne s'était manifesté. Il luttait pour la survie de Normand sans se soucier de son propre combat auquel il devrait éventuellement faire face. Il refusait de quitter son emploi tant et aussi longtemps qu'il serait en mesure de s'acquitter adéquatement de ses fonctions. L'altruisme de Léo était bien connu parce qu'il n'en était pas un pour abandonner une tâche difficile. Il aurait fallu être aveugle pour ne pas voir la belle complicité qui s'était développée entre Méa et Léo. Elle deviendrait sa proche-aidante et il n'en demandait pas mieux.

Dès qu'il y a une mort imminente, les profiteurs sortent de leurs trous pour dresser un plan d'attaque et ces rôdeurs cherchent principalement de l'argent ou des objets de valeurs qui pourraient être vendus pour des sommes intéressantes. Rusés, arrogants et profiteurs, ces personnes qui ne méritent aucune mention prétendaient être des proches-aidants. Méa et Léo en étaient très méfiants. Effrontés, ces accapareurs parlaient ouvertement des objets de la maison dont ils voulaient

105

hériter. Ce qui me répugnait le plus, c'est qu'ils étaient des amis de Normand et Léo. Comment pouvaient-ils prétendre un intérêt sincère du bien-être de leurs amis malades et, en même temps, manipuler ceux qui auraient la responsabilité de gérer les avoirs de leurs amis mourants? Quel genre de personne aurait l'esprit et les valeurs aussi tordus?

À plusieurs reprises, lors de mes visites, Méa me confiait ses craintes que les profiteurs la pointaient du doigt comme étant aussi coupable qu'eux. Sa présence chez Léo et Normand n'avait rien à voir avec un désir d'hériter des biens de l'un ou de l'autre. Ce qu'elle faisait pour son fils et son conjoint, elle le faisait par amour. L'absence du père de la famille qui, curieusement portait aussi le nom de Léo, avait fait en sorte que Normand avait dû assumer un rôle paternel envers ses jeunes frères. Méa était consciente qu'il avait contribué énormément au bien-être de ses cadets et qu'elle en avait bénéficié. C'était, en partie, la raison pour laquelle Méa cherchait à s'occuper personnellement de son fils Normand qu'elle aimait tant. Le refus catégorique de Léo, le père de Normand, de voir son fils durant sa maladie, avait créé une angoisse profonde, une condamnation d'un individu pour le seul motif qu'il était gay. Juste avant sa mort, le père de Normand a tenté de lui tendre la branche d'olivier; toutefois, la sincérité de son geste arrivait un peu trop tard.

Jack se distançait progressivement de moi comme s'il préférait éviter une confrontation. Il ne venait plus chez moi pour les fins de semaine. Au mois de juin, pour la fête des pères, je suis allé à Dalhousie, une tradition qui avait commencé après le décès de ma mère. À mon retour à Ottawa, Jack avait coupé les ponts et il refusait de me parler. J'ai compris que la relation était terminée et qu'une amitié était hors de question. Je l'ai beaucoup aimé, mais je doute fort que les sentiments étaient réciproques. J'ai senti un vide énorme, un mal que je n'arrivais pas à guérir. Avec la maladie présente autour de moi, les mortalités à répétition et la rupture avec Jack, j'avais un trop-plein d'émotions qui m'empêchait de voir le beau côté de la vie.

J'ai toujours eu une réputation d'une personne difficile à plaire. J'admets que je n'accepte pas facilement de réduire mes standards. Normand m'en avait fait la remarque à plusieurs reprises. Et pour m'inciter à sortir de chez moi, il me disait que je ne pourrais jamais rencontrer des hommes en restant assis dans mon salon. Cette phrase moqueuse, il s'en était servi souvent. Je lui répondais que j'étais mieux seul qu'avec la mauvaise personne et que j'étais prêt à passer ma vie en célibataire s'il le fallait. Plus les années avançaient, plus je croyais qu'il en serait ainsi, mais je ne perdais pas l'espoir de rencontrer éventuellement l'âme sœur. Je me disais qu'on pouvait être heureux en amour à n'importe quel âge.

Mon père qui n'avait connu qu'un seul amour s'était acoquiné avec une voisine depuis le décès de ma mère. Difficile à accepter au début, on s'est tous rangé derrière lui. Il avait tellement besoin d'une partenaire de vie qu'il aurait été cruel de lui en vouloir pour les bons moments qu'il vivait avec sa copine. Atteint d'une dégénérescence maculaire, les appuis que pouvait lui apporter une amie de cœur étaient inestimables.

Un dernier adieu à Normand

Quand un accident survient, certains gens ont le réflexe du secourisme et ils savent par expérience ou par formation quoi faire et comment le faire. Ils peuvent garder leur sang-froid peu importe la gravité des circonstances. J'admire cette capacité qu'ont certaines personnes d'être en présence d'un malade et de savoir comment calmer une situation qui pourrait déraper rapidement. Je n'ai malheureusement pas ce talent naturel qu'on les proches-aidants. Au fur et à mesure que la santé de Normand se détériorait, j'avais de plus en plus de difficulté à lui rendre visite. Je ne savais pas quoi lui dire et je me sentais coupable de le voir si démuni pendant que j'étais en pleine forme physique. J'avais l'impression que je ne pouvais lui parler de mes problèmes pendant que sa maladie le faisait tant souffrir.

Un vieillard malade ne surprend personne, mais, Normand, un jeune homme de 35 ans, émacié au visage triste et apeuré m'a décontenancé sans que je ne puisse me retenir. S'en était-il rendu compte? Le connaissant, il a probablement vu dans mon visage la douleur que je ressentais de le voir ainsi, lui qui avait voulu de moi presque 20 ans auparavant.

Comme mon travail était très exigeant, c'était ma porte de sortie pour oublier momentanément les angoisses que j'éprouvais face à l'épidémie qui ratissait mon cercle d'amis. J'en avais marre, je voulais crier. Méa me téléphonait pour me donner des nouvelles de Normand. J'évitais même ce genre de contact de peur de les déranger.

Plus j'en apprenais dans le monde de la dotation, plus j'aimais mon travail. Je me sentais utile et apprécié. Denise était perspicace pour savoir quand le niveau de stress de ma vie privé était élevé. Elle m'a encouragé à faire de petits voyages durant les weekends pour me détendre. Son conjoint était décédé subitement juste avant que je ne la rencontre. Elle se relevait péniblement de sa perte. Son travail était devenu sa source de plaisir et je l'imitais sans m'en rendre compte. Sa compréhension et sa bonne humeur m'ont été salutaires. Au moment de sa retraite, j'avais les larmes aux yeux de la voir partir. Elle avait été pour moi un mentor.

Aux répétitions de la Chorale des hommes gays d'Ottawa (Ottawa Gay Men's Chorus), il y avait du changement à l'horizon. Le directeur et le comité de direction avaient décidé de changer le nom de la chorale et on ne pouvait plus ou on ne voulait plus se cacher. Il fallait s'affirmer. Le mot « gay » allait désormais nous définir publiquement. Ce changement mineur n'a eu aucun effet négatif pour les membres de la chorale. D'ailleurs, je crois que l'inverse s'est produit et une fierté jamais vue est née. Sans Neil, Luc et d'autres choristes qui nous avaient quittés, le groupe a continué à chanter, à évoluer et à donner deux concerts par année.

Normand est décédé le 1er décembre 1987. Deux services ont eu lieu. Après l'incinération du corps, une célébration de sa vie à eu lieu au Centre RA sur la rue Riverside à Ottawa. N'eut été les nombreuses mortalités avant lui, la salle aurait été comble. Une bonne cinquantaine de personnes ont assisté à ce dernier hommage pour Normand. Un montage de photos nous faisait découvrir ses talents, entre autres, sa personnification d'illustres femmes. Il aimait se travestir chaque année pour célébrer l'Halloween; il confectionnait lui-même ses costumes et coiffait ses perruques. Il a même gagné un premier prix à la discothèque Sacs à Hull dans son personnage préféré de la Reine Elizabeth II.

Un service religieux a suivi au printemps à Dalhousie à l'Église Saint-Jean-Baptiste. Cette deuxième cérémonie a permis à toute sa parenté de la Baie-des-Chaleurs d'assister à un dernier adieu. Quelques années plus tard, pour une raison que j'ignore, on a choisi le 1er décembre pour souligner la Journée mondiale de lutte contre le SIDA. En me fermant les yeux, j'ai l'impression que je vois Normand qui me fait un clin d'œil pour m'indiquer son approbation pour ce choix judicieux.

C'était maintenant au tour de Léo. Grâce à Méa, il a reçu toute l'attention qu'il méritait. Bien que j'avais une grande admiration pour lui, je ne comptais pas parmi son réseau d'amis intimes. Pendant sa maladie, il préférait ne pas être vu. Les gens de la communauté se demandaient si Méa allait tenir le coup. C'était une femme forte, autant physiquement que par son caractère. Elle en avait vécu des histoires au cours de sa vie et elle savait qu'elle pouvait compter sur une kyrielle d'amis gays pour lui venir en aide.

En guise de remerciement et d'appréciation, Léo a suggéré de la marier pour qu'elle puisse bénéficier de ses pensions. Tout s'est fait bien discrètement et personne d'autre n'avait besoin de connaître ces détails personnels.

À la mort de Léo, Méa est resté dans la maison le temps de finaliser la paperasse. Son rêve était de retourner vivre dans la Baie-des-Chaleurs où elle a choisi un petit logis à Charlo en face de son fils aîné Richard et de sa belle-fille Laurette. Elle avait ramené un magnifique souvenir, une table et huit chaises dont les sièges avaient été refaits par Léo. De la main de ce dernier, un petit point sur fond rouge vin ornait le siège. Ce travail de longue haleine avait durée presqu'aussi longtemps que la relation entre Normand et Léo. Ce signe d'amour, Méa en était fière.

Les belles années de partys chez Normand et Léo étaient choses du passé et le temps était venu de penser positivement pour regarder vers un avenir prometteur. J'avais négligé mon amitié avec Gary. On vivait à deux coins de rues, mais on se voyait rarement. J'ai renoué avec Robb que j'avais délaissé depuis un certain temps. Ce baryton et son conjoint Steve étaient aussi choristes, mais ce dernier ne nous trouvait pas très sérieux. On riait facilement et c'était peut-être une façon d'oublier nos chagrins.

Un regain d'espoir

Au lieu de m'engloutir dans la maussaderie, je me suis concentré sur mes études du monde la dotation à la fonction publique. L'objectif à atteindre était un niveau de spécialisation qui m'ouvrirait des portes. Plus je posséderais une connaissance approfondie, plus je pourrais me garantir un bel avenir en tant que fonctionnaire. Il était hors de question de retourner enseigner dans les écoles publiques. J'avais fait une croix sur la carrière d'enseignant, mais je ne fermais pas la porte à diriger des formations dans mon domaine de connaissances. Mon baccalauréat en éducation me servirait si jamais on me demandait de donner de la formation. Ma partenaire d'apprentissage, Carole, n'avait pas le désir de devenir une experte en dotation. Elle visait l'accréditation principalement pour l'aider à monter dans la hiérarchie. La dotation opérationnelle n'était guère d'intérêt pour elle, contrairement à moi pour qui c'était à tire-larigot.

Les nombreuses lectures exigées dans le cadre de cette formation se faisaient en grande partie à la maison et, si le temps le permettait, Denise m'autorisait à prendre une heure ici et là pendant les heures de bureau pour m'avancer dans ma préparation des examens de modules. Je visais la perfection bien que c'était rarement atteignable indépendamment de l'effort que j'y mettais. Cette reconnaissance officielle, une fois reçue, me donnerait accès à des postes dans tous les ministères fédéraux assujettis à la *Loi sur l'emploi dans la fonction publique*.

Nos tuteurs, Bob et Denise, comprenaient qu'ils nous ouvraient des portes en nous guidant vers cette accréditation. Le chef de la dotation au niveau corporatif, Leonard, était le responsable ministériel du programme d'accréditation et il s'intéressait à Carole et moi. Sa porte était toujours ouverte pour des questions épineuses car il était le guru de la dotation à Énergie, Mines et Ressources

Canada (EMR). Un type à la fois élégant et charmant, toutes les femmes avait l'œil sur ce grand homme de six pieds deux pouces aux approches délicates et respectueuses.

L'accréditation nous a été décernée juste avant la retraite de Denise. C'était un moment de gloire autant pour elle que pour moi. C'est Leonard qui nous a annoncé la nouvelle, heureux de notre succès.

Le souvenir de Jack commençait à s'effacer lorsque j'ai rencontré Cliff, un musicien de formation, qui faisait partie de Lambda, une organisation de professionnels gays à Ottawa. Mon implication dans ce groupe m'a permis de rencontrer des gens d'affaires et des fonctionnaires bien placés. À chaque souper mensuel, un invité nous informait sur des sujets d'intérêt pour la population LGBTQ. Un comité exécutif, composé de quatre personnes, dirigeait les activités de Lambda. À ma grande surprise, on m'a demandé de siéger sur ce comité. Suite à mon intégration, j'ai fait la connaissance de Cliff, le trésorier, un père gay avec deux garçons à sa charge.

Un soir de Saint-Valentin, lors d'un party dans l'appartement du président, je me suis rapproché de Cliff pour le jaser. Avec un peu d'alcool dans le corps et très détendu, la conversation coulait facilement. Il m'a expliqué qu'il était en train de répertorier la musique classique de compositeurs canadiens. Une sommité en matière de musique classique canadienne, il siégeait sur un comité national visant à faire connaître nos trésors musicaux canadiens. Il avait fait ses études en musique à l'Université de Toronto, sa spécialité étant la musique de compositeurs canadiens. Puisqu'il pouvait lui-même composer de la musique, on lui donnait des contrats pour écrire des partitions pour différents spectacles.

J'étais fasciné par cet homme aux multiples talents musicaux, un humble artiste qui ne cherchait pas la gloire. Ses modestes revenus provenaient de deux sources : l'Organisation pour la promotion des compositeurs classiques canadiens et le Conseil des arts du Canada. Une réduction de subventions, comme il s'en fait de temps à autre par un nouveau gouvernement qui prône la frugalité, lui rendait la vie difficile. Son focus immuable : loger et nourrir sa petite famille.

Il arrivait à composer des partitions pour orchestres à partir de musiques canadiennes peu connues ou inconnues. Au moyen de programmes musicaux informatisés pour l'aider dans ses compositions, il créait des partitions complexes pour chaque instrument d'un ensemble musical. Son piano lui venait en aide dans la conception des aires qu'il voulait exploiter. J'étais émerveillé par son ingéniosité.

Notre relation étant tempérée par ses responsabilités parentales qui limitaient nos actions, les enfants passaient en premier, ce qui était tout à fait normal. Une fois par année, la mère des enfants en prenait la charge chez elle en Nouvelle-Écosse, ou ailleurs, en voyage avec eux. C'était seulement pendant ces périodes qu'on pouvait être seuls et partir au gré du vent. C'est ainsi qu'on a planifié un voyage aux Maritimes et aux États-Unis, avec des arrêts à Saint-Andrews au Nouveau-Brunswick, ensuite chez ma sœur Claudette et sa conjointe, Marie, à Halifax et finalement à Provincetown au Cap Cod dans un des studios chez Tillie. Pour un parent qui avait rarement l'occasion d'échapper aux impératifs quotidiens, cette expédition l'a rendu fou de joie.

De son côté, Gary, aussi en voyage au Nouveau-Brunswick, avait rencontré Richard, un beau jeune homme de la région de Moncton. En un rien de temps, Gary avait maîtrisé la communication gestuelle (American Sign Language) que Richard utilisait pour communiquer. C'est grâce au service pour les malentendants de Bell Canada qu'ils ont pu continuer à se parler. C'était la meilleure façon pour communiquer autre que par lettre. Richard travaillait dans une imprimerie, un job qui lui convenait parfaitement et qui ne demandait qu'un minimum de communications. Il n'avait jamais quitté le noyau familial. La rencontre de Gary allait changer la donne. Ils se sont entendus pour que Richard déménage à Ottawa. Gary s'est entretenu avec les parents de Richard pour les rassurer qu'il en prendrait l'entière responsabilité.

Dans une conversation avec Leonard, j'apprenais qu'une expérience variée, fort recommandable pour gravir les échelons, me servirait à long terme. Selon lui, une personne ayant un background intéressant aurait passé du temps dans les ministères de ligne (où on offre des services à la population) et dans les agences centrales (Conseil du Trésor, Commission de la fonction publique, etc.). Une personne ayant travaillé en régions et à l'administration centrale (Ottawa) était considérée comme étant un atout hautement désirable. La notion de travailler en région ne m'avait pas effleuré l'esprit puisque j'étais réticent à quitter Ottawa de peur d'avoir de la difficulté à y revenir. Une affectation, par contre, remplirait mes besoins d'expérience et de sécurité pour revenir dans mon poste d'attache. Il m'avait mis la puce à l'oreille.

Suite au départ de Normand et Léo, les « partys » de maison avaient beaucoup diminué. Même Laurier, sur qui on pouvait compter pour des « partys » audacieux, ne recevait que rarement. Les soupers chez Gary et Richard ont été providentiels. Tous deux des cuisiniers hors pairs, des repas copieux servis à une tablée de six à dix personnes, deux à trois fois par mois, égayaient même les plus tristes et peinés de notre communauté. Et qui d'autre pour faire rire que Gary avec ses histoires invraisemblables, mais qu'il jurait être la pure vérité. Plus il insistait sur la véracité de ce qu'il racontait, plus ça nous semblait farfelu et plus on riait. Faut dire qu'avec un bon verre de vin et un bon joint, c'était la détente par excellence.

Une conférence pour tout le personnel des ressources humaines du ministère a eu lieu à Gananoque. Pour réduire les coûts, le personnel avait été encouragé à partager des chambres. Quelle fut ma surprise lorsque Leonard m'a proposé de partager sa chambre! Dans mon for intérieur, j'étais inquiet et s'il fallait que je fasse une gaffe impardonnable? La relation avec Cliff était terminée, mais on ne s'en était pas encore parlé. Mon cœur était prêt pour un autre partenaire, mais pas pour un homme marié. Arrivés dans notre chambre, les réelles intentions de Leonard ont fait surface puisqu'il me trouvait de son goût.

Toronto, me voici!

Le sous-ministre d'Énergie, Mines et Ressources Canada, en poste depuis quelques mois, se posait la question à savoir quel était la mission et le mandat de l'organisation. Ses hauts placés lui donnaient des réponses contradictoires et une dissonance s'était installée avec le temps. Pour pallier à ce déséquilibre fondamental, il invita un facilitateur américain expert dans le domaine des énoncés de mission, mandat et valeurs organisationnelles pour nous aider à faire le travail de déblayage. Des personnes clés de chaque direction générale ont été invitées à participer à une série de réunions échelonnées sur une période d'un an pour discuter et s'entendre sur la raison d'être du ministère ce qui mènerait le groupe à établir les énoncés sous-jacents à l'organisme. En plus de notre directeur général des Ressources humaines, trois autres personnes ont été sélectionnées dont Leonard, Sue et moi. C'était tout un honneur de représenter les idées de notre secteur du ministère.

Cette initiative m'a permis de me rapprocher de Leonard même si je le craignais un peu. Il ne fallait pas qu'on s'attache l'un à l'autre, car bien qu'il était marié, il se disait bisexuel et aimait un certain type d'homme. Je cadrais parfaitement, selon lui. À mon sens, il s'agissait du fruit défendu et je n'aurais jamais osé mettre son mariage en péril. J'apprenais la distinction entre homosexuel et homosexualité. Un homme peut avoir des relations avec des personnes de même sexe sans être homosexuel. On ne parlait pas de pansexualité à l'époque, mais les attirances diverses existaient et je réalisais que j'avais du rattrapage à faire au niveau des connaissances sexuelles.

Leonard percevait mon désir d'être avec l'âme sœur. Ce dont je recherchais c'était une personne entière, dévouée avec des valeurs fondamentales complémentaires aux miennes. Il avait compris que je ne pouvais pas le suivre dans sa démarche car mon cheminement suivait une piste bien différente de la sienne. Heureusement qu'il ne m'en a jamais voulu et qu'on est resté amis pendant des années, même après qu'il ait quitté Ottawa pour retourner vivre dans sa ville natale.

À la fin du projet d'élaboration de la mission du Ministère, tous les intervenants ont reçu un certificat cadeau pour un restaurant de la capitale nationale. À deux semaines de la Saint-Valentin, j'ai invité Cliff au resto Henri Berger. Assis à une table éclairée à la chandelle le soir de la Saint-Valentin, Cliff et moi avons parlé ouvertement. Il en était arrivé à la même conclusion que moi. Notre profond respect l'un pour l'autre a facilité la fin de notre relation et il n'y avait aucune rancœur entre nous. On s'aimait, mais pas d'amour.

Dans les mois précédant notre séparation, nous avions planifié un voyage à San Francisco. J'y suis allé seul plutôt que d'annuler une odyssée auquel j'attachais beaucoup d'importance. Ce dont j'avais le plus besoin, c'était une bonne période de repos, loin du stress et des angoisses causées par le SIDA. Depuis mes années à l'Université de Moncton où, pour la première fois, j'avais connu une crise aiguë d'arthrite, il était apparent que mon niveau de stress augmentait mes montées d'inflammation.

Ma mère souffrait de spondylites ankylosantes (arthrite de la colonne vertébrale), une maladie héréditaire causée par l'antigène HLA B27 repérable par des tests sanguins. Le même antigène peut occasionner de l'arthrite dans d'autres parties du corps tel que les yeux. Cette forme s'appelle l'uvéite. Un jour, au bureau, quelqu'un m'a fait remarquer que le blanc de l'œil droit était devenu rose. Croyant qu'il s'agissait d'une infection mineure, je l'ai ignoré à mes dépends. Le lendemain, à l'urgence de l'Hôpital général d'Ottawa, un médecin m'a confirmé que je souffrais d'uvéite. Ce premier épisode a marqué le début de visites interminables à la Clinique de l'œil de ce même hôpital.

À l'instar de ma mère, c'est dans la région du sacro-iliaque que les maux d'arthrite étaient le plus sévère et j'avais tellement de douleurs que je criais lorsque le mal s'élançait en cadence régulière. Je marchais courbé

Gay et passionné

comme un vieillard et pour apaiser les élancements, je m'assoyais dans un bain d'eau à température élevée. Plus d'une fois, j'ai sérieusement considéré mettre un terme à ma vie. En chute libre, ma qualité de vie affectait mon moral. Qui pourrait vouloir d'une personne ainsi affligée? Un nouveau programme permettant un congé autofinancé avait été lancé par le Secrétariat du Conseil du Trésor en 1988. Un fonctionnaire autorisé pouvait mettre de côté une partie de son revenu brut (jusqu'à concurrence de 33 %) pour prendre un congé (jusqu'à concurrence de 12 mois) dans une période maximale de cinq ans. Un calcul rapide démontrait qu'avec une mise de côté de 20 % pendant quatre ans, je pouvais prendre un congé d'un an sans abandonner mon poste d'attache et en conservant mon assurance-maladie moyennant ma contribution au plan de l'employeur. Pour les gens qui vivent à la limite de leurs ressources financières, ce programme n'offrait rien d'intéressant. Pour moi, c'était un cadeau du ciel, une façon de pouvoir gérer mon stress et de mieux contrôler mon arthrite. J'ai été un des premiers fonctionnaires fédéraux à adhérer au programme et, puisque mon congé était prévu seulement quatre ans plus tard, mon gestionnaire n'a eu aucune appréhension à signer l'entente.

Depuis que Leonard m'avait parlé d'acquérir de l'expérience de travail en région, je mijotais cette idée, sauf que je ne savais pas comment m'y prendre. Comment pourrais-je vendre le concept à Marie, ma nouvelle directrice? Comme font tous les conseillers en dotation, je fouillais quotidiennement les affiches de concours pour doter des postes au sein du gouvernement fédéral. Je me renseignais continuellement de l'offre et de la demande pour des experts en ressources humaines. Une affiche publiée par la Commission de l'immigration et du statut de réfugié (CISR) annonçait une possibilité de détachement à leur bureau de la rue Front à Toronto. Ils avaient besoin d'une personne avec de l'expérience en dotation, ainsi qu'en relations de travail, un champ d'expertise que je ne possédais pas. La durée du détachement n'était pas précisée. Ma directrice ne me laisserait pas partir pour une période de quelques mois puisqu'il lui serait plus facile de me remplacer temporairement pour une affectation d'un an. J'ai immédiatement communiqué avec Diane à qui on avait confié la tâche d'identifier et de valider les antécédents de la personne la plus apte à rencontrer les besoins organisationnels.

Outre l'expérience dans le domaine des relations de travail, je possédais toutes les qualités recherchées en plus d'être bilingue, célibataire et prêt à commencer dès l'autorisation de mon ministère. Le protocole d'entente prévoyait un statut de voyage pour une période de 12 mois commençant en janvier 1989, ainsi qu'un aller-retour mensuel à la maison aux frais de la Couronne. Un montant forfaitaire, selon les directives du Conseil du Trésor, avait été approuvé, y compris un per diem pour les faux frais.

Pour obtenir l'approbation de ma directrice, j'ai misé sur l'expérience régionale et la durée de l'affectation pour un an, ce qui lui permettrait d'offrir un intérim à un conseiller en formation. Je n'ai pas eu à lui tordre le bras longtemps. J'étais dans les bonnes grâces du directeur général et ce dernier favorisait mon plan de carrière.

On m'avait accordé quelques soirs d'hôtel à mon arrivée dans la grande métropole, le temps de me trouver un logement. Euphorique dans une ville où la vie gay n'était pas cachée, je me suis rendu sans tarder au village gay de la rue Church, à la hauteur de la rue Wellesley. C'est avec John que j'avais découvert l'ampleur de cette zone de commerces gays. Il y avait un bon petit restaurant dont la clientèle était presqu'entièrement gay, juste au nord de la rue Wellesley. On mangeait bien au resto « Neighbours ».

Assis à une table le long du mur face à la porte d'entrée, j'ai remarqué un homme d'affaires qui venait d'arriver et on lui a assigné une table en face de moi. Voyant que j'étais seul, il m'a invité à le rejoindre. Llyod, un Américain, avait rencontré l'amour de sa vie, un jeune oriental vivant à Toronto. Son employeur lui avait accordé le poste de représentant des ventes pour le Canada. Un beau grand condo fourni par son entreprise était situé sur la rue Maitland, perpendiculaire à la rue Yonge, non loin du restaurant.

Comme il était curieux de connaître mon histoire de vie, je lui en ai raconté les grandes lignes et la raison de mon passage à Toronto. À brûle-pourpoint, il m'a offert sa deuxième chambre en location. Ça ne pouvait pas mieux tomber car l'immeuble était neuf et bien situé, la chambre meublée, bien éclairée et avec accès à la cuisine. L'univers faisait bien les choses, tout tombait dans l'ordre.

Voisin de notre édifice, Trax, un bar gay des plus populaires à l'époque, me servait de point de rencontre et c'est là que j'ai fait la connaissance de Ron, un adepte du cuir qui fréquentait régulièrement cet établissement. Un comptable pour la compagnie Rogers, il était natif de Milton, une ville un peu à l'ouest de Toronto. Il attendait patiemment que son conjoint Malcolm, le nouveau gérant du magasin de disques HMV de la rue Yonge, arrive de l'Angleterre.

C'est avec Ron que je suis allé voir « *Phantom of the Opera* ». La musique de cette pièce faisait rage partout. Le pianiste du bar Trax en jouait des extraits tous les soirs et ses disciples, assis sur des tabourets contournant le piano, chantaient en chœur. Dans ce grand bar, on pouvait circuler dans diverses salles sur deux étages, ainsi que sur une petite terrasse. Bien que ce ne soit pas 'le' bar de cuir, la clientèle comprenait une quantité non négligeable d'hommes vêtus en cuir de la tête aux pieds. En apparence, ils avaient l'air de bandits, mais une fois la bouche ouverte, des voix ténors brossaient un tout autre portrait.

Au bureau régional de la CISR, le directeur régional, Laurent, gérait une équipe d'une centaine de personnes. Jeune, intelligent et gay, il me donnait la latitude dont j'avais besoin pour accomplir mes fonctions de manière efficace. Il avait travaillé dans la capitale nationale pendant des années avant sa nomination à Toronto. Ma présence à la table de gestion m'a permis de bien connaître les enjeux de ce bureau et de leur fournir avis et conseils judicieux. Dès mon arrivée, on me consultait avant d'agir, ce qui me facilitait la tâche. Mon superviseur immédiat en fonction à Ottawa, Diane, me faisait confiance et il n'y a jamais eu d'ingérence de sa part. C'était une situation idéale, mais qui ne pouvait pas durer. L'année a passé à la vitesse d'un éclair et j'étais de retour à Ottawa dans mon poste d'attache à EMR.

J'ai repris avec la chorale des hommes gays, une activité qui me tenait à cœur. Je revoyais Robb, Don, Steve et toute une bande de choristes talentueux et aimables. Des spectacles dans des églises et un concert conjoint avec le Toronto Gay Men's Chorus ajoutaient du piquant dans ma vie.

Une année charnière

Plus j'avançais vers la quarantaine, plus mes chances de trouver un partenaire de vie diminuait. Dans le monde gay, un homme de 40 ans est considéré un vieillard. Était-il temps de m'inscrire sur la liste d'attente pour une résidence pour personnes âgées? Je commençais sérieusement à me poser la question. Tout me semblait axé vers la jeunesse. J'avais dépassé ma date de péremption et je ne pouvais l'ignorer. Et pour comble d'insulte, je boitais, ce qui ne m'aidait pas à avoir l'air jeune et fringant.

Au travail, je m'ennuyais de la liberté d'action que j'avais à Toronto et dans une grande boîte, l'équipe de gestion limite la portée du travail de chacun. Était-il temps d'aller voir ailleurs? Au lieu d'accorder des promotions à l'intérieur du ministère, la gestion en a décidé autrement. Les postes de niveau 4 avaient été attribués à des gens venus de d'autres ministères. Assez! J'ai donc commencé ma recherche d'emploi. Si je suivais à la lettre les conseils de Leonard, une expérience dans une agence centrale s'imposait. Ces agences existent pour desservir les besoins internes des ministères. La Commission de la fonction publique (CFP) est un bon exemple car son mandat est de déléguer des pouvoirs législatifs en dotation et d'appuyer les ministères dans leur mise en œuvre d'un système d'embauche qui respecte la *Loi sur l'emploi dans la fonction publique* et les valeurs qui en découlent.

Au ministère d'EMR, tous les conseillers opérationnels en ressources humaines devaient être accrédités en dotation et en classification. Il ne me restait que l'accréditation en classification à compléter pour satisfaire la nouvelle orientation ministérielle. Contrairement à la formation avec tuteur préconisé par la CFP pour la dotation, les exigences du Conseil du Trésor pour l'accréditation en classification consistaient d'un cours formel de trois semaines à l'École de la fonction publique suivi d'exercices pratiques et de coaching avec un superviseur en milieu de travail. Je n'avais aucun intérêt pour ce domaine des ressources humaines. Toutefois, si je comptais avoir un bon cheminement de carrière, je n'avais guère le choix.

Le premier jour du cours en classification, je suis arrivé tôt pour choisir une place qui me conviendrait. Une grande blonde au sourire éblouissant est venue s'asseoir à ma table. Sharon, une conseillère en dotation de la CFP, s'intéressait à la classification. La dotation la rendait folle. Le travail consistait à déterminer la valeur d'un poste par rapport à des postes repères décrits dans les recueils du Conseil du Trésor, un pour chaque catégorie de travail (groupe occupationnel). Pour chaque sphère de responsabilité, un pointage est accordé selon une échelle préétablie. Le total des points situe le poste sur un continuum défini auquel une échelle salariale s'applique selon la catégorie du poste. C'est ainsi qu'un salaire est attribué à chaque poste, avec un minimum payable à l'arrivée de la personne et va en augmentant avec les années d'expérience. C'est un travail d'analyse qui demande beaucoup d'attention et de rédaction justifiant les scores accordés. Un niveau de classification peut être contesté devant un comité réviseur, donc les notes accordées par les agents de classification doivent être solides.

En jasant avec Sharon, je lui ai demandé si la CFP était à la recherche de conseillers en ressources humaines. Elle m'a répondu dans l'affirmative car son patron cherchait à embaucher, mais elle ne m'encouragerait pas à poser ma candidature. Selon elle, le directeur des Opérations (dotation/classification), un micro gestionnaire par excellence, faisait fuir les personnes compétentes de son unité. Malgré cet avertissement, j'étais réceptif au dialogue avec une autre organisation. Après neuf ans dans un même ministère, un changement d'environnement s'imposait. Sharon m'a donc donné les coordonnés d'Allan après m'avoir fait part des côtés déplaisants de cet homme qui n'était pas méchant.

Juste avant de commencer le cours, j'avais postulé pour le job de chef de la Planification des ressources humaines et Équité en matière d'emploi à la CFP. Lorsque j'ai dit à Sharon que j'avais soumis ma candidature, sa réaction fut positive car elle me voyait dans ce poste.

Étant donné la lenteur d'un processus de sélection, j'ai cru bon de téléphoner à Allan pour lui parler de mon désir de muter dans un poste au sein de sa direction. Il m'a aussitôt invité à venir le rencontrer. Quelques jours tard, je faisais sa connaissance. Avant de quitter son bureau, sa décision était prise. Je me rapporterais à Pierre, son chef des Opérations.

Johanne, la directrice qui dotait son poste de chef de la Planification en ressources humaines a eu vent que j'avais accepté une mutation (à mon niveau) dans la direction de son collègue Allan. Elle est venue me rencontrer pour me dire que son processus irait de l'avant et qu'il ne fallait pas que je m'inquiète outre mesure. Au bout d'un mois, j'avais gagné ce poste et la promotion au niveau 4. J'avais quatre personnes sous ma responsabilité, dont deux qui m'ont causé des problèmes à partir du jour de ma nomination : une paresseuse préférant passer ses journées en pause-café et une autre, diplômée au niveau de la maîtrise qui aurait voulu mon poste.

Je me suis rapidement aperçu que la gestion d'une équipe me donnait littéralement des indigestions et les crises d'uvéites ont suivi. J'étais mal outillé pour gérer du personnel, moi qui n'en n'avais jamais fait et je n'avais aucune formation dans ce domaine. La patience me manquait. Je détestais me trouver entre le marteau et l'enclume comme ça m'arrivait presqu'à tous les jours. Insatisfaits, mes employés allaient se plaindre directement à ma patronne qui réglait les situations sans m'en parler. C'était le bordel!

Il y avait une porte de sortie puisque des postes sans gestion du même niveau étaient en train d'être comblés dans la section des conseillers stratégiques en dotation. Ces personnes sont des spécialistes de la dotation qui donnent avis et conseils aux ministères pour la dotation de différents postes conformément à la *Loi sur l'emploi dans la fonction publique*. Jim, un des trois gestionnaires responsables de l'équipe des conseillers stratégiques, a rejeté ma demande de mutation sous prétexte que ce

123

serait mal perçu de m'offrir un poste pendant qu'un processus de sélection était en cours. J'ai compris ce que j'avais à faire et j'ai envoyé ma demande. Quelques jours plus tard, j'ai été convoqué à une évaluation par simulation d'une demi-journée.

Je me suis classé troisième sur une liste de 10 personnes qualifiées et des offres d'emplois ont ensuite été faites aux cinq premiers candidats. Même si le poste était à mon niveau, j'ai dû concourir. Johanne était déçu de mon court séjour dans sa direction. Je lui ai dit que je n'étais pas heureux dans un poste de gestion puisque je n'osais pas lui dire qu'elle en était en partie responsable de mon désintérêt.

Enfin, dans un poste dont je rêvais depuis longtemps, j'étais au paradis. J'aimais passionnément mon travail et on disait de moi que je mangeais de la dotation. Il y avait toutes sortes de beaux projets à l'horizon. J'avais hâte qu'on m'implique dans des travaux d'envergure. À mon arrivée, on m'a assigné la responsabilité pour cinq ou six ministères et on m'adressait les questions épineuses que personne dans les ministères ne pouvait répondre.

Suite à mon retour de Toronto, je ne fréquentais personne sur une base régulière; je n'en n'avais pas le goût, je préférais être seul. Mes sorties aux répétitions de la chorale et aux soupers chez Gary et Richard me suffisaient. Ma vie sociale s'était calmée.

Un groupe de discussion d'hommes gays francophones avait vu le jour à Ottawa. Les gens se rencontraient tous les mercredis soirs au Centre de santé communautaire de la Côte-de-Sable. Voilà une activité qui m'intéressait. Deux animateurs, Marc et Jocelyn, se partageaient les responsabilités de la gestion des assemblées, une vraie thérapie de groupe sans que ce ne le soit vraiment.

En septembre, je me suis rendu à Provincetown. Ce voyage en solitaire m'a redonné un peu de vigueur que j'avais tant besoin. Le sable, la mer, les bonnes tables, tout était au rendez-vous pour m'aider à prendre du recul.

Un homme à l'horizon

Mon père m'a informé que mon frère George souffrait d'une maladie que les médecins n'arrivaient pas à identifier et qu'il avait fait le tour des spécialistes au Nouveau-Brunswick, mais personne ne pouvait lui donner un diagnostic précis. C'est finalement un médecin de Campbellton qui a eu la brillante idée de le faire examiner à l'Hôpital de l'Enfant-Jésus de Québec. George souffrait de mycosis fongoïde, une malade du sang et de la peau qui évolue en trois phases. Dans les cas extrêmes de la maladie, les médecins ont recours à des traitements de radiothérapie et de chimiothérapie. George en était rendu à cette phase à son arrivée à Québec.

Comme tout adolescent qui ne tolère pas son frère, je ne m'entendais pas bien avec George. Sa vision de la vie était tellement différente du reste de la famille que j'avais du mal à comprendre qu'on était tous nés des mêmes parents. Malgré nos différences, j'avais un profond respect pour lui. Rien ne lui venait facilement, ce qui l'obligeait à faire des efforts surhumains pour arriver au même point que les autres. Il avait gagné sa vie à la sueur de son front. Parmi ses premières jobs, il a été colporteur, un travail qui ne plaisait qu'à certains. Plus tard, pour arrondir ses fins de mois, il installait des piscines, un travail manuel pour monter la structure métallique suivi de la mise en service en ajoutant à l'eau de baignade les produits chimiques recommandés.

Difficile de suivre à distance le déroulement de la maladie de quelqu'un, mais j'étais très intéressé aux traitements de mon frère. Ce n'était qu'une question de temps avant qu'on puisse le débarrasser de ses plaies cutanées avant que ça ne deviennent ulcéreux. Son cas présentait des complexités rares. Les médecins de Québec lui ont donné les traitements de base et l'ont ensuite transféré à l'Hôpital général de Montréal.

Les problèmes de santé de mon frère me replongeaient dans ce que je voulais éviter autant que possible, le SIDA et ses conséquences malheureuses. Néanmoins, on ne décide pas de ce qui nous affecte car on subit les contreparties involontairement tout en gérant, là où c'est possible, les effets dévastateurs sur notre personne.

Dans sa chambre d'hôpital à Montréal, George n'en menait pas large nonobstant ses yeux bleus plein d'espoir. Il était surpris de me voir et ma présence venait interrompre la monotonie de ses journées. Il était impatient de retourner chez lui dans les bras de sa nouvelle conjointe, Ginette, qui s'occupait de lui comme s'il était un roi. L'avenir de ses deux enfants, Jason et Leesa, le préoccupaient.

Les rencontres hebdomadaires avec les hommes du groupe de discussion m'aidaient à comprendre que mes problèmes étaient mineurs en comparaison aux leurs. Ma vie rangée ne comportait pas de sérieux ennuis et je pouvais me compter chanceux. Cette activité est venue remplacer mon implication dans la chorale : du renouveau me stimulerait, du moins pour un certain temps.

Des changements législatifs à la *Loi sur l'emploi dans la fonction publique* obligeaient la CFP à offrir de la formation d'un bout à l'autre du pays. Cette tâche, assignée aux conseillers stratégiques en dotation, arrivait au bon moment. Bien que mon travail me plaise incroyablement, l'idée de me retrouver en salle de formation m'excitait vivement.

C'est avec Anne qu'on m'a jumelé pour offrir de la formation aux représentants syndicaux et aux gestionnaires des ministères. Originaire du Madawaska, Anne et moi avions beaucoup d'éléments communs : tous deux nés sous le signe astrologique de la Vierge, de mère enseignante, de parents anglophone/francophone américain/canadien, nés au Nouveau-Brunswick, instruits par des religieuses, et finalement spécialistes en dotation. Elle avait accepté une mutation à la CFP suite à un différend avec sa patronne. Anne avait la réputation de ne pas être une personne facile. Je la connaissais depuis mes débuts en ressources humaines et je savais qu'elle maîtrisait bien la dotation, mais qu'il ne fallait pas la contrarier. Avant son arrivée, je me suis empressé de nettoyer et de préparer son bureau de travail. J'avais acheté une violette africaine pour ajouter un élément de décor. Elle nous arrivait la tête entre les deux jambes puisque son départ de Transport Canada l'avait traumatisée.

Son aire de travail, à côté du mien, nous donnait des occasions pour parler de nos vies privées et de nos jobs. Je ne lui ai jamais caché mon orientation sexuelle et je n'étais pas le seul conseiller stratégique gay. Deux autres collègues, Lyle et Yvon, étaient ouvertement gays sans que cela ne cause de problème. J'étais à un cheveu d'ouvrir tout grand la porte de mon placard. Ouvert à tous, sauf à mes collègues de bureau, l'exemple que me donnaient Lyle et Yvon me poussait vers ce dernier niveau de transparence.

C'est dans une rue de Montréal que j'ai fait la connaissance de Gérald, un beau jeune Sherbrookois qui travaillait pour la Caisse Desjardins à Saint-Hyacinthe. On s'est fréquenté pendant quelques mois avant de se rendre compte que ça ne fonctionnait pas. En visite à Ottawa, nous avons assisté à un spectacle de la Chorale des hommes gays d'Ottawa à l'amphithéâtre Centrepointe dans le secteur Nepean dans le cadre de la semaine de la fierté gaie. À mon insu, un jeune homme que je ne connaissais pas m'avait remarqué.

Par un beau soir d'automne, j'étais à la Bibliothèque nationale sur la rue Wellington à Ottawa pour écouter des auteurs de la région lire des extraits de leurs plus récentes publications. C'était une levée de fonds pour Lambda. Une centaine de personnes s'étaient déplacées pour venir à cette soirée. Parmi la foule, je reconnaissais certains visages, dont Marc, un optométriste que j'avais rencontré lors des soupers de Lambda. Autour de lui, il y avait quelques hommes que je ne connaissais pas, dont un beau jeune homme distingué qui m'a été présenté, mais je n'ai pas retenu son nom. Je ne pensais qu'à George parce que je devais aller le visiter à l'hôpital.

Tous les mercredis soirs, sans faute, j'assistais à la rencontre des hommes gays francophones. Nos braves et dévoués facilitateurs nous encourageaient à prendre la relève pour gérer la discussion. Je me suis rapidement offert pour animer la discussion un soir de décembre sur un thème que je n'avais pas encore précisé. Plus tard, en discutant avec les deux fondateurs, on a cerné un thème : « les qualités pour une relation durable ».

Le soir venu, je suis arrivé tôt à la salle parce qu'il y avait une tempête extrême, même si je m'attendais à ce qu'il y aurait moins de participants qu'à l'habitude. Pour préparer la pièce, il fallait prévoir des chaises qu'on plaçait en cercle pour faciliter la discussion. Alors que je vaquais à mes occupations, un jeune homme est entré dans le vestibule. S'il m'a adressé la parole, je n'ai rien entendu. Il ne semblait pas savoir s'il était au bon endroit. D'autres activités se passaient le même soir et je ne lui ai donc pas porté une attention particulière, distrait par la tâche à accomplir et un peu stressé d'avoir à gérer la discussion pour une première fois.

Nos rencontres se déroulaient de la même façon d'une semaine à l'autre. On commençait par s'identifier en utilisant le prénom seulement, suivi des annonces publiques. Le facilitateur faisait ensuite une courte présentation du thème avant de lancer la discussion. À mi-chemin dans la soirée, il y avait une pause bien appréciée de 15 à 20 minutes qui facilitait l'échange avec les nouveaux venus. À la fin de la soirée, certains se rendaient chez Rosa Cantina pour prolonger le plaisir.

Lors de la réunion du groupe de discussion de la semaine suivante, il avait été question d'organiser une activité de Noël. Aucune proposition n'a été faite et pendant la pause, j'y ai beaucoup réfléchi. De retour en plénière, j'ai annoncé un party chez moi, le vendredi 13 décembre.

De nouvelles personnes s'étaient ajoutées au groupe ce soir-là. Arrivés en retard, Marc, que je connaissais, et un homme qui m'était complètement inconnu se sont assis face à moi. Cet inconnu vêtu d'un pantalon foncé, d'une chemise blanche rayée et d'un chandail rouge bonbon me regardait avec curiosité. Pendant la pause, Marc m'a présenté Robert. Beau comme un cœur, je voulais en savoir plus davantage sur lui. Robert semblait connaitre Henri, un ami de longue date.

Quand la discussion s'est terminée et qu'il était temps de quitter la salle, je me suis avancé vers Marc et Robert pour leur dire que j'espérais les voir à mon party. Marc avait l'air pressé de s'éclipser, mais Robert ne semblait pas vouloir repartir. À mon insistance, il nous a accompagnés au Rosa Cantina. Assis en groupe de quatre, Robert, Gaëtan, Jean et moi partagions une table. La conversation était dominée par Gaëtan qui posait mille et une questions à Robert pour satisfaire sa grande curiosité. Comme Robert, il était garçon unique, le fils d'un entrepreneur commercial. Tous les deux travaillaient dans leurs entreprises familiales. Gaëtan recherchait des éléments communs avec celui qu'il convoitait. Comme j'étais sérieusement attiré vers ce nouvel homme, j'écoutais attentivement toute cette information personnelle.

Le party de Noël 1991

Habillé d'un jean bleu et d'une chemise en soie noire, mon nœud papillon rouge vif au cou me donnait un style distinctif et de la couleur, car avec mon visage pale, j'avais besoin d'un petit éclat pour rehausser mon teint anémique. C'était la boucle sur le cadeau. Certains y verraient probablement une allusion à Noël, ce que j'avais imaginé sans vraiment m'en rendre compte.

Qui viendrait? Combien de personnes se présenteraient? Je n'en avais aucune idée. Une seule personne m'intéressait! Robert! Qui était cette personne mystérieuse? Est-ce je visais un peu trop haut?

Si Henri décidait de ne pas venir à cette célébration, il était fort à parier que Robert ne se présenterait pas non accompagné, la gêne étant ce qu'elle est. Il ne m'avait vu qu'une seule fois au groupe de discussion et il ne me connaissait pas vraiment.

Vers 20 heures, les premiers invités sont arrivés. Dans ce groupe, il y avait Don, un homme de mon âge, de bonne mine et de belle apparence. Sa réputation de fonctionnaire intellectuel était bien connue. Ses intérêts penchaient du côté des jeunes hommes. Y avait-il là une compétition possible pour le plus bel homme? On se connaissait pour s'être vu dans plusieurs soirées, mais nous n'étions pas des amis intimes.

En groupe de deux ou trois, d'autres arrivaient. Les gens circulaient dans le salon, dans la salle à manger et dans la minuscule cuisine au fond de l'appartement. La soirée était bien commencée. Le bruit des voix entrecoupé par des éclats de rire, tout allait pour le mieux. Les plus gênés s'entassaient dans la cuisinette en prétextant être plus près du frigo où étaient entreposées les cannettes de bière.

On sonne encore. J'active à distance le mécanisme qui déclenche le verrou de la porte d'entrée au rez-de-chaussée. J'attends les prochains visiteurs à la porte de

Gay et passionné

mon appartement et à l'instant même, je me retourne pour parler à quelqu'un lorsque j'aperçois Henri et Robert du coin de l'œil. J'ai immédiatement pensé qu'ils étaient en couple et que j'avais commis un faux pas.

Puisque j'habitais à un coin de rue d'un bar gay populaire, je pensais que le moment venu, mes invités s'envoleraient pour aboutir là où il y avait foule et, par le fait même, une chance accrue de faire de nouvelles rencontres. La soirée sociale du temps des Fêtes du groupe de discussion avait été un franc succès. Ce genre de soirée à domicile plaisait, mais ça ne remplaçait pas le besoin qu'avaient les hommes d'aller « cruiser » dans les bars.

L'exode s'est fait rapidement et vers 22 heures, il ne restait qu'un petit groupe, tous entassés comme des sardines dans la plus petite pièce de mon appartement. Henri s'était joint aux autres qui partaient pour le CentreTown Pub, un bar gay de la rue Somerset. Robert et deux autres individus discutaient dans la cuisine pendant que je commençais à faire un peu de ménage. Trop exiguë pour accueillir quatre personnes, je les invités à passer au salon. Sur-le-champ, deux d'entre eux ont décidé d'aller finir la veillée ailleurs invitant Robert à se joindre à eux. Il déclina l'invitation sans dévoiler ses intentions.

Dès qu'on s'est retrouvé seul, il s'est offert pour m'aider à nettoyer l'appartement, un geste charmant qui démontrait un trait de caractère impressionnant. Une fois l'ordre rétabli, j'ai pensé qu'il voudrait partir, mais non, il n'était pas pressé. J'ai repris mon invitation à passer au salon, cette fois avec succès.

Les questions qu'avait posées Gaëtan le soir de la sortie au Rosa Cantina m'ont servi de tremplin pour en connaître davantage sur ce beau jeune homme intelligent. J'ai appris qu'il habitait avec ses parents à Gatineau, que son père était impliqué en politique et qu'il travaillait dans l'entreprise familiale. L'aîné des deux enfants de Bob et Liette, il avait une sœur, Louise, un peu plus jeune que lui. Les quatre formaient une famille unie.

Ils étaient propriétaires d'une résidence secondaire en Floride où ils passaient les Noëls. Il m'a annoncé que la famille partirait quelques jours plus tard pour un séjour de plusieurs semaines à Sunny Isles. Ils fêteraient Noël

131

dans leur condo de l'avenue Collins (A1A) dans un immeuble riverain (Le Tropicana).

Suite à notre première rencontre, Robert s'était enquis de moi auprès de différentes sources. Avant de se rapprocher de quelqu'un qui l'intéressait vivement, il avait l'habitude de fouiller pour trouver le plus de détails possible pour écarter toute personne ayant des antécédents douteux. Ces démarches jugées indispensables visaient la protection des membres de sa famille pour qui, si jamais une relation se développait et qu'un rapprochement avec sa famille s'imposait, il n'aurait aucune crainte de présenter cette personne à ses proches. Pour être accepté, il fallait passer au crible.

Il m'a avoué qu'il m'avait vu à quelques reprises lorsqu'il était avec des amis et qu'on lui aurait dit que je fréquentais un gars de Montréal. En effet, il m'avait remarqué, pour une première fois, à la billetterie lors du concert de la Chorale des hommes gays d'Ottawa à CentrePointe. Il m'avait ensuite été présenté par son ami Marc à la Bibliothèque nationale en octobre ou novembre. J'avais un vague souvenir de cette soirée, mais pas de lui, puisqu'à ce moment-là je ne pensais qu'à l'état de santé de mon frère George. Un troisième événement s'était produit un soir de tempête où, pour la première fois, il avait voulu participer au groupe de discussion. Selon lui, je l'avais complètement ignoré. En ma défense, je lui ai expliqué que je ne l'avais pas vu. Il n'était pas resté. À mon insu, il m'avait salué, mais je l'avais ignoré.

Côte à côte sur le divan, la conversation a duré pendant des heures. Je lui ai raconté brièvement ma vie avant mon arrivée dans la capitale nationale. Lorsque je lui ai dit que je partirais en septembre pour l'Europe afin de souligner mes 40 ans, il m'a répondu qu'il fêterait ses 30 ans en juin. Immédiatement, je lui tends l'invitation de m'accompagner et il me promet d'y songer et de me revenir pour m'informer de sa décision.

Nous étions tellement absorbés par notre conversation qu'on ne s'était pas aperçu du mauvais temps à l'extérieur. Il avait neigé abondamment, à un point tel que Robert hésitait à retourner chez lui dans de telles conditions hivernales. En riant, je lui ai offert de passer la nuit, ce qu'il accepte illico. On a continué à parler et on a partagé ce qu'on recherchait dans la vie, nos valeurs importantes, et les éléments incontournables d'une relation sérieuse à long terme. Émerveillé d'être en parfait accord sur tous les points, on sentait une force d'attraction hors de l'ordinaire.

Au lever, je lui ai préparé un déjeuner et les conversations du soir précédent continuèrent. Toutefois, il s'inquiétait de sa mère qui se poserait sans doute des questions à savoir où se trouvait son fils durant cette tempête. Je l'ai encouragé à lui donner signe de vie. Avant de se quitter, je lui ai remis une photo de moi en petit format pour qu'il puisse la garder dans son porte-monnaie. En revanche, il a promis de m'écrire une carte postale à tous les jours.

J'allais sûrement m'ennuyer de lui. Me reviendrait-il à son retour au Canada? J'avais des doutes car loin des yeux, loin du cœur. Avais-je fait bonne impression? Voudrait-il entreprendre une relation ou s'agissait-il d'une rencontre éphémère? Le bénéfice du doute avait été un leitmotiv auquel j'adhère. Il n'y avait pas raison de changer mon fusil d'épaule. Advienne que pourra....

Les fondements d'une relation

Depuis le décès de ma mère, la famille avait adopté une nouvelle tradition, celle de souligner la Fête des pères à Dalhousie, ce qui me libérait de m'y rendre en hiver à Noël, un voyage périlleux pour dire le moins. Noël était devenu un moment de tristesse en commençant avec l'anniversaire de la disparition de Dorilla, le 16 décembre. L'idée de décorer me répugnait. J'aimais autant passer sous silence cette période des fêtes et retourner au travail en janvier sans en dire un mot de plus. Avoir eu des enfants, ça aurait été différent. Dans mon cas, la joie et la gaieté n'étaient pas au rendez-vous, peu importe la bonne volonté que j'étais prêt à y mettre.

Le doux souvenir du temps passé avec Robert avant qu'il ne parte avec sa famille pour la Floride me suffirait comme cadeau de Noël. Je me comptais chanceux d'avoir fait sa connaissance et on verrait pour la suite en attendant son retour en janvier. Au cours de la nuit du 13 au 14 décembre, il m'avait avoué avoir eu un plan « B » si je le rejetais une seconde fois. Il se serait tourné avec Don. Mon nœud papillon rouge sur ma chemise de soie noire l'avait séduit et j'en étais des plus heureux. Je dois admettre que Don n'aurait pas été un mauvais choix et que Robert aurait probablement eu du succès avec lui.

Si notre écart d'âge me dérangeait un tantinet, il ne semblait pas avoir de problème avec cette différence. Une décennie plus âgée que lui, je voyais déjà les yeux désapprobateurs de ses parents et les regards envieux de mes amis qui me trouveraient favorisé. Avais-je gagné à la loterie de la vie? Pas trop vite Charlot! Il y aura beaucoup d'eau qui passera sous le pont avant qu'on se rende à ce point-là.

Fidèle à sa promesse, la première carte postale est arrivée le 23 décembre et j'apprenais que la famille se préparait à fêter, le jour même, le 51e anniversaire de son père. Ce geste me confirmait que Robert était un homme de parole. Le lendemain, une seconde missive. Décidément, il poursuivrait son engagement. Il s'est passé dix jours sans que je ne reçoive d'autres cartes postales et mis à part les congés fériés du 25 et 26, j'attendais la troisième dépêche le 27 ou le 28. Dans la fébrilité du moment, je commençais à penser que je m'étais construit un château de sable. Pauvre innocent!

En ouvrant ma boîte postale le 3 janvier, quelle fut ma surprise d'y voir les cartes accumulées et, effectivement, il y en avait une pour chaque jour. Impossible de voir la date d'affranchissement. Je me suis contenté de savoir qu'il avait tenu parole. Que les cartes aient été postées en même temps ou une à chaque jour, ça n'avait aucune importance. Ses nouvelles et ce que ça représentait allaient bien au-delà de mes attentes.

Anne me regardait d'un air étrange. Elle se doutait qu'il se passait quelque chose d'agréable et positif dans ma vie. Mon sourire en disait long et je lui ai tout avoué. Sa mise en garde était à prévoir car elle craignait que je m'embarque dans une histoire qui finirait par me blesser. Ça n'aurait pas été la première fois. Elle me connaissait sans vraiment me connaître.

J'ai dû patienter encore une semaine avant le retour de Robert à Gatineau. Qui ferait le premier pas? J'ai résisté à la tentation de lui donner un coup de fil qui aurait pu éveiller des soupçons sur ma personne. Il attendrait le moment opportun pour me rejoindre.

Un changement de politique au gouvernement fédéral annonçait une nouvelle position sur la question des fonds de pension des fonctionnaires. J'apprenais qu'une modification permettait maintenant à un employé fédéral de quitter son emploi en emportant toutes les sommes de son propre fond (la part de l'employeur et les contributions de l'employé). J'y voyais une porte de sortie pour me partir en affaire. Pour ce faire, il fallait remettre sa démission avant son cinquantième anniversaire de naissance et avoir au moins dix ans d'expérience à son actif.

En y réfléchissant plus longuement, mon succès en affaire dépendrait largement sur mon expérience de travail en tant que fonctionnaire, mon objectif étant d'offrir des services de consultation en gestion des ressources humaines. Une expérience plus vaste me permettrait d'offrir un éventail de services plus diversifiés. C'était un risque à prendre, mais avec une solide planification, mes chances de réussite étaient acceptables. Le vieux dicton « *qui ne risque rien, n'a rien* » me servirait de compas commercial.

Bien avant l'époque des afficheurs téléphoniques, on ne pouvait pas savoir qui était à l'autre bout du fil. J'attendais avec impatience un appel de quelqu'un qui pourrait changer ma vie. Assis près de mon téléphone, je brûlais de nervosité à l'attente d'un signe de Robert. Une marmite en ébullition ne bout jamais! Cet aphorisme est d'une vérité indéniable. La sonnerie du téléphone m'a fait sursauter tellement j'étais dans la lune, car dans ma tête, je planifiais mes repas pour la semaine. La voix de Robert m'a rassuré immédiatement et il s'est empressé d'accepter mon invitation à souper mercredi soir.

J'ai eu droit à toute une présentation sur ce qui s'était passé en Floride en commençant par la réaction de son père à la vue de ma photo sur le coin d'un miroir. Ils attendaient des visiteurs et il fallait la cacher de peur qu'elle suscite des questions indiscrètes qu'on voudrait bien éviter. J'apprenais par le fait même que le père de Robert n'avait jamais accepté son homosexualité. Il aurait voulu un fils plus à son image qui lui aurait donné des petits-enfants. Laissant à plus tard cette triste conversation, je lui ai demandé de me confirmer s'il s'intéressait toujours à moi. Il m'a pris dans ses bras et après une longue caresse, mes doutes se sont évaporés. Une soirée trop courte pour se raconter tout ce qui s'était passé durant notre séparation, je l'ai invité à revenir pour le weekend.

On était en pleine limérence. Le coup de foudre du 13 décembre ne s'estompait pas. Plus on apprenait à se connaître, plus l'attirance augmentait. On commençait à comprendre qu'on était peut-être des âmes sœurs, mais le temps nous le confirmerait.

Rapidement, une routine favorable s'installa. On soupait ensemble les mercredis soirs pour couper la semaine et on passait nos fins de semaine au 250 O'Connor. Puisque le groupe de discussion se rencontrait les mercredis, on y était présents régulièrement. Les thèmes soulevés par les facilitateurs ne

Gay et passionné

manquaient jamais de déclencher des discussions animées. Il est arrivé qu'on reprenne les mêmes sujets pour pousser plus loin l'échange d'idées qui contribuait à se connaître mutuellement. Robert n'avais jamais quitté sa famille. À l'âge de 29 ans, il vivait avec ses parents ce qui facilitait les discussions concernant les entreprises familiales. Bien que son père ait été maire de Gatineau, ses entreprises continuaient avec l'habile gestion de Robert et Louise. Le rôle de la mère de Robert se centrait sur l'appui des membres de la famille pour tout ce qui concernait le foyer familial et de son entretien, une tâche énorme vu la grandeur de la maison.

Comme tout homme gay, le lien indestructible entre Robert et sa mère se voyait à l'œil nu. Sa vision de la vie, souvent différente de celle de son mari, me laissait croire que ses opinions sur l'homosexualité ne seraient pas aussi campées que celles de son conjoint. En attendant, je me gardais de ne pas pousser les choses et de laisser venir les événements au gré de la volonté de ceux qui en subiraient les conséquences. Il n'était pas question que je visite Robert chez lui. Je respectais les paramètres de notre relation.

Le test

Une sortie de placard se fait en étapes. Le plus souvent, ça commence avec les amis proches, ceux avec qui on a vécu des expériences. Ensuite, on s'ouvre à des cousins et des connaissances pour qui la nouvelle ne risque pas de les choquer. Vient ensuite la famille immédiate et, dans certains cas, cette sortie peut s'avérer difficile, voire même risquée. En dernier lieu, on en jase ouvertement à n'importe qui et n'importe où, même au travail si la perte de l'emploi est peu probable. Au gouvernement fédéral, les risques de renvoi, peu importe la raison, sont minimes ou non-existantes.

Dans un monde de respect, le fait de dévier de la norme ne devrait pas occasionner des ennuis. C'est la raison pour laquelle j'ai commencé à parler ouvertement au bureau de mon orientation sexuelle. Les lundis matins, lorsqu'on discutait des activités du weekend, je parlais du « nous » en disant « Robert et moi avons .... ». Ce sentiment de liberté de pouvoir être soi-même et de s'affirmer sans crainte de représailles constitue la pierre angulaire d'une vie équilibrée. Avec discrétion et discernement, je décidais de ce que j'allais dévoiler, toute vérité n'étant pas bonne à dire.

Le pire de la crise du SIDA était derrière nous, ce qui ne nous empêchait pas d'y penser. On entendait encore des histoires épouvantables de souffrances, de parents qui apprenaient le même jour que leur fils était gay et malade, que les gouvernements étaient lents à réagir et à débloquer des sommes importantes pour la recherche médicale. Les drogues initiales pour le traitement de la maladie avaient été remplacées par des médicaments plus puissants absorbés en combinaison de trois ou quatre à la fois. Au lieu de s'éteindre, les sidatiques déjouaient la mort car ils tenaient mordicus à la vie, même si celle-ci n'était pas de très grande qualité. L'espoir se fondait sur des percées du monde scientifique à la recherche d'un antidote qui éliminerait, une fois pour toutes, cette malédiction.

J'avais raconté à Robert l'histoire de Normand et de Léo. À partir des photos que je conservais précieusement dans un album souvenir, j'étais en mesure d'étaler et de lui décrire les disparus de mon grand cercle d'amis. Il était normal qu'il me pose la question à savoir si j'avais été testé, mais ma réponse l'a pris par surprise. En avouant que je refusais de subir ce test de dépistage, je me rangeais du côté des gens qui avaient peut-être contracté la maladie sans en démontrer le moindre symptôme. Je considérais que j'étais sûrement porteur et, comme je n'étais pas mieux que les autres et que la grande majorité de mon noyau d'amis y avait passé, il était probable que j'en sois atteint.

Insatisfait de mes conclusions et en guise de sa protection personnelle, Robert a insisté pour que j'aille me faire tester sans quoi je risquais de le perdre. Face à cette confrontation, mes choix étaient limités. Je suis donc allé dans un centre de dépistage pour une analyse sanguine qui était nécessaire afin de confirmer s'il y avait présence ou non du virus du VIH. En attendant les résultats et sans dire un mot à Robert, je me préparais dans l'éventualité d'un rapport qui ne me blanchirait pas. Être séropositif n'avait rien de positif!

Deux semaines plus tard, j'ai reçu un appel me demandant de me présenter au centre puisque les résultats n'étaient pas transmis au téléphone. On devait obligatoirement se présenter au cas où on aurait des questions. Assez! Donnez-moi le résultat, s.v.p.! Un soupir de soulagement, j'avais de bonnes nouvelles à offrir à Robert. Cette pierre d'achoppement à notre bonheur avait fondu comme beurre au soleil.

Cette entrave éliminée, nous pouvions commencer à bâtir une relation solide sur des bases bien ancrées. Nous avions déjà discuté des éléments essentiels à la réussite d'une vie de couple. Selon mon expérience, j'avais identifié quatre types d'interactions qui régissent la vie au quotidien. Selon moi, pour éviter une débandade, les conjoints doivent être au diapason sur le plan physique, intellectuel, émotif et spirituel. Une trop grande carence sur un de ces plans mène à un déséquilibre fatal. Sans être des répliques de l'un l'autre, les parties doivent se rejoindre, mais les différences sont acceptables dans la mesure où elles se situent dans un paramètre d'un commun accord. C'est une question de respect.

Nos différences, aussi évidentes étaient-elles, ajoutaient du piquant à notre relation sans en empêcher le bon fonctionnement. En effet, si les partenaires sont trop semblables, la monotonie s'installe et le risque de rupture s'élève proportionnellement. Cette analyse nous avait permis de comprendre que nos chances de succès étaient élevées si on ne s'en tenait qu'à nous. Mais la vie n'est ainsi faite et les relations familiales viennent alimenter ou détruire un couple qui se cherche et qui veut bâtir un avenir ensemble.

Fonder une famille n'était plus une impossibilité pour les couples gays, même que les journaux en rapportaient de beaux exemples, sauf que, dans notre cas, l'apport familial aurait été presqu'insurmontable. Robert aurait voulu des enfants. Il m'avait parlé de son idée d'adopter des petites chinoises, comme ça se faisait couramment au début des années 90. Sa sœur qui était sur le point de se marier avec Cyril (pas son vrai nom) aurait sûrement des enfants et ceux-ci, nés de parents biologiques, auraient préséance sur des enfants adoptés. À lui seul, cet argument était suffisant pour mettre une croix sur cette pensée. Ne cherchant pas la chicane, j'ai préféré parler du manque d'énergie d'un homme dans la quarantaine pour élever des bouts de choux. Pour conclure la conversation, je lui ai dit qu'on s'en reparlerait au moment de ses 40 ans.

Quant à notre relation de couple, je n'entrevoyais aucune difficulté avec les membres de ma famille et tous accepteraient Robert inconditionnellement. J'imaginais les rires avec Claudette. Ces deux « ricaneux » s'entendraient à merveille. L'expression « *vivre et laisser vivre* » prenait tout son sens avec les miens en commençant avec mon père qui n'avait jamais un mauvais mot à dire sur les autres. Pour ce qui était de mes frères, je pouvais compter sur une politesse sans réserve.

Bien avant le concept du politiquement correct, une personne en politique se devait d'être irréprochable et la conséquence d'une bévue impardonnable pouvait signaler la mort politique d'une personne honnête. Admettre la présence d'un gay dans sa famille pouvait engendrer des séquelles indésirables. Je ne connaissais pas le père de Robert, sauf ce que je lisais dans la presse locale. Les journalistes étaient aux talons de Bob, peu importe où il allait.

Un soir où nous étions dans un souper de Lambda, la mairesse d'Ottawa, Jacquelin Holzman, l'invitée d'honneur, était venue nous parler des positions de la ville en lien avec la communauté LGBTQ. Le lendemain, une enveloppe de pornographie gay est arrivée au bureau de Bob avec la mention « *voici ce que ton fils aime* ». Cet incident n'avait rien pour aider à diminuer l'anxiété que Bob avait face à l'homosexualité de son fils. Heureusement, cette histoire n'a pas fait les manchettes. Toutefois, je suis convaincu que la crainte d'un dévoilement public le rongeait.

Notre voyage en Europe était prévu pour septembre pour coïncider avec mon anniversaire de naissance le 14 du mois. À l'aide d'information reçue d'ambassades européennes à Ottawa, j'avais dressé un trajet provisoire quitte à faire des modifications en cours de route. Pour éviter la possibilité de se retrouver dans une grande ville sans réservation d'hôtel, j'avais choisi certains établissements à l'avance. Je me suis limité à quatre hôtels dans les villes où nous risquerions de ne pas trouver d'hébergement à la dernière minute.

Ce voyage allait être un bon test sur notre capacité à vivre ensemble pendant une longue période de temps. On était d'accord que si tout se passait bien, on serait prêt pour une vie à deux sous un même toit. J'admets que ça me faisait peur parce que ça serait une première pour moi. L'appartement au 250 de la rue O'Connor plaisait à Robert et il y avait suffisamment de place pour nous deux. Si jamais la relation éclatait, il aurait pu retourner vivre chez ses parents, puisque que sa chambre n'avait pas été modifiée.

Sur les ailes de KLM, nous avons voyagé de Montréal à Amsterdam où nous avons loué une voiture pour la durée de notre séjour. Après une visite de quelques jours dans la grande métropole hollandaise, nous nous sommes dirigés vers le sud en s'arrêtant dans différentes villes ou des

141

endroits historiques. On s'est limité à sept pays dont la Hollande, l'Allemagne, l'Autriche, l'Italie, la Suisse, la France et la Belgique.

Dès le premier jour, j'ai pris le volant de la voiture en pensant faire ma part dans l'immédiat, mais lorsque j'ai voulu le céder à Robert, il n'en voulait pas, J'étais donc le chauffeur attitré pour tout le voyage. En conduisant sur des ponts suspendus au-dessus de ravins très profonds dans le nord de l'Italie, j'ai appris que mon amour avait une phobie des hauteurs. Il était le premier que je connaissais pour qui le vertige est une affaire sérieuse. Viendraient s'ajouter à cette liste des traits de caractère que je ne lui connaissais pas.

Deux anecdotes bien particulières nous ont beaucoup fait rire. La première journée à Amsterdam, nous sommes entrés dans un bar où nous étions seulement trois clients; tous les autres étaient de jeunes prostitués males. Le serveur essayait de trouver quelqu'un qui nous plaisait, sans savoir qu'on n'en cherchait pas. Déçu que personne ne nous intéressait, il nous a présenté un cartable de photos de beaux jeunes hommes qui pouvaient se rendre sur les lieux en moins de dix minutes. On a eu du mal à s'empêcher de rire et, une fois la bière avalée, on est sorti de là au plus vite.

À Vienne, notre hôtel (Les Trois Minous) portait bien son nom. Notre chambre avec son décor bordélique, sombre et des meubles anciens et foncés nous a fait rire et on se répétait « advienne que pourra ». C'était un des hôtels réservés et payés à l'avance, il fallait donc endurer.

En remontant vers le nord, il nous restait presqu'une semaine avant le vol de retour. Sur un coup de tête et suivant la recommandation d'Omer, l'ami de Gary, nous nous sommes rendus à Bruges, en Belgique, où nous avons loué une chambre pour cinq soirs. On avait besoin de se reposer et, Bruges, la Venise de la Belgique, s'est avéré l'endroit idéal pour un farniente.

Après quelques tentatives sans succès pour trouver un hébergement, nous sommes arrivés à une petite auberge dont les propriétaires étaient gays. Il leur restait seulement la suite nuptiale, ce qui faisait bien notre affaire. Lorsqu'on est entré dans la chambre, on s'est éclaté de rires car le décor à la Marie Antoinette ne pouvait pas être plus « quétaine ». Un décor en blanc et rose, féminin au coton ! Dans l'antichambre, il y avait une causeuse Louis XIV et des rideaux avec franges en or dans le cadre de la porte vers la chambre. Le lit avait été posé sur une estrade de quatre pouces de hauteur avec baldaquin. Au plafond, un chandelier en cristal et à côté du lit, une autre causeuse dans le même style que celle de l'antichambre et devant la fenêtre, deux énormes bergères Louis XIV recouvertes du même tissu que le couvre-lit blanc et rose, comme de raison. Des rideaux en dentelle étaient de mise dans cette capitale de la broderie. Les murs étaient recouverts de tapisserie avec le même motif que le couvre-lit. C'était comme si on était dans une scène de *La cage aux folles*!

La vie à deux

Accepter de vivre avec Robert, c'est dire oui à son immense collection de disques, de CDs et de livres sur la musique. J'admirais qu'il ait un passe-temps qui le garderait à la maison, sauf que je n'avais pas compris l'ampleur de l'accumulation de ses références musicales. Pour en entreposer une bonne partie, des armoires et des classeurs avaient été achetés en fonction de l'espace qu'on disposait dans la chambre d'amis dont la fonction deviendrait sa bibliothèque personnelle. Un divan et un téléviseur complétaient le tout. Ce qui n'entrait pas chez nous était remisé au sous-sol chez ses parents.

Quelques petits changements au niveau du décor ont été apportés à son arrivée. Mon objectif était qu'il se sente chez lui dans un appartement qui me représentait. J'y habitais depuis neuf ans et les murs beiges avaient besoin d'être rafraîchis. Tony, notre propriétaire, nous a autorisés à peindre les murs de couleur pêche à la condition que nous les remettions au beige au moment de notre départ. Il nous fournirait la peinture à ses frais. J'y voyais un autre moyen de personnaliser notre espace ayant, d'un commun accord, sélectionné la couleur qui conviendrait le mieux. Loin d'être une situation idéale, ça semblait rencontrer les besoins en nidification de Robert.

Pour une personne dont la mère s'occupait de presque tous ses besoins, Robert m'arrivait sans beaucoup de notions culinaires, mais sa force était dans l'entretien ménager de l'appartement, une tâche qu'il accomplissait avec brio. Peu enclin à prendre l'unique responsabilité de la cuisine, j'ai insisté pour qu'on alterne les rôles de chef cuisinier et de sous-chef. Des carottes brûlées le premier soir pendant qu'il s'affairait entre la cuisine et sa bibliothèque ont servi de première leçon. L'idée de demeurer dans la cuisine lorsqu'on fait à manger ne lui était pas évidente. Au début, il voulait des recettes, mais j'ai insisté pour qu'il apprenne les rudiments de base afin de pouvoir créer des plats sans avoir une recette sous le nez. Je cherchais à lui montrer qu'à partir d'ingrédients en stock, soit au frigo ou dans les armoires, on pouvait aisément se concocter des plats d'une gastronomie impressionnante. Une résistance initiale est vite disparue quand il a commencé à réussir des assiettes appétissantes et novatrices.

Avant d'emménager, Robert avait rencontré quelques-uns de mes amis qui n'avaient pas été emportés par le SIDA. Parmi eux figuraient Gary et son conjoint Richard. Même si on ne les voyait pas souvent, on avait quand même suivi un cours sur le langage gestuel pour être en mesure de communiquer plus facilement avec Richard, sinon Gary traduisait nos conversations.

Robert a aussi rencontré ma grande amie Françoise et son conjoint Brian avec qui il s'est bien entendu. De son côté, nous avions comme amis communs Marc et Henri. J'apprenais que Robert avait fréquenté Marc, mais que la relation s'était éteinte au bout de quelques mois. Depuis, Marc avait rencontré Pierre et les deux avaient emménagé dans le condo de Marc à Aylmer.

Durant notre première année ensemble au 250 O'Connor, j'ai rencontré tous ses amis d'enfance et ceux des institutions scolaires, y compris Pierrette, Denis, Michel, Marc (un autre), Manon, Luc, Suzie et j'en passe. Heureusement que j'ai une bonne mémoire des noms, mais pour ce qui était de la parenté, j'avais préparé des organigrammes avec les prénoms de chacun, organisés par famille du côté maternel et paternel. Ça pouvait être très mêlant. Parlait-il de Michel et Geneviève du côté de son père ou de sa mère?

La vie de Robert se passait en grande partie du côté de Gatineau où les bureaux d'affaires des entreprises familiales avaient pignon sur rue. Il faisait la navette entre Ottawa et Gatineau, comme je l'avais fait pendant mes années au Gatineau Elementary. Un curieux hasard, c'est que la résidence des parents de Robert était à moins de deux kilomètres de l'école où j'enseignais.

Le mariage de Louise et Cyril occupait la pensée de Robert. Sa grand-mère paternelle n'était pas très bien, mais avec un peu de chance, elle pourrait participer à la cérémonie. Ce qui était plus certain, c'est que je n'y serais pas, car l'invitation aurait été prématurée. Ce mariage, en grande pompe avec réception élégante au Club de golf Rivermead, représentait une dépense importante pour les parents de Robert. Les noces de leur fille unique mèneraient cependant à la possibilité de petits-enfants, un souhait convoité autant par l'un que par l'autre des futurs grands-parents. Puisqu'il s'agissait d'un événement public, ma présence aurait alimenté le moulin à rumeurs, sauf que ce n'était pas un ragot, mais bien une vérité voilée pour le moment.

Un peu plus de six semaines après que Robert ait emménagé avec moi, le temps des Fêtes approchait. Pour ce deuxième Noël, nous serions encore séparés, mais je comprenais et j'acceptais qu'il veule passer le jour de Noël avec ses proches. Je me sentais un peu délaissé, mais ce n'était pas la fin du monde et d'ailleurs, j'en profiterais pour vaguer à mes affaires personnelles sans interruptions.

Le matin du mariage de Louise et Cyril, j'avais un pincement au cœur. J'aurais été mal à l'aise d'y être, mais mes émotions tergiversaient. Si effectivement la grand-mère paternelle vivait ses derniers moments, j'aurais voulu la connaître de son vivant. Un personnage énorme dans la vie de Robert, elle représentait la bonté et la sagesse qu'il admirait depuis son jeune âge. Avec son départ, il ne lui resterait que sa grand-mère maternelle au titre de grand-parent.

Un élément non négligeable dans toute cette affaire : la tante de Robert (sœur de sa mère) était soupçonnée d'être gay. Danielle avait marié Daniel et ensemble ils ont eu deux filles, Marilène, l'aînée et Annie, la cadette et filleule de Robert. La relation entre les deux parents s'étant estompée avec le temps, Daniel avait été remplacé par Danielle. Personne n'osait en parler, mais c'était indéniable qu'une relation d'amour existait entre ces deux femmes. Même la grand-mère maternelle semblait être au courant et son approbation implicite nous donnait espoir.

En hiver, les parents de Robert passaient du temps dans leur condo en Floride. Les entreprises familiales étaient entre bonnes mains. Robert et sa sœur Louise, avec l'aide d'André qui s'occupait surtout de comptabilité, géraient les affaires selon l'encadrement général de Bob.

Gay et passionné

Avec la montée de la valeur immobilière des propriétés en Floride, les parents de Robert songeaient à mettre leur condo en vente et à acheter un autre logis dans le même secteur au grand dam de Robert qui trouvait ce condo bien à son goût.

Un vent de changement

Une vie à deux, en parfaite harmonie, est exceptionnelle. Nous discutons de nos différences d'opinion sans hausser le ton, un signe de maturité peut-être. De tempérament modéré tous les deux, rares ont été les fois qu'il a été difficile d'arriver à un compromis. On s'était entendu qu'on n'empêcherait pas l'autre d'agir selon sa conscience. Si Robert n'était pas intéressé ou disponible pour faire un voyage, par exemple, jamais qu'il ne me l'interdisait ou qu'il me boudait. Aimer quelqu'un, c'est lui donner sa liberté et non le restreindre. En période de limérence, le couple est ensemble constamment et avec le temps, les partenaires se trouvent des activités qu'ils font sans l'autre. Lorsqu'ils se retrouvent, ils ont donc des histoires à se raconter. Ayant vécu seul pendant des années, ma liberté n'avait jamais été brimée et j'osais croire que ça ne changerait pas. C'est ce respect de l'un l'autre qui a fait la force de notre couple.

Je me souviendrai toujours de la première fois où j'ai vu les parents de Robert. Nous étions allés voir une pièce de théâtre à la Salle Jean-Despréz à l'hôtel de ville de Gatineau. Pendant l'entracte lorsque je jasais avec les sœurs d'André, le collègue de Robert, il a aperçu ses parents à l'étage supérieur qui assistaient à une soirée mondaine. Ils nous ont vus au rez-de-chaussée et nous ont envoyé la main. Ce petit geste de reconnaissance marquait un début.

La vie d'un politicien fatiguerait le plus commun des mortels tellement l'emploi du temps est chargé au maximum, sans parler des exigences en raison des voyages d'affaires, même à l'étranger. Le maire était en négociations avec des représentants étrangers pour certains gros projets de la Ville. Des voyages en Chine étaient à prévoir, un côté de son poste que Bob aimait moins. Il ne raffolait ni des protocoles et ni des soirées cocktail.

Lors d'une absence de son père, Louise avait pris l'initiative de souligner la fête des Mères chez elle. Un cocktail suivi d'un souper avait été planifié et Robert et moi étions invités. Il y avait un certain décorum à respecter, On devait s'habiller en conséquence. Robert m'avait décrit la situation à l'avance pour bien me préparer pour rencontrer sa mère. Je lui devais du respect et je l'appellerais donc « Madame » et non par son prénom. Sans dire que j'étais nerveux, je n'étais pas tout à fait à l'aise bien que le conseil de Robert d'être moi-même m'a aidé à me calmer. Quand on est sur la sellette et qu'on passe au peigne fin, on voudrait que tout se déroule sans anicroche.

Là où je n'avais aucun contrôle, c'était la différence d'âge entre Robert et moi ; curieusement, la même différence d'âge existait entre moi et Liette (10 ans). Nés tous les deux sous le signe astrologique de la Vierge, on se reconnaissait par le désir de la perfection. Sa chic tenue vestimentaire et son maquillage parfait démontraient la précision avec laquelle cette grande dame visait le raffinement.

Cyril, le conjoint de Louise, était un chasseur et un type qui se débrouillait aussi bien dans la cuisine que dans son atelier de bricolage. Il impressionnait par son entregent. D'une politesse bien démontrée, il aimait discuter sur les sujets du jour. Embauché comme portier dans un salon-bar et comme chauffeur d'une limousine à location par son beau-père, Bob voyait en son gendre un homme qui ferait le bonheur de sa fille et qui leur donnerait peut-être des petits-enfants.

Difficile de ne pas se sentir inférieur à eux. Ces propriétaires d'une belle maison neuve aux goûts du jour ne manquaient de rien. Cette demeure, bâtie par l'entreprise familiale de constructions domiciliaires, avait été érigée selon leurs désirs dans un des plus beaux quartiers de Gatineau. N'étant pas du type envieux, j'étais content pour eux. Je ne pouvais que leur souhaiter des années de bonheur. À l'instar de sa mère, Louise avait hérité des mêmes traits physiques, ainsi que des mêmes intérêts pour la décoration, l'esthétique et l'habillement.

Bob, un bourreau de travail de longue date, inquiétait Robert qui s'apercevait que son père souffrait de stress. Il prenait son travail trop au sérieux et si un particulier lui demandait un conseil ou de l'aide, il n'hésitait jamais à leur répondre, même quand les gens exagéraient. Sa difficulté à dire « non » amplifiait la situation. De plus, il gérait les entreprises familiales à distance.

Son trop-plein a occasionné de la tension dans son couple et dans le but de régler ses contradictions, il a quitté temporairement la maison pour méditer et se ressourcer. Indépendamment de la goutte qui a fait déborder le verre, la mère de Robert ne voulait pas revenir au même scénario. Le retour au bercail de Bob était conditionnel à quelques critères qu'elle avait établis pour améliorer la situation familiale.

Deux de ces stipulations nous touchaient. Liette insistait pour que Bob accepte son fils tel qu'il était et qu'il cesse d'ignorer notre relation. Comment allait-il changer son capot de bord? J'acceptais que Bob ne puisse pas comprendre ce qu'était l'homosexualité. Né en 1940, il avait grandi à une époque où on cachait, autant que possible, les relations entre personnes de même sexe. Cela a toujours existé depuis le début des temps. Bien que la plupart des gens ne soient pas au courant, il y a eu des périodes dans l'histoire où l'homosexualité était préférée à l'hétérosexualité. Toutefois, ces informations, aussi valides soient-elles, ne nous aideraient pas à nous faire accepter. « Ce que les voisins vont penser » était plus important que de montrer l'acceptation de ce que l'on préférait ignorer.

Madame jouait bien son jeu et, consciemment ou non, cette crise offrait une occasion de changement radical. Préférant avoir ses enfants près d'elle, son choix avait toujours été de les appuyer pour qu'ils puissent s'épanouir. Si elle avait des réticences envers notre relation, rien n'a paru. Régulièrement, Robert me rapportait ce qui s'était dit chez ses parents. J'étais en mesure de jauger les positions à distance, et par l'entremise d'un tiers.

Cette période a duré presque trois ans. Robert se rendait chez ses parents pour toutes les grandes fêtes et les anniversaires de naissance. Quelle fut ma surprise quand j'ai reçu ma première invitation à souper au domicile patrimonial. J'osais espérer que Liette avait informé Bob du genre de personne qu'il allait rencontrer.

Gay et passionné

Pour moi, un autre test au peigne fin, sur la sellette! Je serais sans doute examiné sous tous les angles. Pour une raison que je ne peux toujours pas expliquer, cette rencontre avec le père de Robert m'énervait beaucoup moins que celle avec sa conjointe. C'est à l'Action de grâce, une fête symbolique s'il y en avait une pour être reçu dans la résidence familiale de mon conjoint, que j'ai mis les pieds pour la toute première fois, une magnifique demeure qui m'a coupé le souffle. Ne perdant pas une minute, Robert m'a conduit à la salle familiale où Bob nous attendait. Il m'a présenté à son père, pour ensuite nous laisser seuls pendant que lui et sa mère s'affairaient dans la cuisine. J'avais l'impression d'être un candidat interviewé pour un poste convoité depuis longtemps. Mes réponses aux questions de Bob étaient longues, une stratégie que j'utilisais pour lui donner un portrait complet de la personne que j'étais. Lorsque je me suis servi du « vous » et du « monsieur », il m'a immédiatement corrigé. Il m'a indiqué sa préférence pour une approche informelle.

Un bon vin accompagnait toujours un repas dans cette maison et, par conséquent, Bob avait repéré une de ses meilleures bouteilles, un signe de bienvenue grandement apprécié. Un repas copieux a été servi dans la salle à manger, accompagné de conversations en diagonales pour lesquelles j'aurais eu besoin d'un interprète même si tout se passait en français. J'en perdais beaucoup, les sous-entendus, les paraboles et les doubles sens, une façon bien ancrée de parler dans cette famille, faisait en sorte que je ne comprenais pas tout, mais c'était voulu. Les références aux personnes que je ne connaissais pas ajoutaient à ma confusion et je me contentais d'écouter, car les questions de clarification viendraient plus tard en voiture pendant le trajet du retour à la maison.

Il m'était évident que Cyril était l'homme de l'heure, même qu'à plusieurs reprises, on s'est servi de son nom plutôt que du mien. J'ai remarqué qu'ils avaient tendance à parler tous ensemble, ce que je trouvais discordant. Quand les voix se croisent, ma capacité à comprendre diminue de beaucoup. Conscient que je ne pouvais pas suivre toutes les conversations, j'essayais de capter l'essentiel de ce que disaient Bob et Liette. Ça me permettrait de mieux les comprendre. C'était eux qui importaient le plus et à qui je devais ma reconnaissance pour cette belle invitation. J'ai par la suite appris que j'avais fait bonne impression et que je n'avais commis aucun faux pas.

Au niveau de ma vie professionnelle, les choses se passaient bien. À seulement quatre coins de rue de mon travail, j'avais le loisir de revenir à la maison pendant l'heure du lunch. J'en profitais le plus souvent possible. L'équipe de travail était composée de gens forts compétents, ce qui me stimulait intellectuellement. Yvon, Lyle, Anne, Steve, André et compagnie avait chacun leur forces; c'est donc vers eux que je me dirigeais pour parfaire mes connaissances en dotation. On venait d'apprendre qu'une nouvelle loi régissant la dotation à la fonction publique était envisagée et que cette nouvelle direction changerait fondamentalement la façon de combler les postes au gouvernement fédéral. J'entrevoyais déjà le besoin en formation pour les conseillers et les gestionnaires puisque ce virage radical allait m'assurer de l'emploi pour plusieurs années à venir.

Les deux petites chinoises

La santé de mon frère George continuait à se dégrader de façon graduelle. Sa peau s'effritait et tombait pendant son sommeil, mais jamais il ne s'en plaignait. Tous les jours, Ginette changeait les draps. Les médecins de Montréal avaient demandé à ce qu'il revienne pour une seconde série de traitements. Cette fois, on le soignait à l'externe et il a donc dû se trouver un logement temporaire. Au bout d'un mois, il est retourné à Campbellton. On ne pouvait plus rien pour lui. Son espérance de vie se situait à un an ou deux ans au maximum.

Les soupers chez les parents de Robert se multiplièrent et, chaque fois, j'apportais une bonne bouteille de vin. Ces soirées commençaient dans la salle familiale où des amuse-gueules et un apéro étaient servis. J'avais remarqué que Bob prenait plaisir à faire des jeux de mots qui n'étaient pas évidents, mais dans presque tous les cas, je les comprenais. C'était *'pour l'élite'*, qu'il disait en se faisant rire. Moi aussi, j'étais allumé par les jeux de mots et j'en inventais qui l'impressionnait.

Au souper assis à la table, l'humour était toujours au menu et on racontait des drôles d'anecdotes qui commençaient toujours par la périphrase « *te souviens-tu de la fois ...?* » J'écoutais attentivement ces histoires car elles informaient autant sur la personne qui la relatait que ceux visés par le récit. Chaque fois, on modifiait un peu pour ajouter une touche de nouveauté afin d'attirer l'attention ou par pure fantaisie.

Fait inusité, la mère de Robert ne servait jamais qu'un seul dessert. Il y avait toujours au moins trois choix : par exemple, un gâteau, une assiette de fruits et des chocolats. Les sujets osés ou tabous attendaient l'étape des desserts. Jamais grossiers, mais quand même des sujets qui n'auraient pas été appropriés pendant le repas étaient abordés en prenant du sucrage.

L'arrivée des petits-enfants allaient embellir nos rencontres de famille. Cyril voulait avoir des enfants, mais Louise n'en était pas prête car la tâche d'élever des enfants pesait lourdement. Ce sont les grands-parents qui ont insisté et qui ont promis qu'ils aideraient grandement si on leur faisait cadeau de petits bébés. En l'espace de 18 mois, deux petites filles sont nées. Mélanie et Evelyne (pas leurs vrais noms) apportaient avec elles la joie et l'espoir d'une prochaine génération. Pour Robert, c'était nos deux petites chinoises déguisées en canadiennes.

Au mariage de Daniel, le cadet de ma famille, tous étaient présents, même George qui pouvait encore se déplacer assez facilement, mais on pouvait lire la douleur sur son visage. Heureux de participer à cet événement, ses yeux brillaient de joie. Qu'avait-il en tête? Comment peut-on rayonner quand on sait que la mort nous guette? Durant notre visite à l'Hôpital général de Montréal, il m'avait fait promettre de ne jamais oublier ses enfants. Diane lui avait donné deux beaux enfants qui le rendaient tellement fier et sa mort ne devait pas changer ma relation avec eux. Il se comptait chanceux de la présence de Ginette qui l'accompagnerait jusqu'à son dernier soupir.

Avoir deux enfants de bas âge exige une santé de fer et de l'énergie en abondance. Lorsque Louise était à bout de souffle, soit sa mère ou son frère lui venait en aide. Robert s'est occupé de ses nièces aussi souvent que le temps lui permettait. Je n'aurais jamais cru qu'un homme pouvait avoir un instinct maternel aussi fort sinon plus fort qu'une femme, et c'était le cas pour Robert. Sa douce approche avec ces deux petits bouts de choux a dévoilé un côté de mon conjoint que je ne connaissais pas. Il les traitait avec la plus grande dignité et le plus profond respect. En le regardant agir avec elles, j'ai vu comment il se serait occupé de nos enfants si on était allé de l'avant avec des adoptions. Pour moi, la noblesse d'une personne se mesure par les gestes envers les autres. J'avais décidément trouvé la perle rare. C'était l'amour avec un grand « A ».

Ce qui m'a étonné encore plus, c'est quand Robert m'a fait part qu'il souhaitait être enseignant d'une maternelle. À 42 ans, il était un peu tard, mais, au fond de lui, je crois qu'il y pensait sérieusement. Ce qui le retenait, c'était la gestion des entreprises familiales pour lesquelles il avait travaillé toute sa vie. Il ne lui était pas possible de faire volte-face à son père et, quand on travaille pour le bien commun du patrimoine familial, il ne faut jamais abandonner. Il ne l'aurait jamais trahi, car ce geste ne concordait pas avec le genre de personne qu'il était. Il aurait souffert en silence plutôt que de reculer devant la responsabilité qu'il avait acceptée dès son jeune âge sans l'avoir bien compris.

Le Jour de l'An est un moment pour la famille de se rassembler ne serait-ce que pour se souhaiter une bonne année et de la prospérité. C'était une tradition dans la famille de Robert de recevoir parents et amis le 1er janvier. Aucune invitation n'était nécessaire. Chacun arrivait quand il voulait et repartait quand il était prêt. Le vin, la bière et l'alcool coulaient à flots. Des bouchées chaudes, des fromages, des pâtés, des crevettes, des légumes crus, ainsi que des bols de noix, de croustilles et de chocolats remplissaient l'énorme table à café de la salle familiale. Le mot s'était passé que le nouveau « chum » de Robert y serait et que ce serait une bonne occasion de le rencontrer.

Encore un événement pour me faire suer, mais c'était incontournable. Je savais qu'on me mettrait sous la loupe, qu'on m'examinerait en menu détail et qu'on voterait dans sa tête par un oui ou un non. Ceux qui n'avaient aucun problème avec un homme qui s'affirme en tant qu'homosexuel sont venus vers moi et je sentais qu'ils m'approuvaient sans vraiment me connaître. Faisaient-ils confiance au jugement de Robert? D'autres ont hoché la tête en signe de reconnaissance obligatoire, noblesse oblige. Quelques regards de questionnement me laissaient sous-entendre que j'étais en période de stage et qu'une décision serait prise plus tard, sans vraiment savoir quand!

Avec deux verres de vin dans le corps, j'étais prêt à danser avec les tantes et les cousines. La tante Monique (côté paternel) semblait me trouver de son goût et c'est avec elle que j'ai dansé en premier. Tout d'un coup, la musique a changé. On aurait dit une musique espagnole avec claquettes. J'étais tout seul sur le plancher et, sans y penser, je me suis mis à danser dans un style flamenco, avec les bras en l'air et les souliers qui tapent le plancher comme s'il s'agissait de claquettes. J'entendais les encouragements de mon auditoire qui ne voulait pas que j'arrête, mais j'avais l'impression de faire un fou de moi. Cette anecdote a été retenue pour le répertoire des dimanches soirs.

    Le statut social nous permet d'identifier une personne en relation avec les autres. Chacun se voit attribuer un rang ou une fonction et, dans mon cas, c'était plutôt nébuleux, question de ne pas trop en dire. Lorsque Bob présentait sa famille, il faisait référence aux étiquettes usuelles : ma femme, ma fille et mon gendre, mon fils. Quand il arrivait à moi, il disait, « lui, c'est Charles ». Son inconfort était palpable. Toutefois, je ne lui en voulais pas, je savais qu'il avait du mal à m'accepter à part entière dans sa famille. Ça pris quelques années avant que j'entende, « *voici mon fils et son ami Charles* ». On remarquait un progrès lent, mais assurément dans la bonne direction.

    Un homme d'affaires averti, Bob se souciait de ma présence dans la vie de son fils et des liens, légaux ou autres, avec sa famille. La jurisprudence pour les couples de sexes opposés est bien connue contrairement au tohu-bohu des décisions rendues par les différents niveaux de la justice dans des affaires concernant les couples de même sexe. Le fait que je fasse partie de sa famille sans statut officiel ne m'a jamais causé d'ennuis. Il n'était jamais mon intention de prendre avantage d'eux. Je me débrouillerais comme je l'avais toujours fait. La différence entre un besoin et un désir me servirait de paramètres en toutes choses. Mes besoins sont limités à l'essentiel, car mes désirs, peu nombreux, vont de pair avec ma capacité de les obtenir légitimement.

Robert découvre l'Acadie

Comme tout bon chasseur qui planifie ses démarches pour la prochaine saison dans le but d'obtenir la bête qu'il convoite, je commençais à étudier mes options pour mon prochain poste, question de viser juste pour acquérir une expérience pertinente et recherchée par un employeur potentiel lorsque je travaillerais à mon propre compte. Ce qui a retenu mon attention, c'est le travail des présidents de comité d'appel au sein du Tribunal des appels de la CFP, la même agence pour laquelle j'étais employé. Le rôle de président consiste à entendre des causes suite à des plaintes logées par des fonctionnaires alléguant des irrégularités dans les processus de dotation et de rendre des décisions écrites qui appuient les conclusions pour la partie gagnante. En salle d'audition, le président agit comme un juge d'une cour et reçoit les présentations du ministère qui défend ses positions et l'appelant, souvent représenté par son syndicat, qui allègue le non-respect de la législation ou des politiques en matière de dotation. Ce tribunal administratif m'intriguait et j'avais appris, que pour siéger en tant que président, il fallait soit posséder une formation en droit ou être un spécialiste de dotation.

Les conseillers stratégiques en dotation s'affairaient à monter des trousses d'information et de formation pour l'ensemble de la Fonction publique. C'était une corvée de longue haleine pour laquelle on y mettait tout notre cœur, un travail d'équipe où chacun devait mettre la main à la pâte pour rencontrer les délais. Ce travail me passionnait comme rien avant et la sensation de créer des outils qui serviraient à des gestionnaires, des conseillers en ressources humaines et des représentants syndicaux de tous les coins du pays me stimulait excessivement. J'en oubliais mes tracas personnels lorsque j'étais plongé dans ce domaine qui m'allumait vivement.

Si le moment de faiblesse de Bob avait été l'élément déclencheur pour permettre mon entrée dans sa famille, je ne prenais pas pour acquis que tout se passerait sans obstacles. Dès les débuts, la mère de Robert m'appuyait. Son sourire et ses non-dits me laissait entrevoir qu'elle nous appuierait peu importe la difficulté que son conjoint avait à accepter notre couple. N'eut été cet encouragement tacite, je ne crois pas qu'on aurait connu le succès qui se dessinait lentement mais assurément. Je lui en étais très reconnaissant même si les mots ne me sortaient pas de la bouche. On se comprenait sans se parler. C'est la magie des êtres nés sous un même signe astrologique.

C'était lors d'une courte visite de mon père de passage à Ottawa que Robert l'a rencontré pour la deuxième fois. Le Ministère des anciens combattants l'avait invité à se joindre à un groupe représentant le Canada aux cérémonies marquant le 50e anniversaire de la Bataille de l'Atlantique qui se tenait en Angleterre. Honoré de cette invitation, mon père était très fier de faire partie de ce contingentement canadien. Pas du genre à verbaliser ses sentiments, on avait compris que mon père approuvait de Robert car il avait fait référence à lui en disant « mon fils ». Cette touchante appellation nous a surpris. C'était sa façon de nous dire qu'il nous appuyait, une bénédiction paternelle assurément.

Un voyage éclair aux États-Unis en octobre à Wallingford au Connecticut pour le décès de Michael, le conjoint de Jim, a laissé de profondes traces dans l'esprit de Robert. J'avais rencontré Jim et sa sœur Shelley, un duo musical, au Vermont durant l'hiver 1985. Normand et moi avions décidé de faire une sortie d'une fin de semaine à Burlington en février pour se changer les idées. Arrivés sur place, on a cherché le bar gay de l'endroit dont la référence provenait d'un guide de voyage gay (Bob Dameron), sauf que la vocation de l'établissement avait depuis changé. De la porte verrouillée, on entendait des musiciens répéter et l'un deux est venu ouvrir la porte pour nous dire que le bar ouvrirait plus tard. Il nous a encouragés à y retourner. Il nous a confirmé que ce n'était plus un bar gay et que le seul endroit pour la communauté homosexuelle se trouvait dans la vieille partie de la ville.

Gay et passionné

Le même soir, au bar gay de la rue Pearl, Normand et moi avons aperçu le même homme qui nous avait donné les informations pour se rendre dans l'établissement dans lequel on se trouvait. Il était donc gay, lui aussi. Il s'est approché de nous et nous a parlé de sa vie en tant que musicien itinérant, ainsi que des complexités que ce genre de travail entraînait. Nous l'avons invité à prendre un verre à notre chambre qui curieusement était dans le même motel que lui. Les conversations qui ont duré jusqu'aux petites heures du matin furent les fondations d'une amitié qui perdure encore aujourd'hui. Jim nous avait profondément marqué par sa sincérité et sa simplicité.

Dès que Jim m'a informé du décès de Michael que j'avais connu à Pâques de la même année, j'ai décidé que nous partirions tout de suite pour se rendre à temps pour la cérémonie d'adieu qui avait lieu dans l'appartement où ils vivaient. Je n'avais prévenu personne de notre arrivée. Lorsqu'on nous a ouvert la porte, Jim, stupéfait de nous voir là, nous a pris dans ses bras. C'était la première fois que Robert et lui se rencontraient, bien qu'il en avait souvent entendu parler. Cette soirée touchante marquait une première pour Robert qui se trouvait dans un groupe pour honorer le départ d'un gay emporté par le SIDA. L'amour de Jim et de ses parents envers nous ne s'explique pas, même si on a vécu des moments d'émotions intenses qui solidifieraient notre relation.

Quand j'ai accepté d'aller en voyage avec la famille de Robert pour passer Noël en Floride, je n'avais aucune idée ce qui me pendait au bout du nez. Habitué d'être en contrôle de mes situations, je me voyais soumis à la direction de Bob qui, de par sa nature, aime gérer ce qui se passe autour de lui. Puisque nous étions huit dans ce voyage, il nous a fallu deux voitures. Une communication par appareil walkie-talkie aidait à garder les véhicules dans un rayon acceptable. Une énorme boîte de nourriture avait été prévue pour que les arrêts du midi soient aussi efficaces que possible.

Tout le trajet s'est fait en deux jours et demi avec un premier arrêt à Fredericksburg, et un deuxième quelque part en Géorgie. Arrivé au condo à Sunny Isles, j'ai appris qu'il n'y avait pas suffisamment de clés et qu'il fallait donc partager une clé avec Louise et Cyril, ce qui compliquerait nos allées et venues.

Dans ce grand condo de deux chambres et deux salles de bains, les petites-filles partageaient la chambre des grands-parents, Louise et Cyril occupaient la deuxième chambre et Robert et moi couchions sur des matelas à air dans la salle à manger. Nos valises étaient rangées dans une penderie et nos articles d'hygiène devaient être remisés après chaque usage puisqu'on était quatre à se servir de la deuxième salle de bains. Inutile de parler d'intimité et on se gardait de montrer un seul signe d'affection de peur de choquer.

Avant de partir, j'avais préparé des desserts de Noël comme c'était la tradition dans ma famille puisque je voulais absolument contribuer : pain d'épices, gâteau aux cerises, gâteau aux fruits, boules moka, etc. Bien que j'aimais beaucoup ce que faisait la mère de Robert, je voulais pouvoir manger des sucreries qui me rappelleraient le temps des Fêtes au Nouveau-Brunswick à l'époque où ma mère vivait.

Après quelques jours dans le condo où il était difficile pour moi de savoir quoi faire et quoi éviter, je me sentais de trop. Sans clé disponible pour nous donner un accès facile, il nous fallait, Robert et moi, coordonner nos sorties avec Louise et Cyril, ce que j'ai trouvé très agaçant. Je n'étais pas du tout confortable dans cette situation et je n'osais pas en parler à Robert. J'emmagasinais mes émotions sans me rendre compte que ce n'était pas sain, mais puisque tout ce voyage était un cadeau en soi, je me voyais mal de critiquer ce qui se passait.

Au troisième matin, une décision avait été prise. On partait tous pour le parc Seaquarium là où les dauphins se laissent flatter (cette pratique a été abandonnée par la suite). J'ai convaincu Robert de renoncer à cette sortie préférant une activité à deux. En n'étant que six, ils pourraient tous monter à bord la même voiture. Juste avant de quitter, la mère de Robert a annoncé qu'elle n'irait pas prétextant qu'elle avait du lavage à faire. Bob, furieux et se doutant de ses intentions, a insisté que cette tâche pouvait attendre à plus tard. Je soupçonnais qu'elle ne voulait pas qu'on soit seuls ensemble de peur qu'on fasse l'amour, mais dans quel lit ?

Mes émotions au vif, je me suis mis à pleurer à chaudes larmes car j'étouffais littéralement et je voulais partir dès que possible. Robert a tout fait pour me convaincre de rester en m'expliquant que la tension baisserait après le jour de Noël, mais je ne bronchais pas. Il fallait absolument que je m'éclipse. Heureusement qu'il avait les clés de la voiture de son père. Air Canada me garantissait une place sur le prochain vol quelques heures plus tard et je comptais être parmi les passagers.

En fin d'après-midi, au retour du parc, on me cherchait, convaincu qu'il s'agissait d'une blague de Robert. Ils ont fini par comprendre que j'étais retourné à Ottawa. Le lendemain, j'ai reçu un appel de Robert me disant que ses parents étaient tristes de mon départ inattendu et qu'ils n'en avaient pas dormi de la nuit. Tant bien que mal, je leur ai parlé pour essayer d'expliquer ma position, mais je sentais que je les avais blessés. Je m'inquiétais des conséquences sur ma relation avec Robert. Comprendrait-il mon point de vue? Avais-je commis une bévue impardonnable?

La naissance de Zachary, le premier fils de mon frère Daniel, m'a sorti de mon marasme. J'avais tellement hâte de le voir que je planifiais comment je pourrais me rendre à Fredericton avec Robert le plus vite possible. Puisque qu'il n'avait jamais visité les provinces Maritimes, un voyage dans ce coin-là du pays s'imposait. On irait d'abord à Provincetown où Jim viendrait nous voir. Et, au lieu de revenir sur nos pas, on se rendrait ensuite à Fredericton au Nouveau-Brunswick voir Zachary et ses parents Daniel et Ann Marie. De là, on se rendrait à Halifax en Nouvelle-Écosse pour une deuxième visite chez ma sœur Claudette et sa conjointe Marie.

Elles nous ont servi de guides pour un tour de ville en voiture afin que Robert puisse voir les sites d'importance dans cette capitale provinciale. On a poursuivi avec une randonnée pédestre dans la partie historique de la vieille ville le long des quais et des entrepôts maritimes réaménagés en restaurants chics, boutique éclectiques et le Musée Maritime de l'Atlantique avec son exposition permanente sur le Titanic. Des survivants de ce naufrage ont été enterrés dans un des plus anciens cimetières d'Halifax.

Pendant notre séjour chez ma sœur, nous avons fait une excursion pour voir quelques belles petites villes dont Mahone Bay avec ses trois églises qui reflètent dans l'eau de la baie en demi-lune, Peggy's Cove avec son célèbre phare et ses rochers plats qui empêchent les vagues d'inonder les rues avoisinantes et Chester avec ses charmantes maisons victoriennes peintes de toutes les couleurs de l'époque.

À Moncton, nous nous sommes arrêtés pour admirer le mascaret avant de passer voir Rolande, une amie de mes années à l'Université de Moncton. En amour avec sa Maryse, elle était resplendissante. On a été bien reçu. Elle rencontrait Robert pour la première fois.

Notre prochain arrêt devait être Caraquet, mais nous sommes arrivés vers 18 h ce qui nous compliquait la vie puisque toutes les chambres étaient louées et il n'y avait plus rien disponible. On nous a donc encouragé de se rendre à Bathurst. Puisque cette ville est à une heure de route de la maison paternelle, nous avons filé jusqu'à Dalhousie pour y arriver à la pénombre.

Un de mes objectifs était de présenter Robert à mon frère George qui vivait avec Ginette et ses deux garçons à quelques kilomètres de chez mon père. D'une sérénité surprenante, George nous a accueillis chaleureusement. Je savais que ses plaies lui faisait mal et ça se voyait, mais jamais qu'il n'en parlait. Ses yeux perçants, si bleus, sont ce que Robert se souvient le plus de lui.

Le début juillet marque le Festival du saumon à Campbellton, une région bien connue pour la pêche au saumon de l'Atlantique. George habitait dans une maison de la rue Arran, où le défilé devait passer. Tous dehors sur la véranda, on a regardé ce défilé qui comprenait des chars allégoriques, des fanfares, des majorettes, des clubs de scouts, des associations de services telles que les Chevalier de Colomb et les Kinsmen et, pour clore cette procession, la voiture dans laquelle on apercevait la Reine du Festival et ses deux duchesses. Tout Campbellton était dans les rues pour voir cette manifestation féerique.

Au début du mois d'août, j'ai reçu un appel de mon père m'informant que George vivait ses derniers jours. Dans un ultime geste de solidarité avec sa partenaire, avant son décès, il a marié Ginette. Une simple cérémonie devant un prêtre et des témoins a eu lieu. George, habillé d'une chemise blanche avec nœud papillon rouge, a épousé sa chère Ginette qui l'avait accompagné durant les années les plus difficiles de sa vie. Elle méritait tous les revenus que cette union pouvait lui procurer. Au salon mortuaire, un des embaumeurs m'a appris qu'on n'avait jamais autant travaillé sur un corps tellement il était décomposé car il ne lui restait que la peau et les os.

La relâche

En septembre 1994, je commençais mon année de congé que j'avais autofinancé en mettant de côté une partie de mon salaire à chaque paye. Ça ne faisait pas le grand bonheur de ma patronne de me laisser partir ainsi, mais elle n'avait aucun choix car l'entente ne pouvait être modifiée et j'avais misé sur le maximum permis par les lignes directrices du programme : une période de cinq ans dont quatre ans de mise de côté et un an de congé.

Je me sentais libre comme l'air et je pouvais faire ce qui me tentait quand ça me le disait. Dans un élan de générosité, j'ai commencé à faire du bénévolat à l'aérogare international d'Ottawa au kiosque d'information pour les voyageurs. J'y voyais une belle façon de donner au suivant car, à maintes reprises, j'avais bénéficié de l'aide d'étrangers qui m'ont orienté lors de mes voyages. Mes quarts de travail à raison de trois heures les dimanches matins entre 9 h et midi me convenaient parfaitement. Pendant que certains allaient à l'église, moi je consacrais ma matinée à faire du bien pour les autres. Je n'aurais jamais pensé que l'altruisme pourrait me faire sentir si bien et si heureux de faire ma part pour les autres.

Pour me désennuyer, j'ai décidé de faire de la suppléance dans les écoles d'Ottawa. Le plus souvent, je remplaçais des professeurs de français langue seconde pour des classes de la maternelle à la sixième année, soit pour le Conseil scolaire des écoles séparées d'Ottawa ou pour le « Ottawa Board of Education ». La réalité en salle de classe avait changé depuis mes années au Gatineau Elementary. Maintenant, il fallait gérer les doses de Ritalin de nos étudiants les plus agités. Je me plaisais d'être de retour dans un environnement familier mais ça me confirmait que j'avais pris la bonne décision de quitter l'enseignement au moment où je l'avais fait. Les conseils de mon directeur, Hank, avaient été perspicaces.

Gay et passionné

Wally avait quitté Gatineau pour Mactaquac au Nouveau-Brunswick, toujours pour le même employeur. Ses appels, moins fréquents qu'auparavant, me donnaient le coup de pouce que j'avais besoin pour prendre une décision difficile ou pour m'aider à voir clair dans une situation embêtante. Il m'a servi de thérapeute pendant des années et j'avais compris qu'il était amoureux de moi, mais le sentiment n'était pas réciproque. Son profond respect envers moi m'a démontré qu'une amitié entre nous était possible.

Une autre amitié commencée en 1982 avec Marie, une collègue de bureau, avait pris un tournant surprenant. Épouse de Rick et mère de deux enfants (Michel et Suzanne), ils m'acceptaient inconditionnellement. Leur relation s'était détériorée au point qu'ils avaient décidé de vivre séparément avec une garde partagée des enfants.

Curieuse de nature, Marie voulait en savoir plus sur l'homosexualité et un soir elle s'est jointe à moi lors d'une danse gay tenue au Centre GO (Gays of Ottawa). Deux mois plus tard, elle m'a annoncé qu'elle pensait être gay, mais qu'elle n'en est pas certaine. Elle avait lu un livre sur la vie gay et se posait mille et une questions. Je l'ai encouragé d'explorer ses fantasmes.

En l'espace d'un an ou deux, quelques relations amoureuses de courtes durées lui ont démontré le degré de difficulté à trouver la bonne personne. Sa persévérance a porté fruit car Ceanna, une fonctionnaire de bonne famille, s'est présentée au bon moment. Emportées par un coup de foudre, nos deux lesbiennes vivaient un rêve inimaginable. J'avais rarement vu deux personnes aussi heureuses. Nous les avons fréquentés souvent durant les premières années de leur relation.

Un de mes objectifs pendant mon année de repos était de voyager. Bien que j'aurais préféré partir avec mon conjoint, Robert n'avait pas la possibilité de s'absenter comme il le voulait. Paris au printemps m'interpellait. Dans une petite auberge trois étoiles de la rue Castex à proximité de l'Opéra Bastille, je me suis installé dans une petite chambre qui me servirait de camp de base pour mes deux semaines dans la ville lumière. L'Auberge Castex, un hôtel du 17e siècle dans le 4e arrondissement, est situé sur la rue Castex entre le Boulevard Henri IV et la rue Saint

165

Antoine qui devient la rue de Rivoli sur laquelle se trouve le musée du Louvre.

Le Marais, dans le même arrondissement que mon hôtel, est le quartier gay de la capitale française. Pour pouvoir y construire, il a fallu assécher les terres. Peu se douterait que cet enclave au cœur de Paris était jadis un grand marais. Aujourd'hui, on y trouve des musées, des églises, des hôtels particuliers, des parcs, des boutiques, des restaurants et des bars. On remarque le drapeau de la fierté en vue dans les vitrines où on cherche la clientèle étrangère. L'atmosphère du Marais est unique. Les rues étroites forcent les gens à marcher près des entrées des commerces ce qui permet de voir à l'intérieur. Certains bars gays ouvrent leurs fenêtres, ce qui encourage les clients potentiels à y entrer.

L'épicentre du Marais est l'intersection de la rue des Franc Bourgeois et la rue Vieille du Temple. Je me suis pavané dans ces rues de long en large. Un bar gay (Le Central) au coin nord-ouest de cette même intersection avec fenestration sur deux côtés est l'un des plus populaires du ghetto. Là, on rencontre non seulement des Parisiens, mais des gays de partout sur la planète. J'y ai fait la rencontre de deux Hollandais, Klaus et Just et un Américain, Hugh. Dans un espace de 400 pieds carrés, il y avait foule presque tout le temps. J'y suis allé à plusieurs reprises car c'était un point de rendez-vous pratique. Tous le connaissaient.

Mes visites ont commencé par Versailles, un camp de chasse pour Louis XIII à ses humbles débuts qui a été entièrement refait par Louis XIV pour devenir le Château de Versailles, sa résidence officielle de 2 300 pièces. Il faut mettre une pleine journée pour tout voir : la Chapelle Royale, le Grand Trianon, le Petit Trianon, le Hameau de la Reine et les immenses jardins avec fontaines toutes différentes les unes des autres. Depuis 1979, ce site spectaculaire, un monument national, fait partie du Patrimoine mondial de l'UNESCO.

C'est dans les musées que j'ai passé la majeure partie de mes journées et j'ai visité une dizaine des plus importants, dont le Louvre et le Quai D'Orsay. Dans l'immensité du Louvre, j'ai croisé mon directeur général, Maurice, qui se baladait seul. C'est au Quai D'Orsay, une ancienne gare ferroviaire, que j'ai admiré les tableaux qui me plaisaient le plus, surtout ceux de la période des impressionnistes.

Une visite à Paris ne serait pas complète sans voir la Tour Eiffel, le Cimetière Père Lachaise (les tombes d'Oscar Wilde et d'Édith Piaf, entre autres), L'Opéra Garnier (l'inspiration pour Le Fantôme de l'opéra), l'Arc de Triomphe et la cathédrale Notre-Dame de Paris. Les Galeries Lafayette et Le Printemps Haussmann, deux magasins à rayons, sont des merveilles à découvrir. La coupole des Galeries Lafayette en armature métallique de style art nouveau avec vitraux néo-byzantin éblouit les clients époustouflés par la grandeur et l'impact visuel. Que d'histoires à raconter à Robert au retour à la maison!

La piqûre des croisières avait commencé en 1993 suite à une conversation avec Wendy, une de mes collègues, qui m'avait vanté les mérites de ce mode de voyages. Intrigué, j'ai fait ma première croisière dans les Caraïbes comme le font la plupart des gens. Les raisons qui motivent ce choix incluent le coût abordable et le calme des mers. Ayant une phobie de l'eau et ne sachant pas nager, j'ai pris mon courage à deux mains pour entreprendre l'expérience initiale. Wendy m'avait convaincu que les stabilisateurs réduiraient les mouvements du navire si jamais on se trouvait en mer agitée.

Enchanté de mon séjour sur un paquebot, je n'ai cessé d'en parler pendant des mois. J'ai récidivé l'année suivante toujours aussi satisfait de mon expérience maritime. Chaque compagnie de croisière pousse très fort pour que les anciens clients continuent de voyager sur leurs navires. Des feuillets d'information, des courriels de vente et des catalogues de croisières inondent, surtout à l'automne et au printemps lorsque les décisions de voyage se font habituellement. Mon amie Marie semblait fascinée par ce type de voyage, mais sa situation financière ne lui permettait un tel luxe. Une vente (deux pour un) annoncée pendant les mois d'été par Holland America m'a inspiré à offrir à Marie un voyage sur le Westerdam pour une croisière de sept jours dans les Caraïbes de l'est à partir de Fort Lauderdale.

À cinquante pour cent de capacité, nous n'étions pas nombreux, sauf qu'on nous a entassés avec sept autres

167

croisiéristes à une grande table pour les soupers dans la salle à manger. Hormis ce désagrément, le voyage s'est bien déroulé. L'itinéraire incluait des arrêts dans les îles de Saint-Martin, Saint-Thomas et les Bahamas. Une grève du personnel de la salle à manger le dernier soir de la croisière a forcé la gestion à nous offrir un buffet autour de la piscine, ce qui en fait rire plus d'un.

Ce que Marie et moi avons trouvé moins drôle, c'est le quasi-esclavage des Philippins et des Indonésiens qui travaillent d'arrache-pied du matin au soir pour des salaires de crève-fin, immobilisés dans des contrats de service pendant six à neuf mois.

Rochers rouges du désert

En mars 1995, j'ai appris du décès de mon ami David de Dalhousie qui habitait Montréal avec son conjoint Chris. On ne s'était pas visité souvent mais la dernière fois que je l'ai vu avant sa mort, il m'avait parlé de sa relation ouverte avec son conjoint et de leurs pratiques sexuelles risquées. Même si j'avais voulu intervenir, je savais que mes propos tomberaient dans l'oreille d'un sourd. De toute façon, qui suis-je pour dire aux autres comment vivre leur vie? David est mort le 5 janvier, le même jour que décédait Jim, un agent de bord de la compagnie aérienne Canadien Pacifique que j'avais rencontré lors d'un vol entre Ottawa et Halifax. Chris, le conjoint de David, l'a suivi dans la tombe moins d'un an plus tard. Avec toutes ces mortalités reliées au SIDA, la catastrophe ne nous lâchait pas.

Notre ami Jim nous avait parlé de Sedona en Arizona comme étant un endroit mythique, un lieu de recueillement spirituel en raison de la toponymie irréelle des rochers rouges comme la couleur de la terre à l'Île-du-Prince-Édouard. C'était dans cet environnement exceptionnel que lui et Michael avaient échangé des vœux les unissant pour leur vie de couple qui a malheureusement été écourtée par le SIDA. Intrigué par ces descriptions hallucinantes, j'ai entrepris des recherches pour en connaître davantage sur cette petite ville, au sud de l'entrée au Grand Canyon. En quelques jours, j'ai fait le tracé d'un voyage en voiture à partir de Las Vegas que j'entreprendrais à la fin février. Arrivé dans la capitale mondiale du jeu, je m'y suis arrêté pour trois jours, le temps de voir le grand boulevard des casinos. Dans mon véhicule loué, je suis parti en direction du Barrage Hoover au Nevada et ensuite vers Flagstaff en Arizona. Le paysage désertique avec ses cactus, ses rochers rouges et ses pins vous coupent le souffle. Arrivé à Sedona vers l'heure du midi, j'arrête la voiture pour admirer la ville de loin et j'ai les larmes aux yeux tellement le portrait est magnifique. Une récente neige blanche orne les rochers rouges sous un ciel bleu vif et sans nuage. Ce tricolore me rappelle mes racines acadiennes et françaises.

De peine et misère, je me suis rendu à l'entrée du Grand Canyon sur des routes glacées. Il faisait très froid et je n'étais pas habillé assez chaudement pour y rester longtemps. J'ai quand même vu l'immensité de ces paysages indescriptibles. Je comprenais pourquoi les touristes s'amènent de tous les coins du monde pour contempler cette merveille naturelle.

De Sedona, je me suis rendu à Phoenix, dans cette capitale qui n'a rien de très intéressant. Après avoir fait un tour de ville rapide, les édifices historiques gouvernementaux m'ont confirmé qu'il y avait peu de chose pour capter mon intérêt. Sur un coup de tête, j'ai rembarqué dans la voiture et je me suis dirigé vers Palm Springs en Californie, au cœur de la vallée Coachella, un endroit dont on parle beaucoup dans les guides touristiques américains. Cet oasis du désert de Mojave fut pendant l'après-guerre le refuge des stars d'Hollywood. Aujourd'hui, la capitale du glamour est devenue le paradis du golf. C'est également un endroit de villégiature qui attire la communauté LGBTQ. Nombreux sont les Américains gays qui passent leur hiver à Palm Springs ou dans les villes avoisinantes de la vallée telles que Cathedral City, Rancho Mirage, Palm Desert et Indio.

En haute saison, sans réservation, j'ai trouvé une chambre quasi-acceptable au cœur de la ville. J'étais mort de fatigue. Le lendemain matin, le soleil intense brillait dans ma chambre. J'ai ouvert la porte pour m'apercevoir que les montagnes arrivaient au pied de la ville, coupées presqu'à 90 degrés. Il n'y avait que deux ou trois rues entre le motel où je logeais et le pied de la montagne.

En parcourant les rues, j'ai découvert les deux artères principales (Palm Canyon et Indian Canyon). Construit sur un plan quadrillé, on se retrouve facilement. Des haciendas de style colonial espagnol et des maisons modernistes forment la richesse architecturale de cette ville figée dans le temps. On est à la mode du vintage bien avant que ce courant ne devienne populaire ailleurs en Amérique du Nord.

Quel paradis! Des gays partout, partout!

Gay et passionné

Ce qu'on remarque ici et ce qui m'a étonné le plus, c'est le grand nombre de gays âgés qui sortent dans les bars et dans les restaurants, seuls ou en groupe. Au Canada, il est plutôt rare de voir les gays d'âge avancé dans les boîtes de nuit. Tout semblait être axé vers la jeunesse.

Un soir dans un restaurant bondé, j'ai offert au maître d'hôtel de partager une table avec un autre client. Illico, on m'a assis avec Michael, un vendeur de Seattle. La conversation commençait lentement avec des plaisanteries et les raisons pour lesquelles on se trouvait dans cette ville. Trois heures plus tard, on nous a demandé de quitter parce qu'ils voulaient fermer le resto. On ne s'étaient pas rendu compte que la place s'était vidée. Après s'être raconté nos vies, nos croyances, nos rêves, on s'est dit adieu avec la promesse de garder contact, ce qui a été fait pendant presqu'un an.

Naissait le 1er août 1996, Alexandre, le deuxième fils de mon frère Daniel. Cette date avait une importance pour moi car c'était le jour de naissance de mon défunt frère George. J'y voyais un signe du ciel, une récompense pour une perte précoce. Qu'allait-il devenir ce petit bout de chou? Connaîtrait-il les hauteurs d'un Alexandre le Grand de Russie?

Il y avait longtemps que je n'avais pas vu mon cousin Michel et son conjoint Bernard qui vivaient à Québec. Je voulais leur présenter Robert et en même temps visiter ma tante Annette, la mère de Michel, qui habitait dans un foyer de la même région. Michel et Bernard en étaient à leur 24e année de vie conjugale, un record à l'époque. Ils se sont connus pendant que Michel poursuivait sa formation à Québec pour devenir infirmier. Des relations gays de longues durées étaient l'exception à la règle. Leur histoire nous permettait de croire qu'on pourrait nous aussi être en couple pour de nombreuses années. Tante Annette, ouverte à l'homosexualité depuis longtemps, aimait bien Bernard et leur donnaient l'encouragement dont ils avaient besoin.

Des soupers au Club de golf Rivermead ont été, pendant que Bob était membre, un plaisir inouï. On y allait pour célébrer les grandes occasions comme la fête de la mère de Robert en septembre. Et on en profitait pour

171

souligner mon anniversaire de naissance deux jours plus tard. Dans un décor à la fois sobre et élégant, avec un service digne des meilleurs restaurants de la région, ces soirées permettaient à Liette de jaser avec sa famille au lieu d'être occupée à faire le service de table. Nos petites chinoises adoraient ces sorties chics. Elles commandaient chacune un Shirley Temple, le drink des jeunes demoiselles.

Deux connaissances à la Direction générale des recours, John et André, m'ont aidé à me préparer pour une rencontre éventuelle avec le directeur général, Gilles. Pour vendre ma salade, je devrais démontrer une capacité à accomplir une variété de tâches en dépit du fait que je ne connaissais presque rien au travail d'un tribunal administratif. En demandant une affectation temporaire, il aurait le temps d'évaluer si j'avais le potentiel pour être un membre du Tribunal. Ma patronne, Sheila, m'appuyait dans cette démarche ce qui faciliterait l'élaboration du protocole d'entente entre les directions générales.

J'ai pris mon courage à deux mains et j'ai téléphoné Gilles pour lui demander une rencontre. Je lui ai suggéré qu'on pourrait aller prendre un café. Lorsque je lui ai raconté mon désir de travailler dans sa direction générale, sa réaction immédiate m'indiquait qu'il était intéressé. Plus je m'expliquais, plus il comprenait ce que je pouvais contribuer à son organisation. À l'issue de notre rencontre, il m'a dit qu'il y penserait et qu'il me reviendrait.

André avait été embauché un an auparavant et son expérience de travail était semblable à la mienne. Il m'avait encouragé en me disant qu'on me donnerait une formation sur place et possiblement un cours destiné à tous ceux qui siègent aux tribunaux administratifs. Selon lui, cette formation structurée en valait la peine.

À la 8ᵉ édition du Festival de montgolfières de Gatineau, Robert et moi avions accès à la tente VIP grâce à Bob qui était maire de la ville. J'étais conscient que notre présence pouvait déranger et, dans la mesure du possible, je m'assoyais au fond pour éviter les regards de certains qui devaient se demander qui j'étais et quel était mon lien avec les autres dans cette section de prestige? Mes comportements devaient être sans reproche. Nous ne pouvions risquer aucune marque d'affection qui aurait pu vendre la mèche. On s'habitue à se camoufler, mais à la longue, ce double standard devient irritant. Par contre, on le faisait par respect pour nos proches. Verrions-nous le jour d'une plus grande ouverture d'esprit?

Orphelin à 45 ans

Aucun membre de notre famille n'aurait pu croire que notre père aurait survécu à notre mère pendant plus de 13 ans. Ses dernières années passées au Foyer des personnes âgées de Dalhousie n'ont pas été les plus belles de sa vie puisqu'il était branché à une bonbonne d'oxygène. Son emphysème, causé par l'usage excessif du tabac pendant plus d'un demi-siècle, lui compliquait la vie. Deux ans auparavant, la maison paternelle et sa voiture avaient été vendus et il avait fait ses arrangements funéraires à l'avance pour nous épargner des casse-têtes. Il est parti paisiblement le 23 octobre 1997.

Gilles avait tenu promesse et il m'a convoqué à son bureau pour m'offrir un job dans sa direction générale. Puisqu'il n'avait pas de poste à mon niveau (4), il m'offrait une promotion temporaire pour une durée de quatre mois. On ne m'aurait pas laissé partir pour une affectation à mon niveau pour une période aussi courte, mais la nomination intérimaire avait joué en ma faveur et ma patronne Sheila acquiesça sans broncher. Mon bureau fermé, mon premier au gouvernement fédéral, était voisin de celui d'André, mon nouveau collègue et collaborateur qui m'a dépanné à maintes reprises.

Claude, un cousin de Bob et sa conjointe Frances, de bons amis des parents de Robert se voyaient souvent. Couple sympathique, je les avais rencontrés lors du party du Jour de l'An. Robert m'avait raconté que leur fils Benoit était gay. À notre insu, lors de soupers au resto, les deux couples discutaient d'homosexualité. Les idées arrêtées de Bob faisaient sursauter Frances dont les opinions ne pouvaient pas être plus opposées aux siennes. L'influence de Claude et Frances sur Bob et Liette s'est faite lentement mais sûrement. Pas du genre à se laisser marcher sur les pieds, Frances n'a jamais eu peur de confronter Bob et, de façon respectueuse, elle le contredisait avec doigté et rectitude. Ce n'est que beaucoup plus tard qu'on apprendrait à quel point leurs plaidoiries nous avaient aidés.

Pat, l'ami de Claudette qui nous avait accueillis à Tampa en décembre 1975, et sa conjointe du même nom, nous ont invités à leur chalet au Lac Otisco au sud-ouest de Syracuse dans l'État de New York. Situé au cœur de paysages bucoliques, cette région est aux antipodes de « la ville qui ne dort jamais ». Un des cinq lacs des Finger Lakes, le lac Otisco, en parallèle avec le lac Skaneateles, s'étend en direction sud-est. Charmante ville de campagne, Skaneateles est un centre de villégiature et de ravitaillement pour les vacanciers des Finger Lakes. Grâce à la profondeur de ses lacs en forme de doigts, creusés par le passage des glaciers, la région bénéficie d'un microclimat propice à la culture du raisin.

Les deux Pat nous ont reçus comme des rois : balade sur le lac en ponton, méchouis, visite guidée de Skaneateles, etc. Le samedi soir, après le souper, je m'occupais à laver la vaisselle lorsque j'ai entendu Robert me crier, « *Charles, viens m'aider* » Pat était en train de nous quitter. Robert la retenait pour l'empêcher de tomber. On ne voyait que le blanc de ses yeux. Sa conjointe Pat, était sur le lac et ne s'était pas aperçue de la situation précaire dans laquelle l'autre Pat se trouvait. En revenant lentement vers le chalet, elle a vu ce qui se passait. Toutes deux des ferventes de l'Église de la science divine, il n'était pas question d'hospitalisation. Les voisins sont accourus, mais les Pat ne voulaient pas d'aucune aide.

Au bout d'une vingtaine de minutes, Pat a repris connaissance. Assises dans le chalet à se réconforter, on les a laissées en paix. Durant une longue balade à pied, Robert m'a avoué qu'il avait eu un rêve prémonitoire. Ébranlé par cette expérience, nous avons décidé de partir le même soir. J'en apprenais encore sur mon conjoint huit ans après notre rencontre. J'admirais le sang-froid qu'il avait démontré pendant qu'il s'occupait de Pat et, à sa place, je n'aurais peut-être pas eu la capacité d'en faire autant.

Un voyage à Provincetown en juillet, ça se prend bien. Tous les gays de l'est des États-Unis se donnent rendez-vous dans ce village enchanteur à la pointe du Cap Cod.

Plus on se rapprochait de notre destination, plus la circulation était dense et au ralenti. Mais avant de franchir le pont rejoignant la terre ferme et la péninsule du Cap Cod, on s'est arrêté à Wallingford pour saluer Jim. Ses parents attendaient patiemment notre arrivée, tellement ils avaient hâte de nous revoir et ils étaient heureux que nous gardions des liens avec leur fils. Ils nous ont pris dans leur bras en signe de bienvenue. Ensuite une immense assiette de crevettes était déposée au centre de la table à café, un verre de vin nous a été servi et la conversation coulait dans tous les sens.

Plus tard, seul avec Jim dans un resto italien, il nous a fait part des difficultés auxquelles il faisait face. Il avait été bien malade, perdu trente livres, mais il s'en était sorti presqu'indemne. Pour quelqu'un qui avait frisé la mort, il faisait preuve d'un courage de guerrier.

En 1997, la France recevait 60 millions de touristes étrangers et nous en faisions partie. Le frère de Liette, Robert, et sa femme Patricia, nous avait persuadés de faire un tour de France en autocar avec eux. Le voyage de trois semaines organisé par Vacances Esprit commençait et se terminait à Paris. Dans le sens contraire des aiguilles, nous avons fait une tournée complète du pays en passant par les endroits les plus touristiques. Notre guide national, Fabia, une dame d'une compétence exceptionnelle, nous a accompagnés tout au long du trajet.

Nos journées bien remplies, on s'écrasait chaque soir dans nos chambres complètement vidés de nos énergies emmagasinées la nuit précédente. On vivait un rêve puisque depuis mon enfance, j'avais rêvé de voir la France. À Saint-Jean, dans sa cuisine, Béatrice, la tante de Normand, avait une immense affiche du Mont-Saint-Michel. Lorsqu'elle avait remarqué mon intérêt, elle m'avait raconté sa visite au Mont. J'étais immédiatement accroché et je me promettais d'aller voir ce que la tante Beatrice avait vu.

Et voilà qu'au troisième jour de notre voyage, on se rendait au Mont-Saint-Michel pour y passer la nuit. Une belle surprise nous attendait. Tous les soirs, le monastère au sommet du Mont reçoit les visiteurs qui y circulent de façon linéaire au son de musique sacrée et dans un parcours précis éclairé de plusieurs façons. Tous circulent en silence comme s'il s'agissait d'une retraite spirituelle. Les jeux des ombres et de la lumière jumelés aux mélodies religieuses offraient une expérience envoûtante, un élixir mystique, une paix harmonieuse, une joie enivrante.

Des châteaux de la Loire en passant par Saint-Malo, de Carcassonne à Saint-Paul de Vence, de Cognac à Dijon, de Cannes à Nice, il y en avait pour tous les goûts. Des dégustations de vins, cidres, cognacs, champagnes, macarons, croissants, chocolats offerts dans des décors rustiques étourdissaient. Le succès de ce voyage avec Robert et Patricia ouvrait la porte pour repartir encore avec eux.

Des audiences à l'extérieur d'Ottawa obligeaient le personnel de la Direction générale des recours à se rendre sur place. J'ai pris plaisir à aller entendre des causes au Nouveau-Brunswick, ce qui me permettait d'aller voir parents et amis. Lors d'un de mes voyages, je me suis rendu à Charlo pour voir tante Aline et oncle Adolphe. La cadette de la famille, Aline, était la seule personne à qui ma mère se confiait. Elles n'avaient aucun secret.

Je me suis arrêté chez Méa, la mère de Normand. Elle était tellement surprise et contente de me voir. Avec moi, elle pouvait parler des années difficiles qu'elle avait vécues à Ottawa. On s'est remémoré les beaux moments comme les épisodes difficiles. Les larmes nous coulaient sur les joues et ça faisait du bien de se revoir. Elle avait entendu parler de Robert et voulait le rencontrer. Je lui ai promis qu'on passerait la voir l'été suivant. Normand était décédé depuis presque dix ans et son mal était toujours présent. En me voyant, elle pensait à Normand.

L'ouverture du salon d'esthétique de Louise marquait un moment bien spécial pour elle et sa famille. Les parents de Robert étaient fiers de leur fille, fiers qu'elle avait fait un pas important en ouvrant son propre commerce après une période d'études intensives à Montréal. J'avais joué un rôle très mineur dans ce succès puisqu'on m'avait consulté pour la décoration du studio, une petite contribution qui démontrait mon désir d'aider, de faire ma part pour le bien d'un membre de la famille de mon conjoint.

Robert et moi avons reçu un soutien inattendu de sa grand-mère maternelle qui avait insisté pour que je sois présent dans les rencontres de famille chez elle. Pour Robert et moi, cet encouragement discret valait son pesant d'or. Ses actions en disait long sur ses croyances égalitaires et envoyaient de forts messages à quiconque nous voudrait du mal. Sa vie se centrait sur le bonheur de ses enfants et petits-enfants et personne n'aurait osé la contrarier sur ses valeurs.

Une célébration en son honneur fut organisée dans un restaurant de Gatineau pour souligner son anniversaire de naissance. Les présences publiques commençaient à m'inquiéter. Robert m'a rassuré que nos comportements exemplaires suffiraient pour faire taire les mauvaises langues. Ce faisant, il n'y aurait aucune répercussion négative. Je me fiais à son jugement.

Des réunions de familles

Qui aurait pensé qu'une tempête de verglas paralyserait une ville entière ? C'était du jamais vu dans notre région et presque toute la population a été touchée par un manque d'électricité en plein hiver. Épargné de cette catastrophe au centre-ville d'Ottawa, on s'inquiétait des parents de Robert qui, grâce à une génératrice et deux foyers au bois, ont réussi à demeurer dans leur maison pendant de longues journées. Je constatais ce côté ingénieux de la famille de mon conjoint que je trouvais impressionnant.

À la vente des avoirs de mon père avant qu'il ne soit placé dans un foyer, les argents accumulés avaient été distribués équitablement et chacun de nous, ses enfants, avait reçu sa part. Ça ne représentait pas un montant faramineux. Mes parents se situaient dans la classe moyenne et avec six enfants, tous les revenus y passaient. Ce petit magot avait été mis de côté dans l'espoir qu'il servirait à financer un projet spécial.

L'idée d'acheter un chalet me trottait dans la tête depuis un certain temps parce qu'on étouffait en ville pendant la période estivale. La recherche d'un chalet abordable est demeurée infructueuse pendant longtemps. Juste au moment où j'étais sur le point d'abandonner, j'ai lu les annonces classées sur l'Internet et j'ai trouvé une propriété à un prix dérisoire. Tante Patricia nous a servi d'agent d'immeuble et, avec elle, on est allé visiter un chalet à Saint-Pierre-de-Wakefield. Notre rendez-vous était prévu pour 16 h un vendredi. Anticipant que nous aurions faim, j'avais apporté une glacière dans laquelle j'avais déposé une bonne bouteille de vin, du fromage et des craquelins.

Notre visite pour l'inspection de cette propriété delaissee depuis un certain temps a eu lieu au début juin. Ce site enchanteur sur une petite péninsule du Lac McMullin faisait en sorte que les chalets des voisins n'étaient pas visibles, cachés par des haies de cèdres de neuf pieds. L'intimité du terrain créée par ces divisions naturelles nous plaisait beaucoup. Le seul hic évident, c'était les fosses qu'il faudrait faire inspecter par un professionnel.

La pièce de résistance était, sans contredit, le solarium à l'entrée du chalet et c'est là que nous nous sommes assis pour discuter de l'acquisition de cette propriété. Après avoir fait le tour de la question, je me suis excusé pour aller chercher la glacière dans la valise de l'auto. Surpris, Robert et Patricia n'avaient aucune idée de ce que j'avais planifié, mais quand ils ont vu les victuailles, il n'y avait point de refus.

Assis dans le grand fauteuil berçant, j'admirais le paysage dans lequel ce lopin de terre se trouvait et, plus je regardais, plus ça me faisait penser aux collines ondulantes de la Baie-des-Chaleurs, plus je me sentais chez moi dans ce petit paradis. Ma décision était prise. Robert a insisté pour qu'on demande à Bob de venir faire une inspection, lui qui avait construit de nombreuses maisons et qui s'y connaissait bien. Advenant un rapport positif, j'étais prêt à faire une offre d'achat. En doublant le montant que j'avais hérité de mon père, je pouvais m'acquitter de la dette sans hypothèque. Le 27 juin 1998, je devenais propriétaire du 24, chemin McMullin. Marie et Ceanna furent les premières invitées au chalet.

Puisque nous avions réservé un studio à Provincetown, nous avons loué notre chalet et sommes partis pour une dernière vacance au Cap Cod. Au passage, nous nous sommes arrêtés pour une courte visite à Osterville où Jim et son nouveau conjoint, Conrad, habitaient. Nous avons ensuite filé en direction de notre beau village portugais au bout de la péninsule.

Comme à l'habitude, j'avais réservé le studio numéro 4, le dernier de la rangée. Large de huit pieds et 15 pieds de profond, un escalier attaché au mur de droite donnait accès à l'étage où il y avait un grand lit, une commode et un petit lit. L'espace contiguë ne dérangeait en rien car on passait notre temps sur la terrasse devant le studio ou à la plage ou encore à marcher la rue Commercial qui s'étendait sur plusieurs kilomètres. À l'entrée du chalet, il y avait une table et quatre chaises, un petit frigo, une cuisinière au gaz et un comptoir en métal muni de l'évier. Sous les escaliers se trouvaient des tablettes pour entreposer la nourriture. Au fond, un lavabo et une douche.

Une routine s'était installée avec le temps : déjeuner tardif, café sur la terrasse avec les voisins (souvent des Italiens du New Jersey), lunch sur la terrasse, après-midi à la plage, retour de la plage vers 15 h 30, l'heure de la toilette, 16 h 30 départ à pied en direction du Boatslip pour la « Tea Dance », souper au resto ou au studio et randonnée postprandiale sur la rue Commercial pour dégonfler après un repas copieux.

Deux jours après notre arrivée, une belle visite surprise de Jim et Conrad à l'heure du cocktail nous a donné des moments inoubliables. Robert et moi avions déjà pris un verre ou deux et la fête était déjà bien commencée. Lorsque nos amis sont arrivés, Robert était à l'étage en train de se changer. Il tardait à descendre pour saluer nos amis, mais tout d'un coup, un show s'annonce. Au son d'une musique de séduction, il nous apparait dans l'escalier dans son speedo rouge vif avec une rangée de « poms-poms » couleur crème au cou, une autre qui faisait le tour des hanches et une sur chaque poignet. Inutile de dire qu'il a bien fait rire les gars. Ces « poms-poms », un restant de rideaux confectionnés par la propriétaire Tillie, avaient été laissés dans un des tiroirs de la commode.

Fils de marin, j'aime la mer, mais en dépit de ma phobie de l'eau, j'ai le pied marin. Mes croisières me l'avaient confirmé. De son côté, Robert était convaincu que le mal de mer l'empêcherait de voyager par paquebot. Pendant notre séjour à Provincetown, une tournée en haute mer pour voir les baleines s'est avérée très agitée. Le bateau brassait d'un bord et de l'autre alors que Robert se promenait sur le pont sans problèmes. Cette expérience a confirmé qu'il avait suffisamment le pied marin pour faire une croisière parce que les stabilisateurs des gros navires garantiraient un balancement moins prononcé que les petits bateaux de plaisance.

En quittant le Cap Cod, on s'est dirigé vers Bar Harbour au Maine pour prendre un traversier catamaran haute vitesse vers Yarmouth en Nouvelle-Écosse, un trajet qui prend deux heures trente. En suivant la route

Évangeline, nous nous sommes arrêtés dans certains sites acadiens notamment Church Point, Fort Anne, Port Royal et Grand Pré, d'où les Acadiens ont été déportés en 1755. En recherchant les noms des familles expulsées, on a trouvé la famille de ma mère « Mazerolle dit Saint-Louis » et la famille de Robert « Guildry dit Labine ». J'avais toujours eu l'impression que Robert me narguait quand il me disait qu'il était aussi de souche acadienne, mais voilà que j'en avais la preuve.

À Halifax, on a été reçu par Claudette et Marie. Pendant notre séjour, nous sommes allés à Crystal Beach, une plage nudiste pour rencontrer Richard, mon copain d'Antigonish, et son nouveau conjoint Fred, un affable francophone de la région de Digby en Nouvelle-Écosse. L'amour entre ces deux personnes se voyait à l'œil nu et j'en étais bien content étant donné que ma relation avec Richard s'était terminée en queue de poisson. La plaie s'était prodigieusement réparée.

C'est à la Forteresse de Louisbourg au Cap Breton, une reconstruction gigantesque d'un village français sur le site même de l'emplacement original que Robert en a eu plein les yeux. Connu sous le nom de Port L'Anglois, cet endroit historique érigé sur les fondations d'époque suite à des fouilles archéologiques remonte à 1713. Renommée en l'honneur de Louis XIV, cette construction a été une des plus dispendieuses fortifications européennes en Amérique du Nord. Dans les années 60 et 70, ce projet du gouvernement fédéral visait à donner du travail aux mineurs qui avaient perdu leur emploi dans les mines de charbon du Cap Breton. Ce musée vivant représente un quart du village initial et compte 65 grands bâtiments et 20 petits bâtiments qui ont été restitués dans leur apparence originale.

Notre périple s'est poursuivi avec le tour complet du Cap Breton s'arrêtant pour une nuitée à Chéticamp, une des villes acadiennes les plus prospères. De retour sur la terre ferme de la Nouvelle-Écosse, on s'est arrêté à Antigonish pour voir où j'avais habité au début des années 70 alors que je travaillais à la CIBC. Nous en avons profité pour admirer l'agrandissement du campus universitaire Saint-François-Xavier, l'endroit où j'avais travaillé. Avant de quitter les Maritimes, on a fait un saut à l'Île-du-Prince-Édouard pour visiter Charlottetown, le berceau de la civilisation canadienne où les Pères de la Confédération ont signé la proclamation déclarant le Canada un pays souverain. On s'est ensuite rendu sur la côte acadienne dans la partie ouest de l'île, là où se trouve le Musée d'Angèle Arseneault.

La réunion annuelle familiale avait lieu à Fredericton et en chemin, on fait un petit détour pour aller saluer Rolande et sa nouvelle copine, Sylvie, à Moncton. Du café et des biscuits-maison nous attendaient dans le jardin, ce qui fut une très belle rencontre.

Rares étaient les fois où tous les membres de la famille, sans exception, étaient présents pour une rencontre de famille. Il ne nous manquait que Laurie, la plus jeune des filles de mon frère Paul. On soulignait le deuxième anniversaire de naissance d'Alexandre qui en avait seulement pour Barney, ce nouveau personnage des bandes animées. Nous gardions notre tradition d'un souper d'homards et, pour comble, Robert nous a tous surpris en mangeant, à lui seul, un homard complet.

Une réunion du clan Mazerolle de l'Amérique du Nord avait été organisée à Rivière du Portage, lieu de naissance de ma mère. Environ 300 personnes étaient rassemblées, ce qui a permis à Robert de rencontrer plusieurs de mes cousins et cousines dont bon nombre d'entre eux que je n'avais vu depuis très longtemps. C'est mon cousin Robert, fils d'Elzéar, qui nous a surpris le plus par son accueil chaleureux, car l'homosexualité ne l'avait jamais dérangé. Comme d'habitude, c'est avec Aline, Adolphe et leurs filles (Johanne, Lise et Natalie) qu'on a passé le plus de temps.

Au début septembre, un collègue gay du bureau de Montréal, Christian, est venu nous visiter au chalet et avec lui, sa nouvelle conquête, Paul, qui était originaire de la région de Moncton, mais qui vivait présentement à Ottawa. Bien que Christian était originaire du même coin du Nouveau-Brunswick que moi, je ne l'avais jamais rencontré avant une réunion ministérielle à Ottawa où il représentait les intérêts des fonctionnaires de la CFP à Montréal. On s'est rapidement lié d'amitié, en partie puisque nous avions des amis en commun. La rencontre fortuite de Paul a signalé un début d'une belle amitié qui perdure jusqu'à nos jours, bien après la fin de sa relation avec Christian. Nous le considérons comme un grand ami.

Le 14 octobre 1998, Robert perdait sa grand-mère maternelle, la dernière de ses grands-parents. On ne s'y attendait pas. J'avais appris à la connaître et je l'aimais bien. Très jeune, elle avait perdu son mari et avec l'aide des plus vieux, elle a élevé une famille de deux filles et six garçons. Habile de ses mains, elle confectionnait des vêtements et créait des œuvres artisanales avec presque rien. Son appui inconditionnel constituait sa griffe.

Impossible d'éviter d'être en vue, j'ai assisté aux obsèques à Saint-René-Goupil en espérant ne pas attirer l'attention des curieux. C'était une des premières fois qu'on me voyait en public avec la famille de Robert. Toutefois, je n'étais pas à ses côtés car il était porteur. Avec le départ de cette grande dame, le flambeau passait à Liette, la mère de Robert qui s'est toujours souciée de la cohésion de la famille.

Un été au chalet

Le chalet est rapidement devenu notre centre d'intérêt et le lieu privilégié pour accueillir parents et amis. La famille de Robert s'y plaisait ne refusant que très rarement une invitation à venir passer du temps avec nous dans notre havre de paix. Une tradition s'est installée dans les premières années et le brunch de la fête des pères se faisait au chalet, une coutume que Bob appréciait particulièrement car il aimait bien notre site privé. Plus tard, ce sera la fête de Mélanie qui alternera entre la ville et le chalet.

Le cercle d'amis d'enfance de Robert incluait une personne qui vivait à l'extérieur de la région, mais que je n'avais pas encore rencontrée. Son père, un officier d'une banque, avait été muté dans la région de Montréal et la famille avait résidence à Brossard. Robert n'avait pas vu Marilou (pas son vrai nom) depuis 10 ans et je l'ai donc encouragé à prendre contact avec elle pour l'inviter au chalet, une invitation qu'elle a acceptée sans hésitation. Ces retrouvailles, remplies de beaux souvenirs, ont marqué le début d'un retour de Marilou dans la vie de Robert et pour moi, c'était le commencement d'une belle amitié.

Pendant son premier séjour au chalet, on avait invité Manon (une autre amie d'enfance de Robert) à venir partager un repas avec nous. Je rencontrais Manon pour une première fois. Avec les plats cuisinés à l'avance par Marilou, on s'est régalé comme des rois. On a eu tellement de plaisir qu'on s'était promis de récidiver à la première occasion.

À la fin de mon congé autofinancé en septembre 1995, j'avais décidé de continuer à mettre des sous de côté pour un second congé, cette fois pour une période de huit mois, ce qui me prendrait moins de temps à accumuler le capital. Je pourrais donc prendre mon congé en septembre 1999. Contrairement aux voyages et repos du premier congé, mon objectif cette fois, serait de déterminer si mon idée de démarrer mon entreprise faisait du sens. Étant donné que mes clients seraient des ministères fédéraux, j'ai dû obtenir une permission spéciale de la présidente de la CFP qui me l'a autorisée à condition que je n'accepte aucun contrat qui pourrait me placer en conflit d'intérêt lors de mon retour au travail.

Mon amie, Diana, déjà à son propre compte, avait des clients pour lesquels elle n'avait ni le temps, ni la capacité de rencontrer leurs besoins et elle se ferait un plaisir de me les référer. C'est ainsi, grâce à elle, que j'ai commencé mon service de consultation en ressources humaines, « HR Spectrum ». Cette avant-première me donnait le goût de travailler de façon autonome en acceptant ou en refusant les mandats selon mes désirs et mes disponibilités. J'étais lié à la fonction publique et, en mai de l'année suivante au terme de mon congé, je retournais en fonction pour les deux dernières années de ma carrière. Pour profiter du transfert du fond de pension, je devais démissionner au plus tard à la mi-septembre de l'année 2002.

À l'automne 1999, Robert et moi avons fait un voyage éclair en autocar à New York. Une compagnie locale organisait des excursions de quatre jours dans les grandes villes américaines. Les forfaits raisonnables attiraient une bonne clientèle heureuse de faire voyage avec un accompagnateur chevronné. Notre hôtel, à Rutherford situé du côté du New Jersey où il n'y avait rien de spécial à découvrir et loin du centre de Manhattan, n'était pas dans un endroit facile d'accès et limitait les sorties le soir. C'était le plus grand désavantage. J'aurais préféré un hôtel au centre-ville, mais le forfait en aurait coûté le double.

L'itinéraire comprenait un tour de ville avec une narration de quatre heures et une mini-croisière pour se rendre à l'île Ellis et à la Statue de la Liberté construite en France de cuivre patiné, un cadeau des Français pour souligner le centenaire de la Déclaration d'indépendance des États-Unis. De retour sur la terre ferme, on est monté au sommet de l'Empire State Building, le premier gratte-ciel de New York. De style art déco avec ses 102 étages, complété en 1931, il a été pendant 40 ans, le plus grand édifice au monde.

Dans nos temps libres, on est allé magasiner chez Macy's. Avant de repartir pour Ottawa, on a eu l'occasion d'observer un défilé coréen sur Broadway et une parade polonaise qui déambulait sur la 5ᵉ Avenue.

À son grand bonheur, Bob a été réélu dans ses fonctions de maire de Gatineau en novembre. Robert, Louise et André continuaient à gérer les entreprises familiales au quotidien. La vente des terrains et le développement de l'Orée-des-bois les occupaient. Pendant que Bob était en politique, Robert et moi évitions de se faire voir ensemble à Gatineau. Il valait mieux passer inaperçu plutôt que d'attirer les commentaires négatifs des opposants du maire.

La tradition des soupers de famille du dimanche soir battait son plein. La mère de Robert m'avait dit qu'il n'était pas nécessaire d'apporter une bouteille de vin puisque leur cave-à-vin était bien stockée. Les petits-enfants amusaient la famille tant elles étaient animées et curieuses d'apprendre tout ce qu'on pouvait leur enseigner. Aussi différentes l'une de l'autre, Mélanie se distinguait par son côté dramatique tandis qu'Evelyne se repliait sur elle-même, envieuse de sa sœur aînée qui semblait pouvoir entreprendre n'importe quoi sans crainte. L'amour omniprésent des grands-parents se manifestait à tout moment par des caresses, par des gestes d'affection et par de tendres mots à leur égard. Elles passaient autant, sinon plus de temps, chez Grand Pou-Pou et Grand-Maman qui ne manquaient pas de les chouchouter.

À notre tour de les gâter, et peut-être de les influencer vers le monde artistique, une soirée au Centre national des Arts pour découvrir le ballet Casse-Noisette n'a pas eu l'effet escompté. Étaient-elles trop jeunes pour apprécier ce genre de spectacles?

Les sorties de veille du Jour de l'An, sur la colline parlementaire dans un froid Sibérien, n'avaient jamais gagné notre faveur. On préférait rester à la maison pour visionner les émissions de télé bien connues telles que le Bye-Bye. Mais puisque c'était le début d'un nouveau siècle et pour faire différent des années antérieures, on avait invité Marie et Ceanna pour la veillée. Soirée intime et sans tracas, on a levé nos verres à un avenir incertain. La fureur du bogue de l'An 2000 ne semblait pas avoir un impact immédiat. En serait-il de même dans les jours qui suivraient?

Un second voyage avec Robert et Patricia s'annonçait et cette fois, on s'était entendu pour se rendre au Royaume Uni. Nous avions choisi la compagnie Insight comme grossiste de préférence étant donné les cotes impressionnantes de clients satisfaits. Notre voyage, avec accompagnateur anglophone, commencerait et se terminerait à Londres.

Des lieux visités, nous avons particulièrement aimé Bath pour ses bains romains qui datent d'avant Jésus-Christ et ses maisons géorgiennes en pierre, Blarney, pour son célèbre château, l'Anneau du Kerry, pour ses paysages pittoresques qui rappellent le Cabot Trail, Édimbourg, pour le Golden Mile, la rue la plus historique de la ville, Saint-Andrews-By-The-Sea, pour son terrain de golf légendaire, et York, pour sa grande cathédrale gothique et les 'Shambles', une rue de maisons médiévales bien conservées qui aurait servi d'inspiration à l'équipe des films d'Harry Potter.

En excursion, nous sommes allés au Château Warwick qui appartient à la compagnie des musées de cire Madame Tussaud. De toutes les pièces à visiter, le point d'intérêt est la salle à manger où on peut apercevoir une réception des années 1890 avec des figurants assis autour d'une table. On a fait les visites guidées du Château Windsor, Kensington ainsi que Hampton Court, la résidence d'Henri VIII.

Avant de quitter le gouvernement fédéral, il y avait une fonction que je voulais occuper, soit celle de chef de la dotation corporative. Convoité par les amateurs de dotation, ce poste unique dans chaque ministère vise l'orientation de la dotation ministérielle et l'échange d'information entre les agences centrales et le ministère. La personne qui occupe ce poste doit être un guru en dotation pour fournir aide et avis aux conseillers en ressources humaines. Cette expérience additionnelle ajouterait une touche finale à mon curriculum vitae.

Sheryl, du ministère d'Industrie Canada, m'avait contacté pour m'offrir le poste de chef de la dotation corporative. J'ai accepté à la condition que le poste soit classé à mon niveau (5), ce qui a été fait avant mon entrée en fonction. Je suis arrivé en poste en juin 2000 et j'ai démissionné à la fin juin 2002. J'y ai passé deux années où j'avais la direction d'une petite équipe qui avait du mal à accepter que notre emplacement physique était à l'écart du ministère. Faute d'espace au 240 de la rue Queen, nos bureaux avaient été déménagés sur la rue Holland à l'ouest du centre-ville. Cette mesure temporaire causait des pertes de temps énormes car on devait souvent se déplacer pour des réunions avec clients et collègues au siège social.

Les tambours

La salle à manger de notre appartement au 250 O'Connor était grande assez pour recevoir des groupes et en serrant les fesses, on assoyait huit personnes à la grande table. Dans le coin à déjeuner de la même pièce, on pouvait accommoder deux autres personnes. Nous avons reçu la famille de Robert à souper à quelques reprises dans cet environnement convivial. Le stationnement, par contre, posait des difficultés. Nos visiteurs devaient se garer dans la rue. La préparation des repas dans une cuisine mesurant quatre pieds par six pieds occasionnait des défis de taille que j'arrivais à surmonter en faisant une bonne partie de la préparation à l'avance. Il ne me restait que l'assemblage le moment venu du repas. C'était important pour nous de les recevoir car, le plus souvent, on se retrouvait à Gatineau pour des repas soit chez Louise et Cyril ou chez les parents de Robert. Nous voulions souligner qu'on était un couple ordinaire semblable à bien d'autres. Plus on pouvait démystifier le couple homosexuel, plus on nous accepterait à part entière.

L'appartement nous plaisait. La grandeur et l'emplacement ne pouvaient pas être mieux. Robert était d'avis qu'avec le loyer qui augmentait chaque année, on aurait avantage à acheter un condo. Toutes les semaines, une annonce dans le Citizen parlait d'un nouvel immeuble avec appartements à vendre. Je penchais vers les vieux édifices puisque les condos rénovés offraient un cachet spécial, moins copie conforme que ceux des structures récentes.

Pour nous aider dans notre choix d'un logement qui rencontrerait toutes nos exigences, on a dressé une liste des caractéristiques recherchées. Nous avons ensuite placé ces attributs sous trois rubriques : absolument nécessaire, souhaitable et atout. Curieusement le nombre de qualificatifs sous chaque catégorie était sensiblement le même. Parmi nos incontournables : un emplacement central (entre Bronson et le canal et entre le parlement et l'autoroute 417), un édifice en béton, deux chambres à coucher, un stationnement intérieur, une orientation sud, une salle de lavage dans le condo et une cuisine adéquate. À l'intérieur de nos moyens, on ne trouvait rien. Puisqu'il n'y avait pas urgence, on a mis cette recherche de côté. Avec les canicules qui s'annonçaient, le chalet nous attirait. On a pris la décision de s'y installer pour les mois de juillet et août. Robert pouvait se rendre à son bureau en 30 minutes et la navette matin/soir se faisait donc aisément.

Je me suis lié d'amitié avec une nouvelle collègue de travail, Carole, qui vivait avec sa mère, Helen, dans l'ouest de la ville. Antérieurement, en poste sur la Côte d'Ivoire (avec son conjoint John), ils avaient vécu des moments difficiles avant de prendre leur retraite au Mexique dans une maison qu'ils avaient fait construire à Guadalajara. À peine quelques mois dans leur nouvelle demeure, John est décédé subitement. À son retour au Canada, Carole avait invité sa mère à partager une maison à Kanata.

Un soir, alors que je soupais avec Carole et sa mère, j'ai fait la remarque que cette dernière se coiffait bien. J'ai appris qu'elle avait été coiffeuse de métier et que, dans ses dernières années, elle appartenait un commerce à Aylmer. En parlant de ses employés, elle s'est entretenue longtemps sur un dénommé Normand et j'ai vite compris qu'elle avait connu mon ami Normand. Ne sachant pas ce qui lui était arrivé après son départ du salon, je lui ai raconté la triste histoire de mon meilleur ami. Ses larmes en disaient beaucoup car elle s'était attachée à lui.

Presque tous les weekends, on recevait au chalet. C'était un plaisir d'inviter des gens qui vivaient en ville et qui n'avaient pas la possibilité de faire des BBQ. Marilou est revenue au chalet, pour un séjour de neuf jours. Gastronomie, musique, danse, baignade, conversations, vins, tout était au rendez-vous pour créer des vacances de rêves. J'avais vraiment fait un bon achat et je ne regrettais pas les énergies que ça me demandait pour entretenir la propriété. Le fait de pouvoir en faire profiter aux autres me donnait un plaisir sublime.

Sur un coup de tête, j'ai invité mon ami Robb à venir au chalet pour un weekend. Je me doutais qu'il vivait des moments difficiles car son conjoint était malade mais il n'en parlait pas. Cette période de temps avec lui nous a permis de se rapprocher un tantinet. Je le connaissais depuis mon arrivée à Ottawa, mais c'est aux répétitions de la chorale qu'on s'étaient vu régulièrement. Depuis, on ne se voyait que rarement. Il a beaucoup apprécié le temps qu'il a passé avec nous au Lac McMullin. Il était évident que l'atmosphère de détente lui faisait du bien. Avant de nous quitter, il nous a remerciés du fond du cœur en disant qu'il n'oublierait jamais son 53e anniversaire de naissance. Nous n'avions aucune idée que c'était sa journée spéciale.

Le 40e anniversaire de mariage de Bob et Liette a été souligné en famille au Moulin de Wakefield. Lors d'une soirée bien arrosée, on a levé nos verres aux fêtés en les remerciant de cette belle rencontre dans un décor champêtre.

Quand Bob était en public, il ne manquait jamais de connaître des gens dans l'entourage. Un politicien est imputable à ses commettants et Bob agissait et parlait en conséquence. Toujours le mot juste à la bouche, il avait acquis avec le temps, une facilité verbale. Il prononçait exactement les mots que les gens voulaient entendre. C'était un politicien chevronné qui aimait son travail et sa prestance l'aidait à faire bonne impression partout où il passait. Personne n'aurait pensé que c'était une personne timide. On me présenta comme l'ami de Robert, ce qui démontrait un pas dans la bonne direction.

La tragédie des tours du World Trade Centre de New York a marqué un moment sombre dans nos vies. Cloué devant le téléviseur dans une salle de conférence au bureau, je n'arrivais pas à me concentrer sur mes dossiers et mes projets en marche. Cette catastrophe de proportions inimaginables venait changer la donne. On ne serait jamais comme auparavant. Le déséquilibre entre les riches et les pauvres toujours grandissant n'avait rien de positif et l'écart devenu insupportable pour les moins nantis avait provoqué une haine aussi pétrifiante que désastreuse. Que nous réserverait l'avenir si les gouvernements n'arrivaient pas à se respecter en dépit des différences culturelles, religieuses et ethniques?

Ce soir-là, j'ai pris Robert dans mes bras et je l'ai serré fort. Je me souvenais des mots de Normand : « *demain n'est promis à personne* ». J'étais parmi les chanceux de la planète car je vivais avec l'homme que j'aimais et qui m'aimait et on ne manquait de rien. Que demander de plus?

La vie politique de Bob s'est arrêtée un soir de novembre lorsqu'il a perdu les élections, un dur coup pour lui qui a mis du temps à guérir. Même les meilleurs finissent par se faire déplacer par d'autres qui promettent mer et monde dans le but de se faire élire. C'est un jeu sans merci. Il avait grandement contribué à l'essor de la ville et n'avait rien à se reprocher.

Une première croisière pour Robert dans les Caraïbes où nous avons fait escale aux Bahamas, à Saint-Thomas, à Saint-John et à San Juan. À bord du Veendam de la compagnie Holland America, nos fidèles compagnons de voyage Robert et Patricia avaient choisi de se joindre à nous pour cette incursion de sept jours, une semaine avant Noël. Afin de prévenir le mal de mer, Robert portait des dispositifs transdermiques derrière les oreilles même si les effets secondaires déplaisants connus l'ont forcé à s'en défaire avant la fin du voyage. Il est resté dans la cabine une bonne partie d'une journée. Après coup, il se sentait mieux. C'est la seule fois qu'il a eu recours à ces aides contre le mal de mer.

Depuis quelques années, ma présence aux célébrations et traditions de Noël de la belle famille ne dérangeaient aucunement. La veille de Noël, c'est chez Louise et Cyril que ça se passait. Le jour de Noël, les parents de Robert nous recevaient pour un festin typique. Et le Jour de l'An, la parenté et les amis passaient au domicile patrimonial sans invitation et sans heure précise.

Un Noël inoubliable est gravé dans notre mémoire. J'avais trouvé dans la salle de recyclage d'énormes barils en carton qui avaient servis à entreposer de la vaisselle lors d'un déménagement. Je les ai récupérés ne sachant pas trop ce qu'on allait en faire. Robert a eu l'idée de les décorer en tambours. Avec de la gouache, des brillants et des stylos feutres, il a créé des designs imaginatifs et festifs. Dans la cavité, il avait déposé des cadeaux. Mélanie et Evelyne avait chacun leur tambour qui avait été placé sous l'arbre de Noël. Elles ne se doutaient pas qu'il y avait des présents à l'intérieur. Elles voulaient s'en servir comme tambours. Il a fallu les convaincre de les ouvrir pour qu'elles constatent les trésors enfouis dans du papier de soie. Elles avaient les yeux gros comme des billes en déballant cadeau après cadeau sous nos yeux admirateurs.

Le porto au 40ᵉ

Une personne avertie aurait pu remarquer qu'il y avait des tensions grandissantes entre Louise et Cyril, des différences d'opinions marquées sur plusieurs sujets. L'étoile de Cyril baissait dans le firmament de Bob. Il n'était plus l'homme de l'heure. Je soupçonnais que des différences culturelles étaient à la base d'un éloignement inévitable. On ne s'en réjouissait pas parce qu'une séparation amènerait une tristesse, une remise en question, un nuage noir sur la famille. On espérait qu'un vent nouveau se débarrasserait du malaise qu'on croyait temporaire.

Au « Breakfast Club » de Longueuil à Montréal étaient rassemblés un mélange de parents et amis venus souligner les 40 ans de Marilou. À l'accueil de la salle réservée pour cette occasion, les parents de Marilou (Raymond et Nicole) recevaient chaleureusement tous les convives. Ses sœurs Danielle et Monique ainsi que son frère Jean-Marc et leurs partenaires étaient déjà assis aux tables. Ce rassemblement, organisé par Marilou elle-même, fut une célébration de joie dans la simplicité et la dignité. Honorés d'être parmi les invités, nous étions les seuls à venir de loin pour cette occasion unique.

En voyant venir le mois de juin à toute vitesse, je me préparais comme quelqu'un qui quitte pour longtemps puisque mon règne au gouvernement fédéral tirait à sa fin et je désirais finir mes principaux projets. En plus, pour aider mon successeur, je m'étais donné l'objectif de nettoyer mes dossiers et de mettre de l'ordre dans les documents de référence sur mes tablettes. Au cours des deux ans dans ce ministère, le cumul de la paperasse surpassait l'espace disponible de ma cellule de travail. En quittant la CFP, j'avais perdu mon bureau fermé où on peut cacher bien des documents. Mon aire de travail, quoique bien organisée, débordait. Je me suis fait des copies de rapports, de listes de contacts et de lexiques qui me seraient fort utiles en tant que travailleur autonome. En me détachant de la fonction publique, je perdais l'accès à des sites Internet réservés aux fonctionnaires. Je me devais donc d'être bien documenté et aussi à jour que possible.

Le jambon avec cerises au centre des tranches d'ananas arrosé d'une sauce sucrée était depuis longtemps le repas traditionnel de Pâques dans la famille de Robert et il ne faut pas dévier de la coutume à moins d'être prêt à la critique. Fidèle à ses bonnes recettes, la mère de Robert les reprenait d'année en année, ne modifiant jamais ni les ingrédients ni la méthode pour bien les réussir. Son exactitude dans la préparation des aliments me surprenait et, comme dans toute chose, la perfection était à la base de tout ce qu'elle touchait. Bob, pour sa part, aussi exigeant, travaillait avec soin et diligence pour accomplir parfaitement tout ce qu'il entreprenait. Ce perfectionnisme, ils en étaient fiers.

Une chasse aux œufs de Pâques cachées un peu partout dans la maison avait amusé autant les filles que Bob qui prenait plaisir à les suivre d'une pièce à l'autre et à les encourager par ses rires et ses exclamations.

Avant le souper du dimanche soir, la famille se réunissait pour échanger sur les activités de la semaine précédente et les projets de la semaine qui s'annonçait. Autour d'une table d'amuse-gueule et de bon vin, dans la salle familiale, le rythme effréné des conversations dépassait les normes. J'avais appris avec le temps de suivre une seule conversation à la fois, sauf que le niveau élevé de décibels m'assourdissait et j'en manquais des bouts. Puisque Robert me donnait un breffage en revenant à la maison, j'en connaissais plus longuement sur une panoplie de sujets et donc davantage capable de suivre ce qui se disait, même les nombreux sous-entendus.

Une décision avait été prise. La résidence de Louise et Cyril serait vendue et la famille déménagerait dans une plus petite maison sur la rue Hillview. Une rénovation du sous-sol s'imposait car les enfants avaient besoin d'espace et une salle familiale allait combler un manque en raison d'un salon trop petit. Néanmoins, ces modifications n'ont pas empêché la séparation inévitable qui prenait forme.

C'est à ce moment que Robert s'est relevé les manches. Il a été très présent avec ses nièces au moment où elles en avaient le plus besoin. Sa patience exemplaire et sa fermeté lorsque nécessaire lui ont valu des remerciements beaucoup plus tard. La rivalité entre sœurs est légendaire et ces filles n'y échappaient pas. Elles avaient appris dans la cour d'école un mot utile pour agacer quelqu'un qui fatigue. Elles se traitaient de « tapette » sans vraiment savoir ce que cela voulait dire. Lorsque Robert les a entendues, il leur a expliqué que ce qu'elles disaient constituaient une forme d'harcèlement. Ce comportement inacceptable a pris fin immédiatement.

Liette m'a consulté quant à l'idée d'un party surprise grandiose pour le 40e de Robert car elle voulait utiliser les services d'un traiteur qui s'occuperait de tout. Mon rôle se limitait à préparer la liste d'invités. Ne sachant quoi lui offrir en cadeau, j'ai recommandé du porto sachant qu'il y avait pris goût et aimait particulièrement les portos âgés. Cette consigne fut retransmise aux invités.

Le party a eu lieu deux jours avant son anniversaire, soit le 1er juin. Une quarantaine de personnes sont venues, tous des parents et amis. On leur avait demandé de garer leur voiture dans les rues avoisinantes pour ne pas éveiller les soupçons. Dans la cour, autour de la piscine, le traiteur avait monté de belles tables, Deux serveurs circulaient avec des assiettes d'amuse-gueules. Le soleil brillait, c'était une journée extraordinaire. Tous étaient en place lorsqu'on est arrivé, Robert et moi, pour un souper BBQ avec ses parents sur le patio. Il ne se doutait de rien et lorsque j'ai ouvert la porte menant à l'arrière-cour, on a entendu les gens chanter « bonne fête Robert » à haute voix, en cœur.

Même avant de quitter la fonction publique, mon téléphone à la maison sonnait. On cherchait à retenir mes services pour donner de la formation ou pour aider à compléter une action de dotation. Mes derniers jours au travail ont donc été sans inquiétude car mes revenus ne seraient pas en danger. Mon frère Paul croyait que j'avais perdu la tête. Il ne comprenait pas que je veuille abandonner une pension de fonctionnaire pour me lancer dans un monde incertain. Ce qu'il n'avait pas compris, c'est que le stress me causait tellement de problèmes de santé que ce choix, aussi risqué était-il, me donnait une porte de sortie menant vers une vie meilleure. Même si mon revenu devait baisser sensiblement, je serais en meilleure santé et combien plus heureux et ça, ça n'a pas de prix.

Je ne parlais pas de retraite puisque je ne me retirais pas du monde du travail. Toutefois, cette nouvelle phase de ma vie m'était salutaire et je voulais souligner cet événement ainsi que mon 50ᵉ anniversaire de naissance. Puisque c'était le 40ᵉ de Robert, je lui ai proposé une croisière baltique qu'on ferait avec Robert et Patricia. Il avait été envieux de ma croisière en 1995 dans ce coin du globe. Il voulait faire ce voyage durant l'équinoxe estival.

Le 18 juin, on quittait Ottawa pour notre croisière de 11 jours sur le Noordam qui partait de Copenhague au Danemark. Une grève des aiguilleurs du ciel en France nous a causé un délai qui a failli nous faire manquer le bateau. Les anges se sont rangés de notre côté et nous sommes arrivés au port 30 minutes avant le retrait de la rampe d'accès au navire. On s'était juré de ne pas répéter cette folie d'arriver au port le jour même du départ.

On avait bien choisi notre destination parce qu'il faisait jour pendant presque 23 heures de suite offrant une chance inégalée de voir le paysage. Ce fut un de nos plus beaux voyages. Les trésors de la Russie à Saint-Pétersbourg, l'ancienne capitale nationale, nous ont laissés époustouflés. À l'Hermitage, un ancien palais des empereurs, le plus grand musée du monde n'a d'espace que pour 20 % de sa collection totale. Dans un français impeccable, la langue de la noblesse russe, notre guide nous a vanté, avec raison, les richesses des beaux-arts réunis dans le Palais d'hiver construit au début du 17ᵉ siècle et qui comprend plus de 1 500 salles d'exposition et 117 escaliers.

On se rappellera longtemps d'une excursion bien particulière au Palais Youssoupov, là où Raspoutine fut assassiné dans une cave à vin. Cette soirée gala avec concert d'opéra dans le théâtre du palais commençait à notre arrivée où, dans le hall principal, un quatuor classique jouait de la musique de chambre pendant que notre groupe se dirigeait vers la salle de bal au deuxième en empruntant le grand escalier. On nous attendait pour une réception au caviar et champagne. Pendant plus d'une heure, les 24 musiciens et six chanteurs d'opéra, habillés en costumes d'époque, nous ont offert un répertoire d'airs connus. Les 100 croisiéristes remplissaient ce majestueux théâtre privé. Pour clore cette réception, on est tous passé voir la cave à vin où une exposition avec personnages en cire qui imitaient la scène de l'assassinat. De retour sur le Noordam vers 22 h 30, endimanchés, on s'est assis dehors sur le pont supérieur pour déguster des desserts au chocolat sous un ciel encore très clair. Le lendemain, on visitait le majestueux Palais de Catherine la Grande, tsarine russe de 1725 à 1727, où l'extravagance de la famille royale est en évidence dans chacune des pièces ouvertes au public.

L'itinéraire comprenait d'importants ports de mer : Tallinn, Estonie; Helsinki, Finlande; Stockholm, Suède; Arhus, Danemark; et Warnemünde, Allemagne.

Une autre excursion mémorable fut un trajet en train à vapeur pour se rendre à Berlin, la nouvelle capitale de l'Allemagne unifiée. Organisée par la compagnie Abercrombie & Kent, reconnue pour ses voyages haut de gamme, on a été reçu comme des rois. Un « box lunch » digne d'un bon restaurant a été servi étant donné qu'il n'y avait pas de wagon salle-à-manger. Une tournée en autocar nous a permis de voir le Reichstag (l'édifice du parlement), la porte de Brandebourg avec ses magnifiques colonnes et le fameux Checkpoint Charlie (point de contrôle « C » de l'alphabet phonétique de l'OTAN) qui, lors de la Guerre froide, permettait de franchir le mur qui divisait la capitale allemande entre le secteur ouest et le secteur est. En après-midi, au Palais Sans-Souci, la résidence d'été du roi de Prusse, Frédéric II, à Potsdam, l'équivalent allemand de Versailles, on a constaté la richesse des salles de réception de la famille royale ainsi que les magnifiques jardins en cascade derrière l'édifice.

De retour au pays, un contrat n'attendait pas l'autre et je travaillais 7 jours sur 7 pour répondre à la demande sachant que ma popularité aurait une durée limitée. J'en profitais au maximum. Avec une nouvelle génération d'employés, ces nouveaux venus ne me connaîtraient pas et la demande serait à la baisse. Je prévoyais mes temps libres et mes voyages bien à l'avance. De cette façon, je me

garantissais le repos bien mérité en disant à mes clients :
« *désolé, mais ces dates sont déjà réservées!* »

Une nouvelle tradition commençait. On soulignait l'anniversaire de Liette et le mien par un souper au restaurant. Nous sommes retournés au Moulin de Wakefield, mais la qualité avait beaucoup diminué avec le temps, et notre repas, bien ordinaire, ne nous avais pas impressionné. Nous n'y sommes jamais retournés, mais la coutume indiquait un rapprochement avec la famille de Robert.

Une autre croisière de fin d'année avec Robert et Patricia, dans les Caraïbes de l'ouest cette fois, incluait des arrêts au Mexique, aux Iles Caïman, en Jamaïque et aux Bahamas. On commençait à se lasser des Caraïbes qui ont peu à offrir en comparaison avec le reste de la planète. Les grands voyageurs en voulaient plus!

Une naissance inattendue dans la famille de Daniel leur donnait un troisième garçon, né le même jour que sa mère. Le petit Yannick est arrivé par césarienne.

L'achat d'un condo

Que ferions-nous sans traditions? Certaines longues, d'autres éphémères! Dans chacune, le plaisir de vivre des moments uniques et c'est la raison pour laquelle on n'ose pas tronquer ce qui nous fait du bien. Une fois par année, nous recevions à coucher nos deux petites chinoises comme si on en avait la garde partagée avec un parent invisible. Les joies passagères qu'elles nous offraient sans le savoir nous rendaient heureux et, pour un court et précieux moment, elles étaient nos enfants. Pour tout l'or au monde, nous ne voulions arrêter cette coutume de façon précoce, le temps s'en occuperait pour nous.

Nos sorties avec nos deux princesses, toujours bien planifiées à l'avance, visaient à leur montrer du nouveau, à leur apprendre des aspects de la vie qu'elles ne connaissaient pas. L'instruction à la vie ne leur manquerait jamais. On s'en occupait de façon implicite dans tout ce qu'on faisait avec elles. Ces fillettes connaissaient un couple gay depuis leur enfance et ce serait toujours bien normal pour elles. Elles ne pourraient jamais dire du mal des relations entre personnes de même sexe. Notre influence positive leur donnerait les outils nécessaires pour influencer d'autres personnes à la tolérance et au respect des différences.

On se souviendra de nos sorties pour voir les sculptures de neige et de glace au Bal de neige à Ottawa, des visites à des musées et des films au théâtre IMAX qui vous en donne plein la vue. L'impact du film sur la vie de Jane Goodall qui avait consacré sa vie pour étudier les mœurs des chimpanzés s'est fait sentir longtemps. Mélanie n'était pas indifférente aux images qu'elle avait observées. Plus tard, toutes les deux développeraient un attachement particulier pour les chiens. Est-ce le hasard ou un conditionnement subliminal? La réponse n'est pas décisive. Le résultat suffit.

La mort de notre ami Gary est survenue pendant que nous étions en croisière dans les Caraïbes sur le Zuiderdam. C'est au retour de voyage qu'on a appris son décès à l'Hôpital George Dumont de Moncton alors qu'il était entouré de ses proches. Ses dernières années à Ottawa furent horribles. La relation avec Richard s'était détériorée au point qu'ils se sont quittés en mauvais termes. Agressif de nature, Gary s'est battu toute sa vie pour ce qu'il pensait être son dû et rarement content, il s'en prenait aux autres. Il a été contraint de démissionner de son poste au gouvernement fédéral. La maladie avait progressé lentement. Il en était rendu au point de ne plus être en mesure de remplir ses fonctions. Difficile de prouver son incapacité pendant des années avant que ne surviennent les premiers symptômes, il a été forcé à endurer des situations indignes à sa personne. Gary n'était pas une personne facile mais on l'aimait en dépit de ses côtés désagréables. Tout portait à croire que ses sauts d'humeur étaient en partie causés par les médicaments. Puisqu'il nous cachait qu'il était malade, nous ne connaissions pas les raisons derrière sa rage constante.

Lucie, Pierre, George et moi lui avons rendu un dernier hommage dans un service religieux à l'église anglicane de Saint-Jean-L'Évangéliste sur la rue Elgin à Ottawa. Comme la dépouille mortelle était à Cap Pelé pour la messe des morts, nous avons disposé des photos de Gary dans le sanctuaire. Nous n'étions pas nombreux, en partie en raison du grand nombre de décès qui l'avait précédé. Il avait survécu au SIDA pendant presque 20 ans et il était fier de se compter parmi les rescapés.

Tant qu'il y a de la vie, il y a de l'espoir! Je savais qu'éventuellement on trouverait notre condo de rêve. Charlesfort, un constructeur d'Ottawa, avait déjà fait ses preuves avec un premier immeuble à condos sur la rue Main à Ottawa, non loin du Canal Rideau. Cette première réussite avait encouragé Doug, le propriétaire, à se lancer dans des projets encore plus audacieux. La compagnie avait acheté un hôpital désuet au coin des rues Bronson et Queen et proposait d'y construire deux tours. L'emplacement cadrait parfaitement avec nos désirs. Lorsque l'architecte a complété ses dessins et que les condos ont été mis en vente, on s'est informé du coût des appartements. Malheureusement, notre budget ne nous le permettrait pas. Il fallait regarder ailleurs. Nous n'étions pas les seuls pour qui les prix de vente avaient éloigné des acheteurs potentiels. Le projet avait été mis sur la glace. Quelques mois plus tard avec de nouveaux plans et une liste de prix révisés, les condos ont été mis sur le marché pour une seconde fois et les ventes allaient bon train. Puisqu'on avait mis un certain temps à enquêter et que notre décision était prise, il restait seulement deux unités abordables avec un plan qui nous plaisait. L'appartement dont on a fait l'acquisition avait déjà été vendu mais, à la dernière minute, l'acheteur n'avait pas réussi à obtenir une hypothèque.

Ce nouveau logis, plus petit que notre appartement de la rue O'Connor, nous a obligés à repenser l'utilisation de nos meubles. Une cuisine à aire ouverte offrait bien de l'espace, mais posait certains problèmes de décoration. La deuxième chambre à coucher, trop exiguë pour accommoder la collection de musique a forcé Robert à l'entreposer dans le sous-sol de ses parents. On a été contraint de vendre des meubles qu'on aimait bien, mais qui ne pouvaient être accommodés dans les 974 pieds carrés de notre unité 504 au 85, avenue Bronson.

La construction avait à peine commencé lorsqu'on a signé l'offre d'achat. On nous prévoyait l'accès dans 18 à 24 mois. Ça nous donnait amplement de temps pour planifier une transition fluide. À l'aide de dessins à l'échelle des pièces, on a prévu les dimensions exactes des meubles et des accessoires à marchander. Le thème de l'appartement : la Provence. Ce sont les couleurs du sud qui nous avaient marqués lors de notre tour de France : le jaune orangé, le rouge orangé, le vert bleuté et le bleu azur. À partir de cette palette, on a choisi notre schème de couleurs. L'utilisation du jaune a été privilégiée pour donner l'illusion de soleil dans les coins plus sombres et plus éloignés des fenêtres. Cette décision allait influencer nos choix de tissus (rideaux, meubles) et de moquettes.

L'acquisition de cette propriété cimentait notre relation. Jusqu'à ce jour, soit Robert ou moi devenait l'acquéreur de ce qu'on achetait. Cette décision confirmait qu'on se lançait dans une étape de vie plus sérieuse. Comme l'implication monétaire était non négligeable, des testaments devenaient donc essentiels. Il se peut que nos actions en ce sens aient effrayé les parents de Robert car nos vies étaient désormais entrelacées. Pour moi, j'y voyais une occasion de solidifier notre couple par le biais des multiples choix qu'on avait à faire, autant pour les finitions de construction que les éléments du décor éventuel. De cette façon, Robert se sentirait chez lui dans un logis conçu pour nous deux. Il ne cachait pas sa joie de pouvoir créer conjointement un nid qui nous refléterait.

Une première rencontre entre ma famille et celle de Robert, tenue au chalet, a été marquante. Paul et sa fiancée, Marion, ainsi que Claudette et ma nièce Tracy (la fille de Paul) en visite à Ottawa ont été invités pour un souper à Saint-Pierre-de-Wakefield. Dans une atmosphère détendue, on s'est bien amusé. Claudette et Bob se sont entendus comme deux larrons en foire. Il aura fallu treize ans pour que nos familles se rencontrent. Quelques semaines plus tard, on assistait au mariage de Paul et Marion à Kitchener en Ontario.

Un nouveau personnage est venu s'ajouter au décor. Palma, un des propriétaires du resto Chenoy à Gatineau avait attiré l'attention de Louise. Une nouvelle relation s'annonçait. Il s'est vite incorporé à la famille. Lui et Louise songeait à vivre ensemble dans une maison qu'ils se feraient construire sur un terrain quelque part dans le grand Gatineau. En préparation, Louise a vendu sa propriété de la rue Hillview et a emménagé avec les filles dans la maison de ses parents. Le moment était mal choisi car Bob avait commencé des rénovations majeures. Il refaisait complètement la salle familiale, agrandissait la salle à manger en supprimant un des trois escaliers donnant accès au sous-sol et reconfigurait la cuisine. Ces travaux majeurs avec toute la poussière de construction que cela entraîne rendait difficile l'occupation de cette maison qui avait passé de deux à cinq occupants d'un seul coup. Par moment, le stress était palpable.

Une réunion de famille avait eu lieu la même fin de semaine que le mariage de Paul et Marion puisqu'on était tous présents. Sans me prévenir, Robert a annoncé que le rassemblement de l'année suivante se ferait à notre chalet.

Durant les mois d'été, on s'est rendu à plusieurs reprises au coin des rues Bronson et Queen pour constater l'état de la construction de notre immeuble à condos. Comme le projet prenait du retard, notre propriétaire était très compréhensif et il nous louait au mois. Nous pouvions donc prolonger notre location au 250 O'Connor en fonction des dates changeantes d'entrée dans notre nouvelle demeure.

Un agent d'immeuble qui cherchait à vendre une unité au 2e étage donnait accès, en visite libre, aux acheteurs potentiels. Curieux de voir l'intérieur d'un autre condo, on est entré dans le 202. Avant de partir, sur un coup de tête, on est monté au 5e pour voir si la porte de notre appartement était déverrouillée. Avec un peu de chance, on pourrait faire une inspection des travaux. J'ai eu tout un choc quand je me suis aperçu que les plafonds et les boiseries avaient été peints de la même couleur que les murs au lieu du blanc qu'on avait précisé. De plus, ils avaient inversé les couleurs des chambres. L'effet étouffant des couleurs foncées qu'on avait choisies m'a tellement énervé que je craignais d'être malheureux dans notre habitation.

De temps en temps, Bob me demandait de faire de courtes traductions du français à l'anglais ou encore de lire un texte en anglais et de lui en faire un sommaire. Ce geste me démontrait qu'il avait confiance en moi, un signe encourageant étant donné qu'il était méfiant de moi au départ. J'étais conscient que je devais faire mes preuves et j'en profitais pour aider quand l'occasion se présentait. Il en était de même avec la mère de Robert. Je n'hésitais pas à offrir mon aide dans la cuisine, surtout au moment de faire la vaisselle, une tâche qui semblait en repousser d'autres.

Le mariage gay

Cinq jours après être aménagés dans notre nouveau condo, tout était en place. Les tableaux étaient accrochés aux murs aux endroits indiqués sur le plan à l'échelle. En attendant les appareils électroménagers, une boîte en carton sur le balcon servait de réfrigérateur. Heureusement qu'on était en novembre. Un seul hic venait entacher un déménagement parfait : les armoires de cuisine n'étaient pas celles que nous avions commandées. Puisque chaque pouce carré de rangement était essentiel, j'avais demandé si les armoires se rendaient au faux plafond de la cuisine et la réponse affirmative m'avait rassuré. Toutefois, une décision du constructeur, subséquente à notre entente, faisait en sorte que les armoires commandées pour tous les appartements ne correspondaient pas à mon besoin explicite. Lorsque j'ai soulevé la question, on m'a répondu que si on me l'avait promis et que j'avais une preuve écrite, on respecterait l'accord. J'avais tout gardé mes courriels avec la compagnie de construction et, avec preuve à l'appui, ils ont commandé immédiatement une nouvelle série d'armoires. Toutefois, il a fallu attendre quelques mois avant qu'elles ne soient installées.

Depuis l'adoption de la *Loi sur le mariage civil* le 20 juillet 2005, le mariage entre conjoints de même sexe devenait légal partout au Canada bien que dans neuf des 13 provinces et territoires, des décisions de tribunaux avaient légalisé ces mariages depuis 2003. La possibilité d'adoption par un couple de même sexe a été légalisée en Ontario en 1999. Il nous aurait fallu attendre sept ans pour adopter des petites chinoises, si on en avait décidé ainsi.

Marie et Ceanna ont été les premières dans notre cercle d'amis à se marier. Elles avaient choisies le thème « rock'n roll » des années 60. Vêtues de magnifiques robes de dentelles, assises dans une calèche, elles sont arrivées dans un grand jardin aménagé pour la cérémonie officielle. Les invités avaient été encouragés à se vêtir selon le thème. Les deux enfants de Marie, Michel et Suzanne, figuraient parmi les invités. Suzanne, dans une robe longue bustier sans manche, était absolument ravissante. L'officiant, le frère de Ceanna, en noir, agissait en tant que maître de cérémonie. Dans un paysage bucolique, tout se déroulait comme si on assistait à une noce extérieure 100 ans auparavant.

Elles s'étaient rencontrées moins d'un an après nous et les voilà mariées. Elles nous ont encouragés à rendre notre union officielle en suggérant qu'il fallait donner l'exemple aux prochaines générations. Si l'état nous le permettait, il fallait se servir de nos droits. Nous y avions pensé mais on n'était pas prêts. De plus, on songeait aux impacts potentiels sur la famille de Robert. Avec le temps, l'acceptation de notre couple avait certes grandit, mais ce geste public aurait peut-être un effet rétrograde. C'était un risque, un pensez-y bien. Des couples de sexe opposé ne se poseraient jamais ces questions que nous, les gays, devions prendre au sérieux. Les gens avaient évolué mais seraient-ils indulgents à notre égard?

Au contraire de Mélanie pour qui l'apprentissage se faisait aisément, presque par osmose, Evelyne avaient besoin d'approches plus visuelles, plus concrètes pour saisir des concepts abstraits. D'une intelligence égale à sa sœur aînée avec un potentiel aussi élevé, elle apprenait d'une toute autre façon de la norme. Bob avait saisi cette différence et il lui donnait des leçons privées au sous-sol avec son tableau blanc et ses stylos de couleurs. À l'instar des grands de ce monde, Evelyne est gauchère, un trait qui ne semblait pas lui plaire au début, mais pour lequel elle en est devenu fière. Les éducateurs trouvaient qu'elle avait un vocabulaire développé pour son âge. En dépit d'un professeur fort exigeant qui donnait tous les soirs des devoirs hors de l'ordinaire à n'en plus finir, avec notre aide, Evelyne rencontrait tous les échéanciers.

Dotée d'une mémoire surprenante, elle réussissait à gravir les niveaux scolaires sans trop de difficultés. De temps à autre, elle nous demandait de l'aide pour compléter ses devoirs de fins de semaines plutôt ardus. Assis autour de la table de la salle à manger, après un délicieux repas copieux signé Liette, chacun avait un différent dictionnaire à la main pour trouver le mot juste qui correspondait à une définition écrite dans le cahier de l'étudiante. On argumentait le sens de nos choix de mots pour en arriver à la réponse la plus probable. Les exercices variaient. Pour certains, on cherchait un antonyme ou un homonyme ou pour d'autres, on identifiait un homographe. Le dimanche suivant, Evelyne nous faisait part de la note obtenue qui n'était jamais très élevée, mais qui dépassait largement la moyenne de sa classe. Ces exercices rejoignaient toute la famille et procuraient un plaisir simple et débridé. Ce petit coup de pouce servait à encourager cette jeune fille qui ferait fort bien son chemin dans la vie.

    Mes voyages d'affaires qui n'en finissaient plus exigeaient de fréquentes absences de quelques jours à la fois et, dans de rares cas, je partais pour plus de 10 jours. Ces allers-retours n'étaient pas sans conséquences sur ma santé et, bien que j'aimais mon travail et aussi les voyages, je m'inquiétais d'être souvent à l'extérieur de la maison. Robert ne s'en plaignait jamais, puisque ça lui donnait sûrement plus de temps pour travailler sur son projet de recherche de la musique à l'ère du disco.

    Wally me rappelait le proverbe qui dit qu'il faut battre le fer pendant qu'il est encore chaud. Ses conseils judicieux offerts lors de ses appels interurbains spontanés arrivaient à des moments opportuns. Tel un ange-gardien, il semblait deviner, à distance, que j'avais besoin de mon mentor pour me guider. Françoise, mon autre guide, s'occupait de mon côté spirituel. L'éclairage qu'elle a apporté à ma vie m'aidait à mettre en perspective les éléments de mon quotidien qui me paraissaient totalement contradictoires. Qu'aurais-je fais sans mes maîtres?

    L'idée géniale qu'avait eue Robert de réunir la famille au chalet s'est avérée excellente malgré l'insuffisance de lits pour coucher tous ceux présents. Il ne manquait personne! Des tentes érigées dans la cour servaient de dortoirs pour ceux qu'on ne pouvait pas accommoder dans le chalet. Avec une seule salle de bain, il aurait été difficile sans la générosité de nos voisins qui nous ont donné l'accès à leur salle de douche pour désengorger la nôtre. Laurie et Michael avec leur poupon, Ophelia, avaient choisi un hébergement hors site et avaient loué une chambre à La Pêche. Les repas préparés à l'avance étaient servis dehors. La table à pique-nique n'avait jamais aussi bien accommodé un si grand groupe. Le souper aux homards a été tout un défi puisque la commande passée quelques semaines à l'avance chez un épicier de la rue Beechwood n'a pas donné de résultat. Ils n'avaient rien à nous offrir. En panique, ma sœur et moi avons fait le tour des épiceries et c'est à la poissonnerie Lapointe au Marché By qu'on a réussi à trouver la quantité et la grosseur d'homards vivants qu'on cherchait. Cette aventure de toute une après-midi avait failli virer au vinaigre. Je n'avais pas de plan « B », cette situation ne s'était jamais présentée auparavant. Il faut dire que de trouver du homard en juillet dans la capitale nationale, ce n'est pas une tâche facile.

Puisque ma famille était en visite au Lac McMullin, c'était une deuxième occasion de réunir nos familles respectives. Tous les jeux de gazon, toutes les chaises de parterre et le pédalo ont servi à amuser la petite foule. Un deuxième frigo dans la remise avait été mis en marche et était aussi plein à craquer que celui du chalet. Une toilette portative de secours avait été installée dans la remise. Rien ne manquait!

Le dimanche midi, les parents de Robert recevaient ma famille pour un brunch et une baignade autour de la piscine. Bob avait eu soin de bien préparer sa cour et Liette avait choisi un traiteur pour s'assurer d'une quantité suffisante de bouffe et pour le service. Les enfants de Daniel n'avaient jamais vu rien de pareil. L'un d'eux a demandé à son père s'il fallait payer, ce qui en a fait rire plus d'un. Les jeunes ont profité d'une belle journée pour se baigner et pour jouer à des jeux dans l'eau. Ce fut un succès retentissant!

Cette période de notre vie compte parmi les plus belles qu'on a connues. On vivait le parfait bonheur. Entre la ville et la campagne, entre le travail et les loisirs, tout se déroulait de façon ordonnée et sans embûche. Le SIDA semblait être une affaire du passé, les mortalités de plus en plus rares. Personne dans notre entourage ne souffrait de maladie. Tous nos amis étaient bien portants. Que pouvait-on demander de plus ?

Tous les étés, Marilou venait nous rendre visite au chalet pour un séjour de quelques nuitées et elle apportait une glacière de bonne bouffe pour compléter nos plats-maison. Toujours pleine d'anecdotes à raconter, elle nous entretenait avec des histoires au sujet de sa vie et de son travail. Sa mémoire phénoménale des détails de chaque aventure et mésaventure nous régalait jusqu'à tard dans la nuit. Les baignades dans le lac, les sorties à La Pêche, les visites de Manon et Luc, son conjoint, ainsi que d'autres amies d'enfance remplissaient tous les moments libres. Elle repartait affronter ses réalités en sachant qu'elle était toujours la bienvenue chez nous.

Une demande en mariage

Un matin avant d'aller travailler, Robert entre dans la chambre à coucher pendant que j'étais encore au lit et me demande si je voulais le marier. Je n'ai pas pris deux secondes pour lui donner ma réponse. J'étais prêt à faire le saut depuis longtemps mais je voyais qu'il hésitait. En avait-il rêvé? En était-il certain? La réponse à cette deuxième question m'a été confirmée à son retour du bureau. Puisque c'était mon soir de responsabilité de chef, j'étais dans la cuisine en train de préparer le repas lorsqu'il est entré et m'a dit d'un ton monotone : « *oublie ce que je t'ai demandé ce matin!* »

Il s'était sans doute passé quelque chose au bureau. Plus tard, il m'a raconté qu'il avait passé une partie de la matinée avec la notaire pour une affaire concernant les entreprises et, à la fin de leur rencontre, elle lui avait annoncé une séparation avec son conjoint. Selon elle, le fait qu'ils n'étaient pas mariés allait lui faciliter la vie. Cette histoire avait eu un impact profond sur lui. La même histoire racontée par une personne autre qu'un avocat ou un notaire n'aurait pas été prise avec autant de sérieux. Les entrelacements financiers l'énervaient définitivement et, pire encore, les discordes si jamais les affaires pécuniaires de sa famille en étaient affectées.

Seuls les fous ne changent jamais d'idée! Ça ne me servirait rien d'insister et je me suis retenu de dire un mot. Me reviendrait-il avec la même question plus tard? J'avais mes doutes, mais je gardais espoir qu'il reviendrait sur ses positions. On en avait parlé longuement à la suite du mariage de Marie et Ceanna. Il savait que, pour moi, ce n'était pas une question de sous, ou d'avantages à obtenir par l'union légale. Je n'ai jamais cherché à profiter d'autrui, encore bien moins de la famille de mon conjoint. J'avais toujours vécu selon mes moyens et avec mes réserves. Je continuerais dans le même sens pour le reste de mes jours.

Quelques mois plus tard, en croisière dans les Caraïbes, nous avons fait la rencontre de quelques couples gays : un couple de Naples et un couple Européen. Ensemble, on a souligné le Nouvel An dans le Crow's Nest, la discothèque du navire. L'atmosphère était enivrante. Une caméra qui enregistrait le party pour diffusion interne était braquée sur notre groupe sur la piste de danse. On s'est posé la question à savoir si la planète avait évoluée au point de montrer à l'écran de toutes les cabines du navire des couples de même sexe dansant au rythme de la musique dans un endroit public?

Au lieu d'être assis avec d'autres croisiéristes dans la salle à manger, nous avions choisi une table pour deux. Ces soupers intimes en tête-à-tête nous convenaient. Un soir, après un repas plus copieux qu'à l'habitude, Robert a suggéré une balade sur le pont. Nous étions en route vers Saint-Thomas avec une température extérieure plaisante. Arrivé à l'arrière du bateau, Robert me fait signe de m'asseoir sur un banc et il se met à genou pour me demander une seconde fois de le marier. Surpris, je m'informe de son sérieux. Il m'a pris dans ses bras et m'a confirmé qu'il n'avait pas l'intention de retirer sa demande. C'est fou ce qu'une pleine lune peut nous faire faire. Le lendemain, à Charlotte Amélie, la ville principale de Saint-Thomas aux mille bijouteries, nous avons trouvé nos alliances.

L'annonce d'un mariage imminent normalement suscite beaucoup d'intérêt mais ce n'était pas le cas pour nous. Un mariage entre deux hommes serait un dérangement dans la vie de certains de nos proches. Dans ma famille, le message a bien passé; par contre, dans la famille de Robert, personne n'en parlait comme si on n'y croyait pas. Rien n'avait été décidé concernant notre grand jour. Nous en étions à discuter de la cérémonie, de la réception et de la lune de miel. Plusieurs possibilités ont été étudiées avant qu'on en arrive à une décision. Nous avions le choix entre une grande fête avec des centaines de gens ou une célébration intime avec un minimum d'invités. Robert m'a offert une longue lune de miel ou un mariage en grand sachant très bien qu'un voyage me plairait davantage.

Gay et passionné

Lors d'un voyage en Floride pour une semaine avec les parents de Robert dans leur nouveau condo à Sunny Isles, on sentait qu'ils n'étaient pas disposés à parler de notre mariage. Nous avons donc évité le sujet de peur de les froisser puisqu'on était en visite chez eux. Comme à l'habitude, on a partagé nos moments libres entre le magasinage, les visites dans des endroits touristiques et les bons restaurants. Pour une première fois, la chambre d'ami avec un lit « queen » et une salle de bains attenante étaient à notre disposition. Le fait de pouvoir partager un lit sous le même toit que Bob et Liette marquait un pas de l'avant. J'avais appris à lire les sous-entendus et je savais que cet accommodement raisonnable signalait une acceptation implicite de notre couple.

Je voyageais un peu partout au Canada pour répondre aux besoins de mes clients. Je suis allé à Winnipeg plusieurs fois. Ma tante Irène et mon oncle Laurie avaient quitté Dalhousie peu après leur mariage et s'étaient installés au Manitoba. Oncle Laurie s'était trouvé un bon emploi avec la compagnie d'énergie de la province. Ils eurent huit enfants dont six garçons et deux filles. Tous, sauf deux, demeuraient dans la région de Winnipeg au moment de mes visites. Il me faisait plaisir de les revoir au passage car on ne les avait pas connus autant que nos autres cousins/cousines en raison de la distance qui nous séparait.

Chez ma tante Irène en sirotant un café, nous nous sommes mis à discuter d'homosexualité. Elle avait appris l'existence de Robert et était très contente pour nous deux. Néanmoins, ses propos sur les hommes gays m'ont laissé perplexe. Convaincu qu'elle ne cherchait pas à me blesser, j'ai été vexé par sa compréhension juvénile du sexe entre hommes. Selon elle, le sexe entre l'homme et la femme se comparait à un fil électrique qu'on branche dans une prise de courant. Il en était donc impossible pour deux hommes parce que leurs corps n'étaient pas ainsi conçus. Stupéfait par cette affirmation, je n'ai rien dit. Je suis resté muet autant par le choc de ce qu'elle venait de dire que par respect pour elle, même si dans mon for intérieur, je n'arrivais pas à croire ce que j'avais entendu.

Après coup, il m'est venu une kyrielle de commentaires que j'aurais pu faire, mais je ne m'étais pas

213

défendu et ça n'était pas comme moi de demeurer silencieux dans de telles circonstances. J'ai pris conscience qu'avec l'écart d'âge entre elle et moi, sa connaissance d'un sujet aussi tabou et mal compris qu'était l'homosexualité dans son temps avait été brimée et que l'amour entre deux personnes de même sexe constituait un contresens à la normalité prônée dans les églises. Que les appendices et les orifices humains aient été utilisés différemment par les homosexuels n'auraient pas dû entrer dans la discussion à savoir si l'union entre deux hommes étaient acceptables aux yeux de la société. J'aurais été incapable de poursuivre une conversation dans ce sens car les goûts ne se discutent pas. Dans les limites de ce qui est permissible légalement, il en revient à chacun de cerner ce qui est acceptable et ce qui ne l'est pas. Chacun devient son autorité morale. L'amour c'est l'amour!

J'imaginais comment Bob pouvait lui aussi mal interpréter une relation entre deux hommes. Cette mésaventure m'a aidé à comprendre le revers de la médaille et ce n'était pas seulement les « qu'en-dira-t-on » qui inquiétaient, mais aussi une incompréhension fondamentale de l'amour. La manifestation de l'amour en passant par du sexe entre deux personnes consentantes ne devrait jamais poser de soucis aux autres. En 1969, le ministre de la Justice avait été éloquent en disant que l'État n'avait rien à faire dans les chambres à coucher de la nation. Ce point de vue légalisé un peu plus tard prendrait des années pour changer l'opinion publique. Je ne pouvais m'attendre à ce que mes futurs beaux-parents soient à l'avant-garde de ce qu'on leur avait dit sur le sujet. L'homosexualité avait été considérée comme étant péché pendant des décennies et on ne changerait pas les croyances des gens du jour au lendemain.

Petit à petit, Bob se débarrassait de ses entreprises pour faire place à la retraite. Le Complexe Lumière, ainsi nommé à la mémoire des frères Auguste et Louis Lumière qui ont été les premiers à projeter des images photographiques, est un édifice qui comprend des salles de cinémas à l'étage et des commerces au rez-de-chaussée. Bob et Robert avaient leurs bureaux d'affaire dans cet immeuble. À la vente de l'édifice, il avait été entendu que les services de Robert seraient retenus par l'acheteur en tant que gestionnaire intérimaire pour une période transitoire de quelques mois. À la fin de ce stage, il se retrouvait sans emploi, ce qui faisait son affaire. Il avait décidé de prendre un congé sabbatique d'une durée indéterminée.

Avec plus de temps libre, à 40 ans, Robert a commencé à faire du conditionnement dans un gymnase de Gatineau, chose qu'il n'avait jamais fait auparavant. Étant le « Gémeau » qu'il est, les extrêmes sont dans sa nature. Chaque matin, il se levait vers 5 h pour préparer sa visite au gymnase. Ça prenait de la motivation prodigieuse pour se rendre tous les matins dans un endroit public afin de s'entraîner. Il a fait la connaissance de Patrick, un mordu d'exercices physiques qui s'y rendait, lui aussi, tous les jours. Ils sont devenus copains d'entraînement.

Les visites au chalet ne dérougissaient pas et en rotation, on invitait à souper Françoise et Brian, Marc et Pierre, Pierrette et Denis, Pauline et Serge, Paul, Henri, Marilou et Nuno. Un deuxième Marc est venu nous présenter sa nouvelle flamme, Bill, lors d'une soirée au lac. Ces tourtereaux visaient les débuts d'une relation à long terme.

Nous n'avions pas eu de mortalité dans notre entourage depuis très longtemps lorsqu'on a appris la nouvelle du décès de Jean, le frère de Bob, qui était atteint de la maladie d'Alzheimer depuis un bon bout de temps. Je ne l'avais pas connu mais pour Robert, c'était autrement. Sa première femme Paulette avait été une tante préférée puisqu'elle avait souvent gardé lui et sa sœur lorsque leurs parents et grands-parents séjournaient en Floride.

Il pleuvait tellement fort durant ses obsèques qu'on n'a pu l'enterrer. La pluie diluvienne avait ajouté quatre pieds d'eau dans le Lac McMullin. Tout de suite après les funérailles, on s'est rendu au chalet en prenant des détours puisqu'en raison des inondations, la route 307 était fermée à certains endroits.

Mariage en hiver

En 2007, la réunion de ma famille se tenait chez mon neveu, Jason, et sa conjointe, Natalie, à Dieppe. Leur maison, idéale pour un rassemblement, avec piscine dans la cour arrière, était sécuritaire pour les enfants et sécurisant pour des parents anxieux. Avant d'arriver, on s'était arrêté à Campbellton visiter Méa qui était hospitalisée depuis quelques semaines. Finalement, elle rencontrait Robert qu'elle a trouvé beau et de son goût. On est allé visiter ma cousine Lise et son conjoint Tommy. Avec eux, on s'est rendu chez Lucien (pas son vrai nom) et Klaus qui étaient déménagés de Toronto à Campbellton pour emménager dans une maison qu'ils avaient achetée dans le même quartier. Ces belles rencontres me plaisaient et, de toute ma parenté, c'est avec Lise que j'avais développé une amitié sincère et profonde. Elle m'a toujours accepté inconditionnellement. À l'aise avec elle et Tommy, je ne manquais jamais de leur rendre visite lors de mes passages dans la Baie-des-Chaleurs.

Pendant notre séjour à Dieppe, nous sommes allés au parc des Rochers Hopewell dans la Baie de Fundy. Les formations rocheuses exceptionnelles qui ressemblent à des pots de fleurs, sont l'œuvre des marées, les plus hautes au monde, qui les érodent depuis des milliers d'années. À marée basse, on se promène parmi ces gigantesques sculptures naturelles qui, six heures plus tard, seront entourées de 16 mètres d'eau. Merveille marine qui attire des foules de partout, je tenais à ce que Robert puisse admirer ce site unique.

Au gymnase, le duo (Robert-Patrick) était devenu un trio avec Marie-Josée. Plus tard, le cercle s'est agrandi avec l'ajout d'Alain et sa conjointe, Dominique. La mode du « spinning » faisait rage et on avait l'impression que ces cinq athlètes se préparaient pour les prochains Jeux Olympiques.

Une première invitation chez Marie-Josée nous a confirmé qu'il semblait y avoir un rapprochement entre elle et Patrick. Quelque mois plus tard, on s'est retrouvé à Ferme-Neuve à la maison d'été d'Alain et Dodo (surnom qu'elle préférait). Ces balbutiements d'une nouvelle amitié entre les trois couples ne pouvaient mieux tomber. Pour moi qui avais perdu presque tout mon réseau d'amis, ces nouvelles personnes dans mon entourage venaient combler des pertes injustes.

La construction de la nouvelle maison de Louise et Palma tirait à sa fin. Cette magnifique habitation sur un grand terrain du boulevard Labrosse, imposante pour dire le moins, faisait la fierté du nouveau petit couple. Une invitation à souper dans cette majestueuse demeure ne se refusait pas car Palma, un chef extraordinaire, surprenait avec ses excellents choix de fromages, de pâtés, de viandes et de desserts. Dans un décor moderne, de la porte d'entrée, on apercevait une cuisine de rêve à vous en couper le souffle. Au rez-de-chaussée, les filles avaient chacune leur chambre et se partageaient une salle de bain. Entre la cuisine et les chambres, le vivoir (salon et salle à manger combinés) avec ses plafonds d'au moins 15 pieds constituait la partie centrale avec un superbe foyer au gaz surplombé d'un écran téléviseur, le focus de la pièce. La chambre des maîtres, aménagée à l'étage, assurait un espace privé pour les propriétaires.

De toutes les décisions qu'on avait à prendre pour notre mariage, le choix d'un officiant a été un des plus faciles. Marilou, l'amie d'enfance de Robert, s'acquitterait de cette tâche avec brio. Toutefois, comme elle n'était pas attitrée, nous avons donc embauché Christine d'une agence locale pour s'occuper des aspects légaux. Ensemble, elles coordonneraient toutes les étapes. Marilou est venue la rencontrer à Ottawa. Afin de confirmer nos désirs et d'éviter les dédoublements entre les officiantes, nous avons organisé une pratique avant la cérémonie.

Il a été facile de trouver un endroit intime pour un petit mariage et notre choix s'est arrêté sur l'École Le Cordon Bleu à Ottawa, sise dans l'ancienne résidence du Cercle des professeurs de l'Université d'Ottawa. Dans la salle à manger à l'étage (Signatures), on a dégusté un menu gastronomique et les vins correspondants qu'on nous avait proposés pour la réception.

Nous avions choisi le jeudi 13 décembre 2007 pour célébrer notre union étant donné qu'on s'était rencontré à la même date en 1991. Vingt-quatre personnes avaient été sélectionnées parmi une liste d'une centaine, même si nous étions conscients qu'en limitant le nombre, certains de nos amis seraient déçus. Au rez-de-chaussée, à 17 h 30, un cocktail a été servi dans le petit bar au décor traditionnel anglais suivi de la cérémonie à 18 h dans une salle avoisinante.

Bob avait exprimé le désir d'être à la réception, mais pas au mariage. Ne voulant pas le contrarier, on lui a répondu qu'il n'y aurait aucun problème. Le hic, c'était que le mariage et la réception se faisait dans deux pièces connexes. À la fin du cocktail, chacun a pris sa place et la cérémonie a commencé.

Des vœux expressément formulés suivis par une lecture du Désidérata formaient la partie solennelle du rite. Publié en 1927, le texte exprime les désirs, d'où le nom Désidérata, un poème consacré à la recherche du bonheur dans la vie. Dans la cuisine de ma mère, une immense affiche du Désidérata servait à remettre les pendules à l'heure. Elle s'en servait pour nous lire des passages appropriés plutôt que de nous donner sa façon de voir la vie. Les messages passaient mieux!

Devant la cheminée décorée pour Noël, on a échangé nos anneaux avant de signer les registres officiels. Dès que la cérémonie a été terminée, Bob, qui avait été témoin de cet acte de mariage, s'est immédiatement précipité pour venir embrasser son fils en lui disant « *je suis fier de toi* ». On ne pouvait pas espérer un plus beau cadeau.

Pour faciliter les conversations, chaque convive avait une place désignée à une grande table en rectangle. La bouffe, les vins et le service impeccable des étudiants de l'École ont contribué à l'immense succès de cette journée inoubliable. Un bouquet de roses jaunes, symbole de l'amitié, avait embelli la salle de réception et à la fin du repas, on a remis à chacun une rose en souvenir de notre mariage.

Six jours après notre mariage, on partait en croisière dans les Caraïbes avec la belle-famille pour un voyage de

Gay et passionné

deux semaines à bord du paquebot Amsterdam de la compagnie Holland America. Notre itinéraire en partance de Fort Lauderdale incluait les îles d'Aruba, Bonaire et Curaçao en plus des ports au Honduras, à Belize, au Mexique et aux Bahamas. De retour en Floride, le 4 janvier, on commençait notre lune de miel, un voyage de 114 jours autour du globe. En disant nos adieux à la famille, on les embrasait fort car on ne les reverrait qu'à la fin avril.

Le tour du monde

Une fois par année, les grandes compagnies de croisière offrent des voyages autour du monde habituellement pendant les mois d'hiver. En effet, il s'agit de trajets qui évitent le froid des pays dans l'hémisphère Nord. Le plus souvent, le départ se fait de la Floride et la durée est de plus ou moins 100 jours.

Notre lune de miel commençait le 4 janvier pour se terminer le 26 avril. On a évité l'hiver 2008, un des pires dans l'histoire de la capitale nationale. Le parcours était divisé en segments de 10 à 14 jours. Un croisiériste pouvait en acheter un ou plusieurs. Nous étions 700 personnes à faire la circumnavigation complète, c'est-à-dire les 114 jours du circuit de Fort Lauderdale pour revenir au même port à la fin du périple.

Dans ce voyage, nous avons eu 60 jours en mer et seulement trois jours de houle. Dans la plupart des ports, nous nous arrêtions pour une seule journée à l'exception de Sydney en Australie, Singapour City au Singapour, Istanbul en Turquie, Mumbai en Inde et Safaga en Égypte. En tout, nous avions mis les pieds dans quelques 25 pays. Nous avons traversé deux canaux : Panama et Suez. Normalement le navire vogue la nuit et s'arrête le matin dans un port de mer.

Nous étions à bord le MS Amsterdam de la compagnie Holland America qui peut accommoder 1380 passagers et un effectif de 600 employés. La vie sur un paquebot est semblable au train de vie dans un petit village. La socialisation se fait au gymnase, à la piscine, dans les salles à manger et les bars, au cinéma, au casino, sur les ponts, à la bibliothèque, dans les boutiques, dans la salle de spectacles et dans les salles de réception où sont reçus des sous-groupes tels que les fréquents voyageurs, les membres d'un groupe privé, les adhérents d'une religion, les amateurs d'art (pour un encan) ou les clients d'un fournisseur important, par exemple.

Gay et passionné

Comme dans toute municipalité, les gens se regroupent selon les intérêts. Nous avons découvert les membres de la communauté LGBTQ qui se rencontraient une fois par semaine dans un bar avant le souper. Tous n'y allaient pas, nous en avons donc rencontré d'autres par l'intermédiaire de ceux qu'on avait déjà connus et, parmi les premiers, on avait fait la connaissance de Bobby et Robert, un couple de Naples en Floride. On a appris qu'il y avait à bord tout un contingentement de ce coin des États-Unis. Ils nous ont présenté leur ami Ed (Edwin) qui voyageait seul, son conjoint de longue date étant décédé quelques années auparavant.

Pour Robert, Ed, âgé de 76 ans, en pleine forme physique, représentait un grand-père qu'il avait perdu. Joailler, d'une famille à l'aise du New Jersey, il était d'un raffinement exceptionnel. En un rien de temps, on s'est lié d'amitié avec lui et on s'assurait qu'il n'était jamais seul. Notre geste de fraternisation a été bien apprécié car, en voyageur solo, il se sentait un peu à l'écart.

Nos souvenirs de voyage pourraient faire l'objet d'un grand livre. Toutefois, certains endroits ou excursions nous ont particulièrement marqués soit par leur originalité ou par la beauté naturelle observée. C'est en Polynésie Française, plus spécifiquement aux îles de Moorea et Bora Bora qu'on a vu des paysages tropicaux d'une beauté indescriptible. Les turquoises de l'eau, les verts de la végétation et les beiges du sable peignaient un tableau irréel.

À Sydney, accosté à côté d'un des édifices les plus beaux et les plus emblématiques au monde, l'Opéra de Sydney, avec ses toitures qui ressemblent à des cornettes de religieuses, nous a réservé de belles surprises lorsqu'on a visité les quatre grandes salles de spectacle.

Au Vietnam, une excursion sur la Baie d'Halong (qui veut dire la descente du dragon) s'impose malgré les centaines de jonques traditionnelles qui circulent entre ces milliers de pilons aux formes diverses qui jaillissent des eaux de couleur jade. Ce patrimoine mondial est inoubliable. À l'intérieur d'un des pilons, on a traversé une caverne avec stalactites et stalagmites illuminés de toutes les couleurs, une cathédrale dans un rocher.

221

À Louxor en Égypte, dans la Vallée des rois, un spectacle sons et lumières attire des foules de partout. En se dirigeant vers le temple de Karnak, on a rencontré Ed qui semblait avoir de la difficulté à marcher sur les pavés unis. Robert et moi l'avons pris par les bras et l'avons accompagné jusqu'aux estrades. Le complexe de Karnak développé et reconstruit pendant plus de 2000 ans par des pharaons successifs est le plus grand complexe religieux de toute l'Antiquité. Le temple et le complexe sont reliés par une allée de sphinx de près de trois kilomètres de long.

Dans une gigantesque citerne souterraine à Istanbul (anciennement Constantinople), on a fêté avec tous les croisiéristes du navire, deux anniversaires : le 50e de la Tournée mondiale et le 135e de la compagnie Holland America. Au programme, danseurs du ventre, cracheurs de feu, bouffe traditionnelle, alcool à volonté et musique dansante, il y en avait pour tous les goûts. Au retour, debout sur les ponts, on a été impressionnés par des feux d'artifice qui complétaient ce point marquant de cette compagnie de croisière, l'une des plus anciennes de cette industrie.

Entrer dans le Grand Canal de Venise par paquebot qui permettait de voir, du haut du dernier pont, l'ensemble de cette ville portuaire avec son architecture impressionnante est un rêve même pour le voyageur invétéré. La place Saint-Marc, le Pont des Soupirs entre le palais des Doges et la prison, la basilique Saint-Marc de Venise et les célèbres colonnes monolithiques de granit rapportées de Césarée forment un portrait incroyable de cette ville flottante avec ses mille et un campaniles et autant de vaporettos et gondoles qui assurent le transport en commun.

À Funchal, la capitale de Madère, un tour de cette île Portugaise nous en a fait voir de toutes les couleurs. Les plantes, les fleurs et les arbustes fleurissants coexistent dans un climat propre à une végétation tropicale douze mois par année. Prisé par les Européens, Madère est un centre de villégiature abordable mais difficilement accessible par avion en raison des forts vents qui empêchent l'atterrissage sur sa plus longue piste qui, en partie, surplombe l'Océan Atlantique. Les pilotes doivent réussir une formation spéciale avant d'obtenir l'autorisation d'atterrir un appareil à cet aérogare. D'y arriver en bateau de croisière offre une belle alternative.

Selon Ed, c'est à Louxor qu'il a été témoin de notre sincérité et qu'il s'est accroché à nous. C'est le sourire de Robert qui l'a séduit. La complicité entre eux se voyait d'un mille à la ronde. La jalousie ne faisant pas partie de ma personne, le rapprochement entre Robert et Ed ne me dérangeait nullement. Au contraire, de les voir allumés me plaisait. La tristesse qu'on observait dans le visage d'Ed les premiers jours qu'on l'a connu avait été remplacée par un air de contentement. C'était comme si on lui avait redonné le goût de vivre.

La croisière tirait à sa fin. Plus on passait du temps avec Ed, plus on sentait qu'il craignait un aboutissement de notre amitié et qu'on le laisserait tomber à notre retour au Canada. On lui promettait de garder contact mais il n'avait peut-être pas confiance qu'on pourrait continuer à se voir.

En retour de la croisière, Bob, Mélanie et Evelyne nous attendaient à l'aérogare d'Ottawa. Un souper de famille à Gatineau s'imposait. On en avait long à raconter car c'était la première fois que Robert s'était absenté pendant une si longue période.

De retour à la maison, on a immédiatement invité Ed à venir nous visiter et, tous les trois, on est allé à Montebello, à Montréal, à Québec et au Mont Tremblant. Le mois suivant, il nous a invités à lui rendre visite à Mahwah au New Jersey, à une heure de la ville de New York. Pendant une semaine, on a vu tous les sites historiques de son entourage, son lieu de naissance, la ville où il avait grandi et la maison paternelle. Il est revenu à Ottawa et durant cette deuxième visite, il nous a mentionné qu'il voulait se rapprocher de ses amis à Naples en Floride. Lui et son conjoint avait acheté un condo à Fort Myers à 10 minutes de Naples et ils s'en étaient servi régulièrement pendant de nombreuses années. Il nous a invités à lui rendre visite à Fort Myers. Au cours de la semaine passée avec lui, on a fait le tour des maisons qui l'intéressaient. Il cherchait notre opinion à savoir laquelle serait la plus appropriée pour finir ses jours. Notre choix correspondait avec le sien et une offre d'achat a été faite illico.

Nous avions connu son réseau d'amis de Naples qui l'accompagnait sur la croisière. En effet, on a été reçu chez Bobby et Robert qui vivaient non loin de la maison qu'il pensait acheter. Son agent d'immeuble Vic et son conjoint Bill étaient présents à ce même party où on rencontrait d'autres amis d'Ed qui habitaient Naples ou les environs. Sa décision de quitter Mahwah et de s'établir dans un climat plus chaud entouré de toute une kyrielle d'amis était logique et souhaitable.

C'est à Vancouver qu'on a souligné l'achat de sa nouvelle maison. Après avoir quitté Fort Myers, Robert était allé voir ses parents à Sunny Isles et, de là, il est venu me rejoindre à Vancouver où je donnais de la formation. Au même moment, Ed prenait un avion de Newark en direction de Vancouver pour venir nous rejoindre. Pendant que je travaillais, Robert et Ed partaient à la découverte de cette ville que j'aime beaucoup. Ils ont visité English Bay (le coin de notre hôtel), le secteur Gastown (la partie historique de la ville), le ghetto gay (rue Davie). Ensemble, on est allé au marché public de l'île Granville et on a fait une excursion en autocar à Whistler juste avant les Olympiades de 2010.

Une année de surprises

Depuis un certain temps, on avait commencé à fréquenter nos voisins de chalet en ville, soit chez nous ou chez eux. Jean et Martine nous ont dépannés à plusieurs reprises et leurs bons conseils ont toujours été appréciés. Les cocktails à leur chalet ou au nôtre ont été des moments de bonheur. On se sentait bien et respecté avec ce couple respectueux des gays.

Lors d'un de nos voyages en Floride, nous nous sommes donné rendez-vous pour casser la croûte. C'est au Turtle Club de Naples, le restaurant fétiche de Robert, qu'on a eu le plaisir de se revoir sous un soleil radieux. Ces Français « canadianisés » ont appris notre vocabulaire. Martine se souviendra longtemps de la personne qui est venue leur emprunter « une chaudière et une hose ». Pour les Français, une chaudière c'est un calorifère. Une « hose », elle n'en avait aucune idée. Ce n'est que plus tard qu'elle apprendra qu'il voulait un seau et un boyau d'arrosage.

Grâce à Ed, nous sommes retournés à Naples deux à trois fois par année. Il nous réservait la chambre des maîtres qu'il n'avait jamais occupé, préférant la chambre d'amis dont les proportions étaient beaucoup plus modestes et à son image. Une routine s'était vite installée. Chacun faisait son déjeuner. La grasse matinée se prolongeait jusqu'à midi ou 13 h, moment où venait le temps de prendre une bouchée. En après-midi, on faisait des courses ou des sorties touristiques. Le soir, chacun mettait la main à la pâte pour créer un repas à la fois délicieux et simple. Les jeudis, on sortait au Bambusa, un bar gay au pied de la rue Goodlette-Frank, près de la vieille ville. Là, tous ses amis se réunissaient pour un verre et prendre des nouvelles des autres. Le plus souvent, on y restait pour le souper servi du côté restaurant. De retour à la maison, on finissait la soirée en visionnant un film.

À Gatineau, chez les beaux-parents, les soupers dominicaux servaient à rassembler toute la famille. La grande table de la salle à manger pouvait facilement accommoder huit personnes et le décorum exigeait une nappe sur laquelle étaient déposés deux chandeliers. Nos places changeaient selon les goûts de la personne qui avait préparé la table; toutefois, les places des parents aux extrémités de la table restaient toujours les mêmes. On m'assoyait normalement à côté de Robert, le plus souvent à ma droite et Bob à ma gauche. Lorsqu'un visiteur s'ajoutait, les places habituelles changeaient.

Après notre mariage, je faisais référence à la mère de Robert en l'appelant ma belle-mère. Rarement ai-je utilisé le terme beau-père parce que Bob n'utilisait pas le terme « gendre » quand il me présentait à de nouvelles personnes. Par respect, je m'abstenais de ce qualificatif qui aurait pu le rendre mal à l'aise. C'était surtout lorsqu'une personne de l'extérieur visitait la famille que je sentais qu'il fallait taire notre relation.

Dans un geste complètement inattendu, Bob est venu me jaser un soir dans la cuisine pour s'informer du coût de la noce. Surpris par sa question, je lui ai répondu vaguement qu'on avait limité les dépenses en invitant seulement 22 personnes et que nous avions réglé le compte avec l'École Le Cordon Bleu. Il a insisté pour connaître le montant exact des frais encourus. Je lui ai demandé la raison pour laquelle il cherchait cette information et sa réponse m'a surprise. Selon lui, puisqu'il avait défrayé les coûts pour la noce de sa fille, il pouvait en faire autant pour son fils. J'ai hésité avant de lui répondre. J'appréciais sa générosité, mais nous n'en avions pas discuté avant le mariage, et j'étais donc inconfortable dans cette situation. Puisqu'il n'avait pas eu son mot à dire dans les choix que nous avions faits, je trouvais la situation délicate. Comme il insistait, je lui ai donné le montant précis et, cinq minutes tard, il m'a remis un chèque.

Avait-on franchi une nouvelle barrière? Cette bonté m'avait pris par surprise. Pour un homme qui est à la fois généreux et parcimonieux, le message qu'il nous transmettait en était un d'approbation en sourdine. En vrai politicien, il savait faire les choses pour avoir les résultats escomptés. Il n'en a jamais reparlé et il ne s'en est jamais vanté non plus. J'apprenais les subtilités de mon beau-père. Je le respectais tel qu'il se présentait. On ne choisit pas ses beaux-parents, il faut tout simplement apprendre à les connaître et les apprécier tels qu'ils sont. Deux ans après la formation du quintet sportif, un sixième est venu s'ajouter au groupe du gymnase. Robert avait remarqué un homme qui était toujours seul à faire son conditionnement. Heureux de faire partie du groupe, Marc est entré dans le cercle comme si il en avait toujours fait partie. Il se plaisait à rejoindre le groupe pour des déjeuners après l'entraînement. Même si je n'en faisais pas partie, je ne manquais jamais les déjeuners avec ces athlètes. Pour démontrer sa gratitude envers le groupe, c'est avec grande délicatesse que Marc (et sa conjointe Monique) a reçu la gang à leur chalet de Saint-Pierre-de-Wakefield. Le fait d'être un couple gay dans un cercle d'hétérosexuels n'avait aucune importance. Au contraire, ça ajoutait un certain piquant. Aussi, on les éduquait sans le savoir.

Un an, jour pour jour, après notre retour de croisière, je commençais un emploi (un contrat de quatre mois) avec Holland America en tant que conférencier portuaire. Après une formation éclair de deux jours, sur le Maasdam, j'ai monté à bord du Prinsendam à Miami qui se dirigeait vers l'Europe pour la saison estivale. Par un curieux hasard, Serge et Lise, qu'on avait rencontrés lors d'une réception de Francophones durant le tour du monde, se trouvaient à bord. Être client, c'est bien différent que d'être employé. J'ai vécu une expérience désastreuse. On maltraite les employés et on s'en fiche éperdument. La gestion retenait nos passeports et il n'était donc pas facile de quitter quand ça n'allait plus. Mais au bout de quelques semaines, je n'en pouvais plus de me faire pousser dans le dos pour accomplir des tâches autres que celles pour lesquelles j'avais été embauché. Je n'avais pas non plus les outils nécessaires pour accomplir ce qu'on me demandait. J'avais droit à la cafétéria du navire et tous les matins, je prenais mon déjeuner avec Serge et Lise. Heureusement qu'ils étaient là pour me consoler et m'orienter dans mes décisions.

Au bout de quatre semaines, j'ai inventé un prétexte qui m'obligeait à retourner de façon urgente à la maison. Il a fallu que je fasse des réservations avec Air Transat à partir d'un site Internet tout en Italien. Au dernier jour, on m'a remis mon passeport à la dernière minute juste avant de quitter le navire. On m'a également donné une enveloppe dans laquelle se trouvait mon salaire de cinq semaines. J'ai pris la navette de Civitavecchia pour me rendre à l'aérogare international de Rome (Léonardo da Vinci).

Au comptoir d'Air Transat, on ne trouvait pas ma réservation. Il a fallu une équipe de trois personnes pour la localiser car, par erreur, j'avais inversé mon nom et prénom. Et puisque le nom de la réservation ne correspondait pas avec mon passeport, on refusait de me donner une carte d'embarquement. Il a fallu plusieurs heures pour faire corriger la réservation et pour que je puisse rejoindre la file de gens qui montaient à bord du vol 903. Robert m'attendait patiemment à Dorval. Je n'ai jamais été aussi content de revenir au pays.

C'est en racontant à Ed mon aventure avec Holland America que j'ai commencé à descendre des rideaux. Il était venu à Ottawa pour désennuyer Robert. Au souper de la fête des pères au domicile patrimonial, on lui a présenté toute la famille (que j'avais surnommée la « famille italienne » car on parle tous en même temps). Il nous a accompagnés au 40ᵉ anniversaire de Marc où tout se passait en français, l'immersion totale pour lui.

Quelques jours plus tard, on partait tous les trois en direction de Toronto pour les activités de la fierté gay et de la péninsule du Niagara s'arrêtant à Niagara-on-the-Lake. Avec son appareil-photo, Robert s'en est donné à cœur joie dans cette belle petite ville fleurie. On s'est arrêté pour admirer les Chutes Niagara du côté canadien et ensuite du côté américain, avant de reprendre la route pour revenir au Canada en passant par Greece, Oswego et Watertown. On a franchi les douanes canadiennes aux Mille-Îles.

J'avais travaillé avec Adrien, un responsable en dotation, alors qu'il m'avait embauché pour défendre la position ministérielle dans des causes entendues par le Tribunal de la dotation.

En 2000, lui et son conjoint Réjean ont fait l'acquisition de La Chasse-Gardée du Marais, un domaine dans le secteur Larrimac de Chelsea. Ces propriétaires, amateurs de nature, ont acheté cette propriété de 11 acres et l'ont aménagée avec des plantes exotiques qui poussent habituellement dans un microclimat. On ne comprend toujours pas pourquoi ces plantes sont resplendissantes dans un tel environnement.

La Chasse-Gardée du Marais servait à l'occasion pour des activités de levées de fonds afin de soutenir des causes caritatives. C'est lors de l'une de ces activités organisée par la Maison Mathieu-Froment-Savoie que Bob et Liette étaient les présidents d'honneur de la campagne de financement. Lorsque Patsy, la chanteuse invitée, a interprété « Sugar Daddy », la centaine de personnes réunies n'ont pas étouffé les rires.

Un voyage d'affaire à Victoria, capitale de la Colombie Britannique fondée par la Compagnie de la Baie d'Hudson et nommée en l'honneur de la reine Victoria, m'a donné l'occasion de revoir trois personnes que je n'avais pas vues depuis très longtemps. J'avais connu Harold à Toronto, un retraité de CBC avec qui j'ai eu beaucoup de plaisir. Originaire de la Nouvelle-Écosse, on avait beaucoup en commun. J'étais tellement content de le revoir.

J'ai aussi revu William, un ancien séminariste d'Ottawa que j'avais rencontré dans un bar gay. Originaire de Terre Neuve, ce bon vivant n'avait pas changé. Tout aussi religieux que je le jour où on s'était rencontré, sa dévotion à sa paroisse et à ses fidèles ont été inspirants.

Par pur hasard, ne sachant pas qu'il était déménagé à Victoria, dans une rue de la ville, j'ai croisé mon ami Barry, celui qui m'avait aidé à obtenir un emploi à Postes Canada.

Ces trois gays m'avaient aidé chacun à leur façon et quel cadeau du ciel que de les revoir dans cette ville pittoresque.

De beaux voyages

Les années se suivent mais ne se ressemblent pas, selon le vieux dicton. En effet, un deuxième Noël en Floride avec la belle-famille n'aurait aucune similarité avec l'expérience vécue au début de notre relation. Cette fois, Bob avait loué un appartement dans le même immeuble pour qu'on ne soit pas entassé dans le condo familial.
Des signes avant-coureurs de problèmes de santé avaient été observés. Bob semblait manquer d'orientation en conduisant sa voiture. Cependant, il n'en parlait pas. Conduire son véhicule depuis Gatineau jusqu'en Floride lui occasionnait un stress épouvantable et il préférait qu'on s'occupe de la conduire jusqu'à Sunny Isles. Sur place, il se débrouillait assez facilement. Il avait éliminé ses sorties le soir, ce qui était prudent parce qu'en vieillissant, la vision nocturne amoindrie rend dangereuse la conduite véhiculaire. Ces précautions n'avaient rien d'extraordinaire. Elles étaient sensées et astucieuses.
C'est avec grande prévoyance qu'on partait Robert et moi en direction du 18000 North Bay Road, un trajet qui se fait presqu'entièrement sur l'autoroute 95. Toutefois, nous avions décidé de continuer sur la route 81 pour découvrir de nouveaux paysages. On s'est arrêté à Roanoke en Virginie et en regardant le téléviseur à la réception de l'hôtel, on a appris que la météo changerait drastiquement au courant de la nuit. Une tempête de neige paralyserait cette région peu habituée à ce genre de conditions météorologiques. On annonçait déjà les fermetures d'écoles et de commerces. Sur ce, on s'est couché tôt. À 4 heures, on reprenait la route et on laissait derrière nous des chemins déjà bien enneigés. On est arrivé à Sunny Isles le même soir ayant fait le voyage en deux jours. Les autres membres de la famille, sauf Palma, devaient arriver par avion le lendemain soir.
L'atmosphère détendue de ce séjour en Floride a marqué un des plus beaux Noël en famille. Les activités

Gay et passionné

habituelles ont rempli nos journées : magasinage, restos, visites, etc. Une sortie chez Ruth's Chris à Fort Lauderdale, une maison bien connue pour ses succulents steaks tendres et juteux a été mémorable. Chaque fois qu'on est retourné en Floride, on s'est rendu dans cet établissement pour un délicieux festin. C'était devenu une tradition qu'on gardait pour la fin du séjour pour prolonger l'anticipation.

Les amis du gymnase, qui seront plus tard connus sous le nom de « Folie à huit » nous incluait, Monique et moi, en dépit du fait qu'on n'y allait pas, vivaient un rapprochement hors du commun. La cohésion du groupe était telle qu'on parlait de voyager ensemble et sachant bien que tous ne pourraient pas y participer chaque fois, un premier voyage avait néanmoins été organisé. On partirait pour Cuba. À l'exception de Marc et Monique, le groupe a quitté un dimanche de Pâques pour Varadero. C'était une deuxième expérience pour Patrick. Excité comme un enfant, il vivait un rêve. De le voir si heureux avec sa nouvelle conjointe Marie-Josée, nous étions témoins d'un conte de fée vivant.

Un court séjour d'une semaine nous donnait assez de temps pour se détendre sur la plage sablonneuse privée de l'Hôtel Blau et de faire quelques excursions. Tous s'entendaient sur une sortie d'un jour à La Havane, qui, grâce à des dons monétaires de l'UNESCO, avait reçu une cure de rajeunissement. De vieux édifices délabrés et désuets avaient été transformés en restaurants et boutiques chics. La riche histoire de cette capitale cubaine est fascinante et les habitants sont d'une gentillesse même avec les touristes qui ne sont pas tous des anges. Qu'on soit pour ou contre le communisme, il n'en demeure pas moins que les Cubains sont, pour la plupart, instruits, polis et en santé.

Une autre excursion, hors des sentiers battus, nous dévoilait un côté de la vie cubaine que peu de voyageurs prennent le temps d'explorer. En autocar, notre premier arrêt fut au mausolée de Che Guevara à Santa Clara. Traversant ensuite vers le sud de l'île, la destination suivante, la ville historique de Trinidad ne doit pas être confondue avec l'île du même nom. Au centre de la communauté, une belle église du 18e siècle en restauration. Le troisième et dernier endroit à découvrir fut la ville construite par les Français : Cienfuegos, avec sa salle de spectacles où Sarah Bernhardt et Mario Caruso ont donné des récitals.

La famille de Marie, la conjointe de ma sœur Claudette, habitait Peterborough en Ontario. Au cours des années, ses fils leur ont religieusement rendu visite à Halifax. Toutefois, Marie avait le goût de se rapprocher des siens. En vieillissant, l'aide et le confort de ses proches lui donneraient une meilleure qualité de vie. C'est la raison qui les a motivées à quitter les Maritimes pour s'établir à Peterborough. Heureux qu'elles soient à trois heures de route, nous sommes allés leur dire bonjour dans leur nouvelle demeure. Elles ont une grande différence d'âge, Claudette étant plus jeune que Marie de 17 ans. Leur relation qui perdure depuis plus de 30 ans a connu des hauts et des bas, mais comme dans tous les couples qui arrivent à mettre de l'eau dans leur vin et à passer au travers de périodes difficiles, elles sont sereines.

Une invitation à un party d'anniversaire est généralement anodine sauf que pour notre ami Paul, l'ordinaire ne suffit pas. Il fêtait ses 50 ans en grandes pompes à Paris. Notre présence à sa table pour un souper de célébration était sollicitée. Comment refuser cette convocation gracieusement? Robert n'était pas allé à Paris depuis belle lurette et en avait envie. Je ne pouvais pas en dire autant ayant séjourné à l'Hôtel Castex pendant deux semaines quelques années auparavant. Mais Paris, c'est Paris et on ne se fatigue pas de voir et revoir les mêmes sites touristiques. Comment pourrais-je offrir ce voyage à mon bien-aimé?

Un des avantages des voyages d'affaires à répétition sont les points de fidélisation accumulés avec Aéroplan. J'en avais suffisamment pour un voyage aller-retour pour deux personnes en première classe. Lorsque je me suis rendu compte qu'on serait dans la Ville lumière pour le 48e anniversaire de Robert, j'ai conclu que c'était l'occasion rêvée de faire d'une pierre deux coups. Nos billets avec Lufthansa pour Paris via Munich rallongeaient un peu le voyage, mais pour le confort de la première classe, ce n'était pas à dénigrer.

On s'est logé dans un minuscule appartement sur l'île Saint-Louis au 13 Quai d'Anjou (13 étant la date de notre anniversaire de mariage). Au souper de fête, nous étions sept dont Colin et Nic de Londres et cinq invités venus du Canada, dont Éric et Andrew d'Ottawa. Au resto « Food and Beverage » de la rue Charlot (un autre curieux hasard), on a levé nos verres à Paul, ce personnage attachant qui connait des tonnes de gens.

On a profité de notre passage en France pour aller à Brussels en TGV. On a quitté Paris une deuxième fois pour se rendre au Château Fontainebleau, une résidence des rois de France de François 1er à Napoléon III. Occupé continuellement pendant 700 ans, ce magnifique musée de 1500 chambres dépassait de beaucoup mes attentes. Les pièces sont presque toutes meublées et les objets sont dans un état exceptionnel. Non loin du village de Fontainebleau se trouve la communauté artistique de Barbizon, un village que Robert avait identifié comme l'endroit où il voulait souligner son anniversaire de naissance, ce qui a été fait au restaurant La Bohème.

De retour à Paris, on a revu beaucoup d'endroits qu'on avait déjà visités tels que le cimetière du Père Lachaise, la Tour Eiffel et les Jardins du Luxembourg. Les nouveautés incluaient une visite au Musée des Arts Décoratifs, une promenade dans la rue Mouffetard (les gens dansent dans la rue lors du marché les dimanches matins), et un arrêt à Barbès où on observe des Africaines en boubou, des noctambules égarés et des Arabes en burnous qui viennent chercher là une montre, un foulard ou simplement des fruits et des légumes à des prix imbattables.

C'est au bar Le Central dans le Marais sur la rue Vieille-du-Temple qu'on rencontrait les amis de Paul. On se rendait dans ce bar de quartier mythique les fins d'après-midi pour échanger sur nos activités et pour observer le quotidien de la vie gay dans le Marais où on y trouve des restos, des boutiques tendance, des saunas, des librairies et des commerces « gay-friendly ». Les gens n'ont pas peur de s'afficher dans ce 4e arrondissement qui a beaucoup évolué depuis les folles nuits parisiennes.

Au retour, une escale à Munich nous réservait des surprises. Notre appareil s'est posé au sol mais n'a pas pu accéder à un pont passager. Des autobus attendaient sur la bretelle pour faire la navette vers l'aérogare. Pour les voyageurs en première, trois Porche Panama Turbo noires avaient été prévues pour nous conduire directement au salon VIP Lufthansa. Dans ce salon privé, il y avait de tout : un bar complet, une cafétéria haut de gamme, des salles de douches et des tables de travail. Sur le vol vers Montréal, nous n'étions que six passagers en première et avons été servis par deux agents de bord gays (Stephanie et Dominik) qui nous ont reconnus et donné un service sensationnel.

Dans une robe longue pourpre, Mélanie était d'une élégance à faire le bonheur de sa grand-mère lors de son banquet de graduation qui avait lieu au Hilton du Casino du Lac Leamy. En l'absence de son père, c'est Robert qui l'a accompagnée pour la première danse de la soirée. Elle a saisi l'occasion pour le remercier de tous ses efforts au cours de ses années à l'école primaire et ensuite au Collège Saint-Alexandre où elle avait terminé son secondaire. Le lendemain, pour son anniversaire de naissance, elle recevait en cadeau de ses grands-parents une voiture neuve GM G3 de couleur bleu métallique alors qu'on lui avait promis la voiture usagée de sa grand-mère. À 17 ans, la vie s'ouvrait devant elle et son rêve de devenir architecte l'a propulserait pendant les prochaines années.

Ma réunion de famille, de retour à Charlo, incluait un plus grand rassemblement, c'est-à-dire celui de tous les descendants d'Alfred et Olive Mazerolle pour souligner le centenaire du mariage de nos ancêtres. Plus d'une cinquantaine de la lignée sont venus au Chalet des Aventuriers. Ce fut une belle occasion pour Robert de rencontrer d'autres parents qui n'étaient pas venus à Tracadie pour la rencontre des Mazerolle en Amérique du Nord.

Les garçons de mon frère Daniel étaient maintenant à un âge où la parenté les intéressait. C'était beau de les voir interagir avec les gens rassemblés et de jaser dans la langue de leurs arrière-grands-parents. Zachary et Alexandre se débrouillaient assez bien en français, mais Yannick n'en avait pas encore le goût. Il a fallu attendre encore quelques années pour l'entendre parler la langue de Molière et ce, avec une facilité étonnante. Oncle Charles était très fier de ses neveux qui, dans une ville anglophone, auraient pu ne pas du tout vouloir apprendre cette langue si compliquée et pleine d'exceptions. C'est en partie grâce à leurs parents qui en voyaient les mérites.

Nos amis Jim et Brian de Wallingford du Connecticut sont venus nous visiter et, étant donné que Brian ne connaissait pas Ottawa, nous sommes demeurés en ville pour les deux premiers jours, question de lui présenter notre belle capitale. Pour les Américains, le Canada représente une nation de gens polis et respectueux où la vie est comme elle l'a été aux États-Unis il y a 50 ans. Ils ont trouvé nos rues très propres!

Nous les avons ensuite invités au chalet pour deux autres jours afin qu'ils puissent voir le côté champêtre de notre région. Ils ont bien aimé notre excursion à La Pêche où nous nous sommes arrêtés pour casser la croûte à la Maison Earle. C'est au pont couvert de Wakefield qu'ils ont été charmés en regardant les téméraires sauter dans des eaux qui apparaissent peu profondes. Juste avant de quitter, des mariés sont venus faire de la photo à l'intérieur du pont afin de créer des scènes romantiques.

Chez Brian et Françoise, on a rencontré Mona et Marie-Paule qui forment un couple depuis des années. Mona et mon amie Françoise sont originaires du Madawaska au Nouveau-Brunswick et se connaissent depuis leurs années au Collège Maillet à Saint-Basile. Curieusement, Robert connaissait Marie-Paule, une enseignante d'anglais langue seconde à l'École polyvalente Nicolas-Gatineau dans l'Outaouais. Ils s'étaient déjà croisés dans cette école de Gatineau et ces liens communs ont servi à démarrer quelques conversations intéressantes.

Une fin de semaine de pêche au Lac Tortue avec la « Folie à huit » a été un succès. Robert et moi avons couché dans des sacs à couchage dans la roulotte de Patrick et Marie-Josée. Les quatre autres étaient dans deux tentes. On a mangé des truites fraiches pour le souper. Autour du feu de camp, on s'est raconté nos peurs. Nous avons également chanté pour accompagner Marc à la guitare et Patrick à la musique à bouche (ruine-babines). Ces soirées féeriques compteront parmi les plus belles de nos étés enchanteurs. Nous étions tricotés serrés. Le réconfort de se retrouver entre amis nous enivrait et nous donnait un bon coup d'envoi pour affronter les prochaines semaines.

Un hiver à Naples

De toutes les métropoles nord-américaines ayant un bon pourcentage de gens LGBTQ, c'est à San Francisco qu'on trouve la plus forte concentration de gays. Plus précisément, c'est dans Le Castro Village, le nom donné au secteur de cette ville portuaire, qu'un ghetto gay s'est amorcé grâce à Harvey Milk, un photographe qui, en 1975, a ouvert un magasin de photo au 575 de la rue Castro. Rapidement, il est devenu un militant de la communauté gay particulièrement actif, s'autoproclamant le « maire de Castro » et contribuant à établir le quartier comme une destination homosexuelle. Le quartier fut sévèrement touché par la crise du SIDA au cours des années 1980.

Harvey Milk fut le premier homme politique ouvertement homosexuel élu en tant que conseiller municipal de la mairie de San Francisco. Lui et le maire, George Moscone, ont été assassinés le 27 novembre 1978 par Dan White, un ancien superviseur jaloux. Au procès de White, les avocats de la défense ont argué qu'il était dépressif en raison de modifications à son régime alimentaire. Il consommait de grandes quantités de « Twinkies », une gourmandise bien connue aux États-Unis. Le jury l'a déclaré coupable d'homicide malgré l'évidente préméditation, ce qui fit réagir la communauté gay. Des émeutes sévèrement réprimées par les forces de l'ordre éclatèrent. Ces manifestations furent désignées les « White Night Riots », un jeu de mots avec « white night », « nuit blanche ».

San Francisco est pour les gays ce que La Mecque est pour les musulmans. Nombreux sont les gens LGBTQ qui se rendent à San Francisco pour visiter Le Castro. La chanson hyponyme interprétée par Village People, leur premier « single », résonne encore dans les rues. Ce groupe disco populaire vers la fin des années 1970 fut créé à la suite d'un casting de deux producteurs français expatriés

Gay et passionné

aux États-Unis (Jacques Morali et Henri Belolo). Un danseur de rue en costume indien lors d'une soirée costumée dans le Greenwich Village à New York est l'inspiration de départ. Chaque membre des Village People se voit attribuer un costume caricatural à la mode dans les boîtes de nuit gays du Greenwich Village : l'Indien, le policier, le soldat, le cow-boy, l'ouvrier de construction et le motard.

Nous avions loué un appartement dans Le Castro au 4400 de la 19e Rue pour vivre cette immersion dans le ghetto. Avec une population gay à 41 %, ce quartier est unique. Au premier matin, chez Mollie Sloane, l'épicier de choix, la clientèle et la gestion sont gays, il ne fait aucun doute. Cette fine épicerie vous donne l'eau à la bouche tellement les étalages de fruits, de légumes et de pâtisseries sont appétissants, sans parler de la clientèle qui offre, elle aussi, des bonbons visuels.

Au retour de mon premier voyage dans cette belle ville, j'avais raconté à Robert tout ce que j'avais vu et ça lui en avait donné le goût. Il se souvenait des maisons victoriennes de couleurs pastel dans la scène d'ouverture de l'émission télévisée « Too Close for Comfort », filmée dans une des rues les plus célèbres de San Francisco. Les « Painted Ladies » sont d'énormes maisons de style victorien ou édouardien avec une architecture très décorative ayant un minimum de trois couleurs. Cette rangée d'habitations sur le Square Alamo est un alignement méticuleux de maisons construites en escalier. C'est un des endroits les plus photographiés de cette ville et souvent utilisé pour des annonces publicitaires.

Nous disposions de 11 jours pour découvrir cette ville incomparable si bien décrite dans les romans d'Armistead Maupin, « Tales of the City ». Les tramways à traction par câble (cable car) de San Francisco, les derniers au monde à être encore utilisés, sont à la fois emblématiques et mythiques. On ne pourrait pas visiter cette métropole sans en vivre l'expérience. Des trésors à explorer comprennent le musée de la famille de Walt Disney dans le quartier Presidio, le campus George Lucas rendu célèbre pour sa création cinématographique de La guerre des étoiles, la prison Alcatraz située sur une île à l'est du Golden Gate

237

dans la Baie de San Francisco et le site de l'exposition international Panama-Pacifique de 1915. Fascinée par nos récits de voyage, Mélanie entreprendra beaucoup plus tard un voyage avec sa grand-mère pour apprivoiser, à son tour, cette ville extraordinaire.

De la Californie, nous nous sommes dirigés directement vers la Floride pour aller souligner les 80 printemps de notre ami Ed. En dépit de la distance qui nous séparait, notre amitié avec cet octogénaire était demeurée solide. On s'est visité mutuellement à maintes reprises. Chaque fois qu'on se voyait, Ed nous faisait découvrir de nouveaux endroits. C'est dans un village créé artificiellement qu'on a assisté à la messe du Dimanche des Rameaux chantée en latin sous le régime pré Vatican II. Ave Maria, le nom donné à cette petite municipalité fondée en 2005 sous la direction du philanthrope américain, Tom Monagham, propriétaire de la compagnie Domino Pizza et un fervent catholique, est le site d'une université privée (Ave Maria University) avec ses 1100 étudiants.

Le Sterling, anciennement l'Eau Vive, un chic restaurant aux abords de la rivière des Outaouais était devenu l'endroit de choix pour souligner les grandes occasions de la belle-famille. Sise rue Jacques Cartier, presqu'en face de la résidence du Premier ministre, nous avons fêté, à plusieurs reprises, soit la fête des Mères ou encore les anniversaires de naissance en septembre (ma belle-mère et moi-même). Aline, la conjointe de Jean C., notre ancien Premier ministre est aussi du mois de septembre. Vêtue en rouge, assise à deux tables de nous, elle a envoyé la main à Bob au même moment où Jean s'est levé pour venir jaser avec son bon ami de longue date.

Notre fin de semaine de pêche au Lac Tortue de la Zone d'exploitation contrôlée du Bras-Coupé-Désert avec ses 125 lacs à 15 kilomètres à l'ouest de Maniwaki se répétait encore une fois mais avec une importante différence. J'avais maintenant un permis de pêche en bonne et due forme. Cinq des amis de la « Folie à huit » possédaient l'autorisation de pêcher, ce qui nous donnait droit à une cueillette de 10 truites mouchetées. Des

9 prises dans le panier, c'est moi qui avais gagné la palme avec une truite de presque deux livres. Pour une première, j'étais plus que satisfait.

Au bout de quatre ans de congé sans solde, Robert a décidé de retourner sur le marché du travail. Il était encouragé par son père qui était d'avis que ce serait avantageux à long terme de reprendre un emploi à temps plein afin de contribuer à un fond de pension provincial. C'est dans les entreprises Lachapelle que Robert s'est trouvé un job qui ressemblait beaucoup au travail qu'il avait fait pour son père. Dans un milieu francophone à Gatineau, cette pénible transition s'est faite un peu plus aisément qu'il ne l'aurait cru. Sa collègue, Nicole, employée depuis des années par la famille Lachapelle, lui servait de conseillère sur les aspects les plus pointus de son travail. Roger, un ami de Bob et un contemporain, partageait les mêmes visions d'affaires qui étaient à la base de leurs réussites commerciales.

En tournée dans le Maine avec Ed, nous avions choisi de se loger au Milestone Motel d'Ogunquit, dans ce village de villégiature gay sur la côte sud face à l'Océan Atlantique. Moins couru mais plus dispendieux que son compétiteur Provincetown, Ogunquit avec ses plages sablonneuses est un ancien village de pêcheurs repensé pour devenir une attraction homosexuelle avec de magnifiques petites auberges, des gites colorés, des restaurants raffinés, des boutiques d'art à profusion et une saison de théâtre bien remplie. À 30 minutes de route, le village de Freeport, bien connu pour ses magasins « outlets » est un « must » pour le magasinage bon marché.

Dans le petit village de Thomaston, Ed a laissé, chez un « encanteur » de renom, un grand nombre d'objets de valeur dont il voulait se départir. En fin de vie, il commençait à se débarrasser d'argenterie, de coutellerie, de bijoux et d'objets d'art qu'il entreposait sur des tablettes dans son garage. Pour s'y rendre, on est passé dans de beaux petits hameaux tels que Bath, Damariscotta et Waldoboro. On s'est arrêté à Northport où Ed a commandé une couverte de laine des tisserands Swan Island.

De retour à Ogunquit, on a fait une balade sur le « Marginal Way » qui longe le littoral et qui se termine non loin du restaurant Barnacle Billy. L'ex-président Bush (père) s'y rend par bateau deux fois par semaine à partir de leur maison d'été de Kennebunkport. Par pur hasard, on l'a vu embarquer dans sa chaloupe qui le ramènerait à sa résidence secondaire.

En voiture! On partait le 26 décembre pour la Floride. Au passage, à Baltimore, nous avons couché une nuit chez Harold, un ami d'Ed qui voulait faire le trajet avec nous en direction de Naples. Arrivés à destination, Ed nous a accueillis avec un immense sourire. Il avait invité 14 amis (en plus de nous trois) pour un souper formel du Jour de l'An. Il n'y avait pas une minute à perdre pour être prêt et chacun devait mettre la main à la pâte. Trois tablées à l'intérieur et une à l'extérieur ont été nécessaires pour accommoder tout ce beau monde. Pendant que Robert s'occupait du filet de porc sur le BBQ, Harold nous a préparé du saumon, des asperges et une salade. Ed m'avait réservé la tâche de monter les tables selon ses instructions précises. Sa contribution, un gâteau au rhum et un gâteau au fromage.

Le 4 janvier, Robert retournait à Ottawa et moi, j'emménageais dans mon condo loué au 501 boulevard Forest Lakes. J'avais décidé que pour écrire un premier roman, du silence et des périodes sans interruption seraient souhaitables. Dans mon petit condo 301, je rédigeais le matin, je révisais l'après-midi et le soir, j'allais faire un tour chez Ed ou au Bambusa. Pendant mes deux mois à Naples, Ed et moi avons été invités à souper une à deux fois par semaines. De plus, Ed nous avait programmé des sorties à des expositions d'art, des pièces de théâtre, des ventes d'antiquités et des restaurants avec ses amis.

En huit semaines, j'avais atteint mon objectif d'écrire un roman autobiographique en anglais. J'ai pondu « The Road to Dalhousie » sans trop de difficultés sauf pour les derniers chapitres dans lesquels je raconte le décès de ma mère. Bien qu'on ne puisse pas retourner dans le temps, j'imagine aujourd'hui ce qu'aurait été ma relation avec elle si j'avais eu le courage de lui dire moi-même que j'étais gay. Pourquoi avais-je tant peur? Le fait qu'elle fut une femme autoritaire ne se traduit pas nécessairement par la crainte de l'inconnu. Aurais-je réussi à l'éduquer un tantinet sur un sujet qui lui faisait peur? Aurais-je pu lui faire comprendre que l'amour c'est l'amour? Robert est venu me rejoindre vers la fin février pour m'accompagner pour le retour en voiture. Il s'est souvent posé la question à savoir ce que sa belle-mère aurait pensé de lui. Aurait-elle ri aux sornettes de mon conjoint? L'aurait-elle trouvé aussi charmant et attachant que tous ceux qui l'ont rencontré?

Mon amie Anne avait perdu son conjoint. Désorientée par sa perte et peureuse sans lui, elle commençait à se replier sur elle-même. Des ennuis financiers l'ont forcée à retourner sur le marché du travail après bien des années à la retraite avec Don. Ce dernier avait contracté la maladie de Lyme pendant leur séjour annuel à Myrtle Beach en Caroline du Sud et en est décédé dans un hôpital avec Anne à son chevet.

Elle voulait voyager, mais n'avait personne avec qui elle pourrait partir. Cherchant des endroits de villégiature sécuritaires à lui proposer, Anne éliminait tout ce qui l'énervait. Finalement, je lui ai parlé de croisières. Sa réaction initiale m'a confirmé qu'elle avait un budget très limité. J'ai suggéré une croisière transatlantique parce qu'elles sont moins dispendieuses ayant moins d'arrêts. Une recherche Internet pointait vers une croisière sur le Celebrity Equinoxe de Fort Lauderdale à Civitavecchia en passant par les Azores, l'Espagne et la France. Avant d'arriver à Civitavecchia, le port de mer le plus près de Rome, le navire s'est arrêté à Livorno. Une excursion aux Cinq Terres (Cinque Terre) a été le haut point de notre voyage. Ces cinq petites villes, des bijoux accrochés aux flans des montagnes, sont reliés par de charmants sentiers de marche offrant des panoramas de toute beauté sur la mer. Les Cinq Terres séduisent avec leurs maisons de couleurs pastel, leurs vignobles et leurs terrasses escarpées. À Rome, on a fait quelques excursions ensemble. Pendant que j'étais en tournée sur la Côte Amalfitaine, Anne est allée à Naples et Capri. Ce premier voyage accompagné lui a redonné le goût de vivre et de faire d'autres périples.

Des retrouvailles

En achetant notre chalet, c'était assuré qu'on inviterait nos amis dans cet endroit paradisiaque de Val Paquin qui ne laisse personne indifférent. L'été de mes 60 ans, on a reçu, au total, soixante parents et amis qui ne se doutaient pas que leur invitation compterait parmi les convives d'un party étalé sur trois mois. La grande fête en foule ne permettant pas de jaser en profondeur avec chacun, nous avions décidé de recevoir en petits groupes, ce qui permettrait des soirées plus intimes.

Pour ma belle-famille, la ville de Québec a été, depuis bien longtemps, un endroit spécial. Mes beaux-parents s'y étaient rendus pour leur lune de miel. Ils ont été impressionnés par la beauté et les charmes de cette deuxième plus vieille ville d'Amérique du Nord. Son côté européen les avait séduits et cet engouement, ils l'ont transmis à leurs enfants. Louise y a habité pendant ses études à Laval et Robert, en la visitant, est devenu accroc de la belle architecture qu'on y trouve. Peu surprenant que Mélanie avait décidé d'entreprendre ses études d'architecture à l'alma mater de sa mère. Pour lui faciliter la vie, ses grands-parents avaient acheté un petit condo au centre-ville avec vues sur les Plaines d'Abraham qui lui servirait de pied-à-terre pendant ses études à la faculté d'architecture sise dans la vieille capitale.

En guise de préparation, sa mère et son grand-père avaient refait l'appartement pour le mettre au goût du jour. L'ameublement avait été choisi, en partie, en fonction de ses préférences. Un va-et-vient s'est effectué sans relâche pendant au moins six mois pour que tout soit parfait pour son arrivée.

Quand les rénovations furent terminées, Robert et moi ont été invités pour un weekend à Québec à l'hôtel Le Concorde, voisin de l'édifice à condos où Mélanie était déjà bien installée dans sa nouvelle demeure. Cette belle invitation incluait des soupers dans de bons restaurants tels le Café de Paris et le Continental, des endroits fréquentés par les beaux-parents depuis belle lurette. Je me suis senti très choyé. Cette évasion avec mon conjoint et mes beaux-parents me confirmait, une fois de plus, une intégration dans la belle-famille. Nous nous sommes bien amusés sans qu'il ne se passe le moindre accrochage.

Une deuxième croisière transatlantique avec Anne (Fort Lauderdale à Copenhague) sur le Vision of the Seas de la compagnie Royal Caribbean a été moins réussi que la première, en partie, en raison du froid printanier. Il fallait prévoir qu'au mois d'avril, une traversée de l'Atlantique se ferait pendant une période où les températures oscillent le point de congélation. Malgré ces conditions déplorables, le voyage s'était bien déroulé. Le fait que nous faisions chambre à part nous donnait des temps libres. On prenait nos repas ensemble, mais le reste des journées en mer, je m'occupais selon mes inspirations du moment. J'admets que ces deux voyages avec Anne, je les ai fait pour elle. J'étais déjà allé dans presque tous les endroits qu'on visitait et la nouveauté n'y était donc pas.

L'idée m'est venue de souligner le 50ᵉ anniversaire de la fondation du Petit Séminaire Saint-Charles-Borromée (PSSC) et j'ai écrit au Père Saulnier pour lui demander ce qu'il en pensait. Sa réponse immédiate, par téléphone, me confirmait son enthousiasme pour un tel événement et il m'a suggéré d'entrer en contact avec Bernard à Fredericton ce qui a été fait sur-le-champ. On a discuté de la meilleure façon de rejoindre les anciens séminaristes éparpillés un peu partout au pays. Heureusement qu'un bon nombre habitait la Péninsule Acadienne et qu'il serait, par conséquent, facile de les rejoindre. Lors de cette conversation, j'ai appris que Conrad, l'ami un peu gêné du trio de Notre-Dame des-Érables (Edouard, Bruno et Yvon), était devenu un artiste de réputation avec sa « *Galerie sous les arbres* » à Caraquet, son lieu de naissance.

Intrigué par cette information presqu'incroyable, Conrad ne s'étant pas identifié au groupe d'artistes au PSSC, j'étais agréablement surpris par ses œuvres dans la galerie virtuelle de son site Internet. Marié à Jeanne-Mance et père de trois enfants, il avait commencé à peindre à l'âge de 50 ans. J'ai fait un contact initial par courriel espérant qu'il se souviendrait de moi. Sa réponse hésitante m'indiquait qu'il était incertain. Par retour de courriel, je lui ai fait parvenir une photo prise un an après avoir quitté le PSSC en lui rappelant comment on s'était rencontré et nos amis communs.

Il s'en est suivi une conversation épistolaire d'une intensité et d'une rapidité qui dépassaient l'entendement. Je lui ai raconté ma vie et ma relation avec Robert. En réplique, il m'a fait une belle description de sa vie à partir du jour où il est retourné vivre à Caraquet. J'avais tellement hâte de le revoir, mais déçu qu'il préférait ne pas participer aux retrouvailles du PSSC.

Quelques semaines après notre retour de croisière, Anne a été hospitalisée et était à l'article de la mort. Je me suis rendu à son chevet juste à temps. Elle s'est éteinte le lendemain de ma visite comme si elle m'attendait pour me dire un dernier au revoir. C'est sa nièce de Saint-Lazare chez qui on avait passé une nuit au retour de la première croisière qui m'a informé de son état critique et qui croyait que ma présence l'aiderait à passer le seuil de la mort. En si peu de temps, elle s'était détériorée rapidement et les médecins ne comprenaient pas la source de son problème. Bafouée par une maladie inconnue, Anne nous a quitté beaucoup trop tôt à l'âge de 63 ans, comme ma mère. Selon moi, elle est décédée d'un cœur brisé ne s'étant jamais remise de la mort de Don, le seul homme de sa vie outre son père.

Pendant notre dernier voyage, elle avait tout tenté pour aller au cimetière des soldats canadiens à Dieppe, mais cette excursion n'a pas eu lieu. J'avais compris qu'elle voulait rendre hommage à son père, cet homme qu'elle avait tant admiré. J'ai regretté de ne pas avoir loué une voiture pour l'accompagner.

Curieux d'en connaître davantage sur Conrad, je l'ai invité à passer quelques jours avec Robert et moi dans notre condo à Ottawa. Après quelques hésitations et l'assentiment de sa femme, il a accepté notre invitation à venir découvrir la capitale nationale. Pendant cinq jours, on a jasé, on a visité, on a mangé et on a ri. Son honnêteté en tout temps m'a frappé car j'avais affaire à quelqu'un de sincère qui jouait franc. L'amitié qu'on n'avait pas connue au PSSC pouvait-elle naître 45 ans plus tard?

Une excursion d'une fin de semaine à Baie-Saint-Paul avec la « Folie à huit » s'est avérée un immense succès. Dans une maison centenaire louée pour le weekend, chaque couple avait sa chambre. On s'était partagé la responsabilité des repas. Des visites dans les nombreuses galeries d'art nous ont occupés presque toute une après-midi. Une randonnée en montagne dans le parc national des Grands Jardins, un des objectifs du voyage, nous a épatés par sa beauté naturelle bien conservée.

Au Nouveau-Brunswick pour le retour des anciens du PSSC tenu conjointement avec celui du Collège de Bathurst, j'ai rencontré une trentaine d'hommes qui avaient étudié dans cette école privée. Je ne les connaissais pas tous puisque certains d'entre eux avaient fréquenté cet établissement avant ou après moi. Trois des prêtres enseignants sont venus nous rencontrer, ainsi que le nouvel évêque du diocèse de Bathurst, Daniel, qui avait reçu du Pape François, son premier mandat.

Une messe concélébrée le dimanche matin avec les prêtres du PSSC et Monseigneur Daniel fut suivie d'un déjeuner réunissant tous les participants à ces retrouvailles. Daniel est venu s'asseoir avec Robert et moi et on a jasé de sa rencontre avec le Pape au moment de sa consécration à Rome. On a appris qu'ils étaient des amateurs de films étrangers.

Avant de quitter Ottawa, Claudette m'a rappelé que Sœur Sarah habitait Vallée Lourdes, le couvent provincial des Religieuses hospitalières Saint-Joseph, à Bathurst. Je ne l'avais pas revue depuis qu'elle me l'avait présentée à l'Expo 67 de Montréal. Sans la prévenir, je me suis présenté au couvent. La réceptionniste lui a téléphoné pour lui dire qu'elle avait un visiteur et m'a nommé. Cependant Sœur Sarah avait compris le nom de son neveu. La surprise dans le parloir quand elle m'a vu! Elle n'avait jamais pensé qu'on se reverrait. Dans l'espace de 90 minutes, je lui ai raconté sommairement ma vie depuis notre rencontre 46 ans auparavant. Cette visite marquait le début d'une nouvelle tradition. Je me rends à Vallée Lourdes, au moins une fois par an, pour échanger avec Sœur Sarah.

Nous avons quitté Bathurst en direction de Fredericton. Chez mon frère Daniel et sa conjointe Ann

Marie, on a soupé avec eux et leurs deux plus jeunes garçons, Alexandre et Yannick. La belle dynamique dans cette famille est bienséante et tout se passe dans le plus grand respect. Ces adolescents nous parlaient dans un français compréhensible en dépit de quelques expressions calquées de l'anglais. Sans gêne, ils arrivaient à passer leurs messages lors des conversations à table et au salon. C'est tellement beau de les voir grandir avec une ouverture d'esprit et un énorme désir d'apprendre tout ce qu'ils peuvent.

On s'est ensuite dirigé vers Provincetown, presque désert de touristes en octobre. Nous nous sommes reposés pendant quelques jours avant de revenir à la maison, mais pas avant une courte escale à North Haven pour revoir nos amis Jim et Brian qui venaient d'emménager dans une immense maison de banlieue. En dépit de son état de santé précaire, Jim se portait bien. Les médecins de l'Université Yale l'avaient bien en main et on lui donnait les meilleurs médicaments pour combattre le SIDA. Souvent, il acceptait de servir de cobaye pour des laboratoires de cette région qui créaient de nouvelles drogues. Il n'était pas prêt à quitter ce monde!

Surprises

Trois des quatre célébrations pour souligner un 50ᵉ en 2014 se voulaient une surprise pour la jubilaire. En effet, le seul homme de ce quatuor était Patrick et son party, il l'avait organisé lui-même, donc pas d'élément de surprise. Un amateur des sports d'hiver, dans la montagne derrière leur maison, il avait construit une glissade de 110 mètres qui ressemblait drôlement à une piste de luge. C'est du moins ce que Robert m'a raconté puisque je n'y étais pas. Patrick et Marie-Josée habitait au fond de Perkins dans un endroit boisé et isolé qu'on a surnommé l'Auberge du Chevreuil. Il paraît que j'ai manqué une soirée formidable.

Les fêtes surprises étaient pour Danielle, la conjointe de la tante de Robert aussi prénommée Danielle, pour Louise, la sœur de Robert et pour Nathalie, la femme d'André. À la soirée d'anniversaire de Danielle, nous avons rencontré Marc et Normand, un couple de Gatineau. Robert avait connu Marc au secondaire, mais ne l'avait par revu depuis. Il se doutait qu'il est gay mais il n'en avait jamais eu la certitude. Il est fort à parier que Marc était surpris de savoir que Robert était gay et en couple.

C'est en grandes pompes que le 50ᵉ anniversaire de Louise a été souligné par une élégante réception dans la salle familiale du domicile patrimonial. Un traiteur avait préparé quelques pièces montées qui étaient le centre d'intérêt d'un superbe buffet. En plus des membres de la famille, ma belle-mère avait invité des amies de Louise qu'elle ne voyait pas souvent et des collègues de bureau de la Cité Collégiale où elle avait commencé un nouvel emploi. Le mot élégant résume bien cette veillée conviviale.

Pour le 50ᵉ de Nathalie, André avait organisé une journée thématique au Lac-des-Plages où ils passaient leurs étés. Puisqu'ils étaient des adeptes de la période disco, il avait demandé aux participants de revêtir des costumes d'époque. Une danse en soirée avec musique disco a suivi le cocktail à la plage en maillots de bain, les pieds dans l'eau. Une météo parfaite avait assuré le succès de cette activité. Entre le cocktail et la danse, un banquet au sous-sol de l'église avait attiré presqu'une centaine de convives. Une fois le repas fini, la soirée commençait. Il y avait des prix à gagner pour les meilleurs costumes et le couple en patin à roulettes habillé selon la mode disco a été le plus applaudi.

Dans un souper organisé par notre ami Claude dans sa nouvelle demeure à Blackburn Hamlet, nous avions rencontré Frank et Bryan, un couple qui vit à Ottawa, mais qui possédait à l'époque une résidence secondaire à Palm Springs. Cette ville dans le désert à 90 minutes à l'est de Los Angeles attire chaque année presqu'autant de visiteurs que sa population de 50 000 habitants. Elle se veut une attraction homosexuelle et un endroit idéal pour les gens de la communauté LGBTQ à la retraite. Ils m'ont fortement encouragé à y passer du temps durant les mois d'hiver. Ils connaissaient un couple (Michael et Scott) qui était propriétaire d'un petit motel gay où le port de vêtements était optionnel. Mon séjour d'un mois au « Desert Eclipse » m'avait convaincu que le mois de février se vivait tellement mieux au soleil que dans les froids intenses du Canada. J'y ai vite pris goût. Un climat idéal sans humidité en février avec le calme et la sérénité d'un oasis spectaculaire, que demander de mieux?

Avec Frank et Bryan, j'ai fait deux belles excursions : la première pour aller voir un opéra de Donizetti (*L'elisir d'amore*) à San Diego et la seconde au parc national Joshua Tree. Ce parc dans le désert haut de la Californie accueille entre-autres l'arbre de Josué (Joshua Tree) qui, selon la légende aurait été qualifié *« d'arbre le plus laid jamais vu par les premiers explorateurs »*. On y trouve aussi des cactus et des buissons secs perdus au milieu d'un paysage vraiment aride, mais d'une beauté irrésistible.

Un autre voyage en Floride en hiver pour une visite avec les beaux-parents dans leur condo sur l'intercostal de Sunny Isles, suivi par une visite chez Ed à Naples. Nous avons également eu une belle rencontre avec Jean et Martine au Turtle Club, notre resto de choix à Naples. On a eu droit aux belles histoires de Jean (Le Moulin rouge, Le Lido) alors qu'il nous racontait leurs sorties dans les souper-théâtre de Paris avec danseuses cancans et travestis professionnels de chez Michou.

Avant même d'acheter notre chalet, on nous avait informés du sol argileux sur lequel les empattements de la structure reposaient. Le mouvement des sols affectait surtout les portes et les fenêtres ce qui les rendait difficiles à ouvrir durant la période de dégel au printemps. On pouvait ignorer le problème, mais tôt ou tard, un projet de solidification s'imposerait. De toutes les options possibles, l'idée de faire visser des pieux sur lesquels le chalet reposerait nous semblait la plus raisonnable. Pour ce faire, il a fallu faire soulever la structure pour que le personnel de Techno-Pieux puisse avoir accès à l'espace entre la charpente et le sol. Vingt pieux ont été vissés sur lesquels reposent d'immense poutres d'acier. En soulevant le chalet, le « deck » du côté est a été abimé au point où il a fallu le démonter. Selon Robert, les planches de bois étaient depuis longtemps en décomposition avancée. Ce projet d'envergure a pris presque tout l'été et la construction d'un nouveau « deck » viendrait ensuite.

C'était à Toronto que les fêtes de la Fierté Mondiale ont eues lieu en 2014. Un groupe de Naples y compris Ed, Ray, Glen et David ont décidé de venir pour ce grand rassemblement. Robert et moi sommes allés les rejoindre. On leur a fait visiter certains beaux coins de la ville notamment le marché Saint-Lawrence, Yorkville et le village gay à la hauteur de la rue Church. Le défilé d'une durée de cinq heures sur la rue Yonge, dans le cœur de la ville, tenu le dimanche après-midi dans une chaleur écrasante nous a émerveillé et ému avec ses 12 000 participants venus de 50 pays. En regardant toutes ces personnes qui étaient affiliées à diverses organisations (les forces policières, les banques, les conseils scolaires, les églises, les partis politiques, les nombreuses associations vouées chacune d'entre elles à des intérêts particuliers, etc.) qui se déplaçaient pour s'affirmer légitimement, j'étais heureux d'avoir vécu assez longtemps pour être témoin de ce genre de manifestation. La diversité en évidence ce jour-là aurait impressionné même les plus sceptiques.

La « Folie à huit » se rendait à Paris, mais malheureusement Patrick et Marie-Josée n'y seraient pas.

Cependant, Mélanie s'est jointe à notre groupe. Pour elle, c'était une avant-première puisqu'elle y retournerait en septembre pour des études à Strasbourg. Bien logés aux Citadines du boulevard Richard Lenoir à quelques coins de rues de l'Opéra Bastille, nous avons sillonné les rues dans toutes les directions pour en voir le plus possible. C'était une première à Paris pour plusieurs de notre groupe. Robert et moi connaissions bien les endroits à voir absolument, notamment le Quai d'Orsay, Versailles, le cimetière Père-Lachaise, la tour Eiffel, les Champs-Élysées, le jardin du Luxembourg et Fontainebleau, pour n'en en nommer que quelques-uns. Quelques excursions à l'extérieur de la capitale française ont beaucoup plu : Giverny où on a visité les jardins de Monet et Strasbourg, pour sa grande cathédrale gothique Notre-Dame dans laquelle se trouve une horloge astronomique d'époque Renaissance.

    Pour Alain et Dodo, ce voyage tant attendu était un rêve chéri depuis longtemps. Ils avaient lu beaucoup sur ce qu'ils voulaient voir. Mais les yeux n'étaient pas assez grands, les regards pas assez rapides pour tout voir, tout capter et tout entendre. Leurs sourires en disaient long sur la joie qu'ils éprouvaient tout au long de ces 10 jours dans cette ville musée.

Une année horrible

Encore un 50ᵉ à souligner! C'est dans un décor chaleureux d'un chalet au Lac Fiddler assis autour d'une immense table ronde qu'on a célébré le demi-siècle de Dodo. La « Folie à huit », tous présents, on s'était partagé les tâches pour préparer un repas gastronomique digne de notre jubilaire. Robert s'était occupé de la décoration et de la musique. La table bien mise, on a trinqué à la santé de Dodo, notre chère éducatrice qui, avec sa patience d'ange et ses idées pédagogiques ingénieuses, arrivait à enseigner à des enfants pas toujours disciplinés ou intéressés à la matière qu'elle cherchait à leur transmettent.

Pour elle et Alain, la plus grande et la plus belle des chambres avec salle de bain attenante était le moins qu'on pouvait leur offrir. Ce grand chalet en bois rond à quatre chambres à coucher et son impressionnant foyer en pierres de champs avait de quoi faire rêver les amateurs de déco. Situé sur un terrain d'un peu plus d'une acre en pente avec d'énormes pins enneigés, on se serait cru dans une image de Kreighoff, l'artiste peintre de renom. Pour Robert et Patrick, les adeptes de sensations fortes, ils ont profité du petit sauna extérieur. Vêtus de leur maillot de bain, ils ont fait des anges dans la neige. Alain et Marc en étaient témoins.

Comme dans l'ancien temps où les voisins s'entraidaient pour les tâches importantes, nous avions besoin de l'aide pour reconstruire notre « deck ». Une corvée à la hauteur des capacités de notre groupe, on s'est mis au travail tôt un samedi matin et à l'heure du souper, une nouvelle plateforme de 8 pieds par 24 pieds était terminée. Cet effort collectif fut très apprécié et avec la solidification de la structure déjà complétée, on avait effectivement sécurisé notre investissement. Sans le savoir-faire d'Alain, de Marc et de Patrick, la tâche se serait avérée beaucoup plus difficile.

Je suis parti seul pour ma réunion de famille à Charlo. Après avoir déposé une amie à Bonaventure en Gaspésie, je me suis rendu à Miquasha au Gite Quando-Quando dont le propriétaire est Blaine (pas son vrai nom), le nouveau conjoint de Lucien. Sa relation avec Klaus s'était détériorée au point où ils ont décidé de rompre et de mettre la maison de Campbellton en vente. Entretemps, Lucien était retourné vivre dans la maison paternelle à Charlo. Par l'entremise de sites de rencontres, il a fait connaissance de Blaine qui venait d'ouvrir un gite de l'autre côté de la Baie-des-Chaleurs à Miguasha qui se trouve directement vis-à-vis Dalhousie. J'ai passé une belle soirée avec eux. Ils m'ont hébergé dans la plus grande suite.

De passage à Charlo, je me suis arrêté pour une courte pause avec ma cousine Lise et son conjoint Tommy et aussi pour un lunch avec Phyllis et Raymonde que je n'avais pas vues depuis belle lurette. Ces deux dames, des enseignantes à la retraite, avaient loué des chambres chez ma grand-mère maternelle et c'est ainsi qu'on s'était connus à la fin des années 60.

Durant ma première visite chez Conrad, j'avais rencontré sa conjointe, Jeanne-Mance, qui m'avait accueilli chaleureusement. Elle avait préparé du sucre à la crème et quelques bons plats typiques de la Péninsule acadienne. Conrad m'a fait faire le grand tour de Caraquet et ses environs. Il s'était organisé pour que je puisse dire bonjour à Edouard, mon co-sacristain du temps du PSSC. Aujourd'hui prêtre, Edouard est maître verrier et ses œuvres sont en exposition partout en Acadie. Nous avons également rejoint Yves et sa femme.

Tous les matins, Conrad et moi sommes allés au Tim Horton pour un café suivi d'une « ride », pour employer le terme de mon ami. Chaque tournée, il me faisait découvrir des endroits dont les noms étaient familiers, mais que je ne connaissais pas. Pendant ces excursions en voiture, il me racontait sa jeunesse, ses relations avec ses frères et ses sœurs, ses responsabilités en tant que travailleur social à l'emploi du gouvernement provincial et sa vie familiale. Fier de ses trois garçons devenus des citoyens responsables, il me racontait comment il leur avait inculqué des valeurs fondamentales.

Dans sa galerie d'art, j'ai pu voir où il peignait le plus souvent. Sa salle d'exposition était remplie à craquer de beaux tableaux richement encadrés à prix raisonnable. J'étais en admiration de son grand talent qu'il avait découvert dans la seconde moitié de sa vie. J'avais donné rendez-vous à Claudette à Bathurst pour qu'ensemble on aille voir Sœur Sarah. Conrad m'a suivi jusqu'au Tim Horton de la rue Saint-Peters là où Claudette nous attendait. On a pris un café et on a jasé tous les trois une bonne demi-heure.

Claudette et moi se sont rendus à Vallée Lourdes pour notre visite avec Sarah. Elle avait prévu un diner dans la salle à manger du couvent. Pour Claudette qui avait été postulante et ensuite novice dans ce même couvent, c'était un retour nostalgique. Elle connaissait quelques-unes des religieuses qui étaient présentes ce jour-là. La mémoire phénoménale de Sarah nous a surpris par son exactitude des faits. Elle avait du mal aux genoux mais sa tête était intacte. Comme aurait dit Dorilla, elle a « bon pied, bon œil ». Son sens de l'humour et ses connaissances générales étaient impressionnants.

De retour à Charlo pour la réunion de famille, on parle de rendre visite à notre frère Éric. Chaque fois qu'on se rassemble, on s'organise pour aller lui dire bonjour. Il reconnaît toujours Claudette, mais pas nous les gars et il se trompe souvent. On lui apporte des friandises (croustilles, boissons gazeuses, etc.) en s'assurant d'en avoir assez pour les cinq autres résidents de cette maison administrée par des fonctionnaires provinciaux. Ses années dans des institutions ont été horribles mais, maintenant, dans un foyer spécialisé, il vit bien et il est heureux.

Nous avons été ébranlés par la mort de notre ami Ed. Ses problèmes de santé en rémission pendant des années sont réapparus avec une vengeance alarmante. Un de ses désirs était de vivre aussi longtemps que possible dans sa maison. Il avait considéré les résidences pour personnes âgées et les foyers de soins, mais ses amis l'en avait dissuadé. Quand il a commencé à dépérir, il a été placé dans un hospice en attendant la fin de sa vie. Par respect, on a décidé de ne pas lui rendre visite, un geste qu'il a sûrement apprécié. Son fils, Bruce, a été à ses côtés pendant plusieurs jours et ils ont eu de longues conversations. Ed lui aurait dit que les huit dernières années de sa vie avaient été les plus belles. On y était pour beaucoup selon Bruce.

Quelques semaines plus tard, on repartait en voiture vers la Floride. Cette routine prévoyait un court séjour à Sunny Isles pour ouvrir le condo et faire un nettoyage. D'habitude, on allait faire un tour à Naples voir Ed et ensuite on revenait à Fort Lauderdale prendre l'avion qui nous ramenait à Ottawa. Avant de quitter, on passait prendre les beaux-parents à l'aérogare qui arrivaient en Floride pour la saison.

Sur un coup de tête, Robert et moi avons décidé d'aller à Naples. Arrivés dans la ville, nous sommes passés devant la maison chez Ed et ensuite, on est allé manger au Turtle Club comme si Ed était présent avec nous. On a fait un peu de magasinage avant d'aller au Bambusa, le bar gay où les amis d'Ed se retrouvaient les jeudis soirs. Les gars étaient surpris de nous voir. On a pris un verre avec eux en pensant à notre cher ami Ed. On est reparti le cœur gros en sachant qu'on ne retournait peut-être jamais dans ce coin où nous avions accumulé tant de souvenirs touchants.

De retour à Ottawa, mon ami Jim m'a donné les coordonnées de John, mon ancien copain et décorateur retraité des Affaires étrangères. J'avais appris qu'il n'était pas très bien, mais qu'il sortait de temps en temps. Je l'ai invité au resto et je lui ai donné une copie de « *Gay Soulmate Wanted* », mon plus récent livre. Un peu plus tard, je l'ai invité au condo pour un brunch afin qu'il puisse rencontrer Robert. Beaucoup d'eau avait passé sous le pont depuis notre relation, mais je garde un beau souvenir de nos merveilleux moments ensemble.

Puisque mon frère Paul prévoyait être en Floride pour son anniversaire de naissance, ses enfants avaient décidé de le fêter avant son départ. Nous nous sommes donc retrouvés en famille à Toronto où on a souligné le 70e anniversaire de Paul et le 50e de Daniel. On célébrait aussi les trois ans d'Ophelia, la fille de ma nièce Laurie et son conjoint Michael.

Tous les jeudis matins, les membres de la « Folie à huit » qui étaient disponibles se rencontraient au resto

Chenoy de Gatineau pour un déjeuner avant la journée de travail. Marc, Robert et moi manquions rarement le rendez-vous. De temps à autres, Monique s'ajoutait au groupe. Alain, Dodo et Marie-Josée nous surprenaient à l'occasion.

À la mi-décembre, à notre table habituelle, Marc, Robert et moi avions commandé notre déjeuner. On sirotait notre café en attendant nos assiettes. Alain et Dodo sont entrés dans le resto et on s'est levé comme d'habitude pour les accolades. Les larmes dans les yeux d'Alain n'étaient pas de bon augure. Que s'était-il passé? Y avait-il des problèmes dans leur couple?

Sans préambule, Alain nous a annoncé que Patrick était décédé. Il s'était pendu dans leur garage et Marie-Josée l'avait trouvé au retour à la maison à la fin de sa journée de travail. On n'en croyait pas nos oreilles. Robert était conscient que Patrick vivait des moments difficiles. Ils en avaient discuté deux semaines avant le drame. Chacun avait sa théorie sur ce qu'a pu bien lui passer par la tête. Qu'allions nous faire sans lui?

Pour Robert surtout, Patrick avait été un ami bien spécial, presqu'un frère. La symbiose entre ces deux hommes, un gay et un hétéro, s'explique difficilement. Ils se comprenaient sans se parler, partageaient le même sens d'humour et vivaient en enfants-adultes sans s'en excuser. Perdre deux amis chers en l'espace de trois mois s'est avéré un cauchemar pour Robert et ça lui a pris au moins six mois pour qu'il reprenne lentement le goût de poursuivre. Pour sortir de son marasme, ça lui prenait un projet spécial et il l'a trouvé.

Encore des voyages

Ma belle-mère m'a surnommé « le grand voyageur ». Elle a entièrement raison car je pourrais passer ma vie à vagabonder d'une place à l'autre pour découvrir, pour goûter, pour observer, pour apprendre et pour partager avec d'autres pour qui les voyages les allument.

Un matin au Chenoy, en attendant nos déjeuners, j'ai vu une publicité d'Incursion-Voyages de Québec dans le journal. On annonçait des circuits, des croisières et des longs séjours avec accompagnateurs francophones. J'avais déjà rencontré des gens qui faisaient ce genre de travail et je leur avais posé un tas de questions concernant leurs responsabilités. J'avais appris que certaines entreprises offraient une rémunération et d'autres non et que, normalement, tous les frais de l'accompagnateur étaient payés par l'employeur. Si on offrait un salaire, plus il était élevé, plus on exigeait de son personnel.

J'y ai pensé sérieusement et j'ai envoyé un courriel d'intérêt à l'adresse qui paraissait dans l'annonce publicitaire. En moins de 24 heures, j'ai reçu une réponse. La coordonnatrice des accompagnateurs voulait en savoir plus long sur mes expériences dans le domaine des voyages et me demandait d'énumérer les pays visités et les genres de voyages que j'avais faits. Par retour de courriel, je lui brossais un tableau complet de tous les types de voyages que j'avais entrepris, les compagnies avec lesquelles j'avais voyagées et une liste exhaustive de tous les pays où j'avais mis le pied.

Les co-présidents, en tournée de promotion dans l'Outaouais, ont demandé à me rencontrer et à la fin d'une entrevue très informelle, ils m'ont informé que je serais invité à une formation à Montréal dans quelques semaines. Entretemps, j'ai reçu un appel de la coordonnatrice me demandant si j'étais disponible pour un voyage au Vietnam et au Cambodge. Je trouvais que c'était un peu loin pour une première sortie, mais j'ai accepté pour démontrer ma bonne volonté. Dans l'intervalle, j'ai reçu la formation qui m'a beaucoup aidé à comprendre les limites de mon travail et de mes responsabilités envers les clients.

Pendant mon stage de formation à Montréal, j'en ai profité pour téléphoner à Michel, qui m'avait succédé comme partenaire de John. Il avait pris sa retraite et était retourné vivre dans la métropole pour se rapprocher de ses parents. Il m'a invité à souper chez lui dans son condo de la rue Amherst. On a parlé de ses belles années à Ottawa et, bien entendu, de Normand, un personnage bien-aimé de Michel. Il m'a raconté toutes les difficultés qu'il avait eues avec son père lorsqu'il était malade et mourant. Je me comptais bien chanceux de n'avoir jamais eu à passer par le même chemin.

Mon premier accompagnement avec Incursion s'est fait en douceur. Tien, notre guide national, était un expert en la matière et il était très en demande pour tous les circuits vietnamiens. Il me guidait dans mon travail et m'offrait de judicieux conseils compte tenu de son bagage d'expérience. Bien que j'aimais mon travail, c'était exténuant de répondre aux demandes d'un troupeau d'adultes aussi exigeants qu'une classe de maternelle. Il fallait utiliser de la psychologie pour plaire à une clientèle aussi variée et « demandante » qu'un groupe d'aînés qui ont constamment besoin d'être rassurés. On m'a reproché de ne pas bien connaître le pays qu'on visitait, même si ce n'était pas mon rôle de les renseigner sur la destination. Selon les directives de l'employeur, il fallait se tourner vers le guide national pour des questions précises au sujet du pays visité.

Ma faiblesse immunitaire me jouait de vilains tours et vers la fin d'un voyage, ayant accumulé un grande fatigue au cours de plusieurs semaines, j'ai attrapé des virus, des bactéries et des microbes qui me rendaient bien malade de retour à la maison. J'étais convaincu qu'avec le temps, j'arriverais à régler cette situation.

Des relations de longues durées dans le monde gay étaient plutôt rares dans les années cinquante et soixante. Quand j'entendais parler d'un couple qui durait depuis plus d'une dizaine d'années, ça me surprenait, mais j'étais heureux de savoir que c'était possible. J'étais convaincu qu'avec le soutien de parents et amis, un couple gay avait une meilleure chance de succès à long terme. Et si l'encouragement d'une société ouverte y était ajouté, on verrait certainement des gays vivants en couple pour 40 ans, voire même 50 ans.

À l'aube de notre 25e anniversaire, Robert et moi avions décidé de souligner cet événement. On a discuté de la possibilité de faire un voyage dans un endroit dépaysant. Depuis ma jeunesse, durant les années qu'oncle Aldéric enseignait au Japon et qu'il nous racontait ses aventures dans des lettres manuscrites, je m'étais promis qu'un jour j'irais découvrir ce pays lointain. Ses récits m'ont séduit. J'étais curieux d'en apprendre sur une culture qui m'était bien étrangère.

Craig Tours de Toronto, une compagnie bien cotée dans le domaine des voyages offrait une odyssée accompagnée par le président de l'entreprise et sa conjointe. C'était une croisière de 42 jours à partir de Hong Kong. Nous étions un groupe de 71 personnes d'un peu partout au Canada. L'itinéraire incluait quelques ports de mer en Chine, en Corée du Sud et sept escales au Japon, du sud au nord. Puisqu'il s'agissait d'un repositionnement, on traversait le Pacifique en direction de l'Alaska où nous nous sommes accostés dans quatre villes avant de redescendre vers les îles de la Reine-Charlotte, pour finalement arriver à Vancouver.

À peine ai-je eu le temps de défaire ma valise et de laver mes vêtements qu'Incursion m'offrait d'accompagner un groupe en Roumanie et Bulgarie. Ce sont des pays que je ne connaissais pas et personne dans mon entourage ne s'était rendu dans ces terres éloignées. Je me souvenais, par contre, que lors d'un voyage avec Carole à Istanbul pour aller visiter notre collègue Rachel, on voyait parfaitement la capitale bulgare de nos sièges en avion. Ce coup d'œil à vol d'oiseau, je l'avais gardé en mémoire.

Ce voyage intéressait Robert qui a décidé de se joindre au groupe. Afin d'éviter des problèmes au retour, j'ai informé la coordonnatrice qu'il était mon conjoint. J'ai demandé s'il y avait des consignes à respecter. Je voulais savoir si je pouvais informer les gens qui me poseraient des questions concernant ma relation avec lui. Il a été convenu que je répondrais honnêtement sans cacher la vérité. Ça n'a pas pris de temps avant que le questionnement ne commence. Quelques jours plus tard, tous savaient qu'on était un couple, mais je n'en parlais pas ouvertement.

Le soir de mes 64 ans, nous étions dans un chic restaurant en Bulgarie lorsque Robert a eu la brillante idée de souligner mon anniversaire de naissance en offrant un verre à tous les participants. J'ai alors demandé si le restaurant avait suffisamment de champagne pour mon groupe et dès la confirmation, j'ai placé la commande. Quand chacun a eu son verre, Robert s'est levé pour me porter un toast et informer le groupe de notre relation. On a été stupéfait de la réaction. La rétroaction positive arrivait de chacun et les mots tendres à notre égard nous ont vraiment touchés. S'agissait-il d'un heureux hasard ou est-ce que le monde commençait vraiment à s'ouvrir à la pluralité planétaire? Peu importe la réponse à cet énigme, nous étions entourés de gens pour qui l'amour c'est l'amour.

Le décès de tante Aline après des années de maladie a été un soulagement pour ses proches aidants, mais aussi une véritable perte pour tous ceux qui l'avaient connue. Avec elle, je n'avais jamais senti le besoin de cacher mon homosexualité puisqu'elle m'acceptait inconditionnellement. Elle avait connu le mépris des gens qui l'avaient pointé du doigt lorsqu'après la mort tragique de son premier mari, elle est tombée amoureuse d'un homme beaucoup plus jeune qu'elle à une époque où ce genre de relation faisait scandale. Lorsque je lui ai présenté Robert, notre différence d'âge n'avait aucune importance pour elle et je voyais dans ses yeux ce qu'elle pensait. Ses problèmes d'ouïe conjugués à ses symptômes de démence l'empêchaient de s'exprimer comme elle l'aurait voulu. Il fallait lire les signes non-verbaux pour savoir ce qu'elle pensait.

Un deuxième voyage au Vietnam m'a été offert et j'ai accepté. Ce qui m'agaçait le plus, c'était le trajet en avion en passant par le Qatar. C'était la même situation qu'au premier voyage. La correspondance à Doha, si plus de huit heures donne droit à une chambre d'hôtel, mais pour y accéder, il faut sortir de la zone sécuritaire et passer au contrôle douanier. Étant des étrangers dans un pays arabe, on se fait remarquer et parfois narguer par certains qui n'apprécient pas de ressortissants dans leur nation. Pourtant, le Qatar est une nation d'émigrés de partout sur la planète et le succès commercial de ce petit pays, en plus du pétrole, c'est le tourisme grâce à la plaque tournante qu'est devenue l'aérogare de Doha, une de plus importantes au monde.

Lors de ce voyage, j'étais un peu plus détendu. Tien était notre guide national et les clients l'ont beaucoup aimé. Au premier voyage, on n'avait pas visité la partie nord du Vietnam, le Sapa. Cette fois, on se rendait jusqu'à la frontière avec la Chine. Pour la plupart, le haut point de ce voyage a été la croisière sur une jonque dans la Baie d'Halong.

Que Robert accepte que je voyage sans lui et que je m'absente pendant des périodes pouvant aller jusqu'à quatre semaines est un témoignage d'amour et de respect qui en dit long sur sa personne. En solidifiant notre couple, on serait davantage préparé à faire face aux défis qui nous attendent en vieillissant. On ne sait pas ce que l'avenir nous réserve. Avec les surprises que nous avions eues dans notre entourage au cours des dernières années, nous étions conscients de la grâce qui nous était accordée.

Servir sa communauté

Que serions-nous sans l'engagement social et la participation à la vie communautaire des membres qui la constitue ? Tout autour de moi, je remarquais que mes amis s'impliquaient dans les organisations LGBTQ qui visaient l'épanouissement de notre communauté. Je me devais de faire ma part, une contribution aussi petite soit-elle serait mieux que rien. De nature, je n'ai jamais été porté à m'impliquer dans des mouvements de revendication. La cause des gays me tenait à cœur mais je n'ai pas été du genre à vouloir faire partie de groupes militants pour avancer les droits de notre communauté. Je les appuyais financièrement tout en me tenant un peu à l'écart.

J'ai donc cherché des occasions d'engagement social où ma participation serait moins en évidence ou plutôt solitaire en étant solidaire. Ma première expérience remonte aux premières années de notre relation où les Services du triangle rose (Pink Triangle Services) desservaient la communauté LGBTQ sur toute une gamme de programmes destinés à fournir appui et aide aux plus démunis de notre entourage. Un service téléphonique d'aide avait été mis sur pied pour répondre à un besoin grandissant d'oreilles attentives pour les gens en détresse ou qui, tout simplement, cherchaient des renseignements sur les services disponibles ou les commerces « gay-friendly ». Suivant une formation intensive, un bénévole pouvait accéder à un poste d'écoute pour deux à trois heures par semaine.

C'est dans ces fonctions que j'ai beaucoup appris sur ce qui se passait dans la vie des autres gays de notre région et que tous ne vivaient pas dans une situation aussi confortable que la nôtre. J'ai compris qu'il y avait beaucoup d'hommes qui vivaient seuls et s'ennuyaient à mourir. Ils avaient besoin de raconter à quelqu'un les misères de leur quotidien. Un bon nombre d'entre eux avaient été rejetés par leur famille et se retrouvaient isolés. Ce contact humain leur donnait espoir que quelqu'un, un inconnu, serait à l'écoute.

Quelques années plus tard, j'ai siégé en tant que membre du Conseil des gouverneurs de cette organisation. Lyle, un ancien collègue, m'avait encouragé à participer activement à la gestion de ce groupe qui vivait des moments difficiles. Une directrice en poste depuis deux ans avait une vision particulière de la direction que devait prendre l'organisation; toutefois, le Conseil des gouverneurs n'était pas du même avis. Au cours de mon mandat, les tensions ont augmenté au point que j'ai décidé que le jeu n'en valait pas la chandelle. Je me suis posé la question à savoir pourquoi les gays ont-ils autant de difficultés à s'entendre entre eux?

Dans les mots d'un ex président américain : « *il n'y a pas de vocation plus élevée ni de but plus noble que de servir son pays* ». Lorsqu'on m'a téléphoné pour me demander de former un gestionnaire en ressources humaines, j'ai expliqué qu'à mon âge, les gens sont à la retraite et se la coule douce. Maureen insistait qu'il n'y avait que moi qui pouvait offrir une formation approfondie en dotation. Son chef des opérations n'avait aucune expérience dans ce domaine, mais il était conscient que pour monter les niveaux hiérarchiques, il se devait de bien connaître comment se fait la dotation des postes au gouvernement fédéral. Pour m'accommoder, on m'a offert de travailler trois jours/semaine. Toutefois, le travail devait se faire dans les bureaux du gouvernement même si je m'étais juré de ne plus y retourner. Et voilà que j'ai accepté ce nouveau défi pour faire plaisir à une ancienne collègue en fin de carrière au bureau du Commissaire à la vie privée.

Dans un intervalle de neuf mois, j'ai fait quatre accompagnements pour Incursion-Voyages : trois croisières et un long séjour. Chacun de ces voyages me plaisait beaucoup et les défis n'étaient jamais les mêmes d'un groupe à l'autre : des phobies, des allergies, des craintes, des malentendus, et j'en passe. Je trouvais ma satisfaction du travail dans le sourire des clients qui se sentaient compris, dorlotés, encouragés, aidés, orientés et appuyés. C'est un travail très exigeant. C'est du 24 heures sur 24. Le plaisir d'aider, un prérequis fondamental pour travailler aux ressources humaines, était aussi un atout indispensable pour tout accompagnateur qui souhaitait se distinguer.

Avec le temps, mes évaluations soumises par les clients se sont améliorées et, plus mon expérience m'aidait à mieux accomplir mes fonctions, plus les cotes de satisfaction étaient élevées. C'est une merveilleuse drogue motivante. Toutefois, c'est mon système immunitaire qui a eu le dernier mot. Au retour d'un long séjour à Madère, j'ai été alité pendant quelques semaines. En plus de la sinusite, je souffrais de bronchite et d'asthme. Deux séries d'antibiotiques ont été nécessaires pour me débarrasser de ces ennuis. J'ai vécu dix semaines d'enfer. Je n'avais plus le choix que d'y renoncer éventuellement. J'avais quand même fait trois belles croisières : de Buenos Aires en Argentine à Santiago au Chili, de Venise en Italie à Barcelone en Espagne et d'Anchorage en Alaska à Vancouver en Colombie Britannique.

Ces voyages, je les ai faits sans Robert. Sa compréhension, un don du ciel. Ce qui aurait pu causer des différends n'a jamais occasionné la moindre réprimande. Quand il m'a demandé de l'accompagner pour conduire la voiture de son père en Floride, j'ai accepté même si je ne me sentais pas bien. En voiture, je me suis mouché pendant deux jours et demi. C'était une bonne action qu'on faisait. Loin d'être un voyage de plaisir, on se rendait au condo à Sunny Isles pour préparer l'arrivée de ses parents. Un travail de nettoyage l'attendait. Pour nous récompenser, les beaux-parents nous offraient des soirées dans de chics restos, tels que Carpaccio dans le centre commercial de Bal Harbour ainsi que Bella Luna et Cheesecake dans le centre commercial Aventura.

Au retour, nous sommes arrivés à Ottawa avec trois heures de retard car les pistes d'atterrissage étaient glacées et le capitaine avait reçu la consigne du siège social de rebrousser chemin. L'appareil a été détourné vers Boston pour attendre le redoux permettant la fonte des glaces. Cloués au sol pendant deux heures, nous ne pouvions pas sortir de l'avion.

Le décès de Frank, le conjoint de Bryan a été inattendu puisqu'il n'avait que 69 ans. Ses obsèques ont eu lieu le jour de son anniversaire de naissance. Bien connu dans la communauté gay d'Ottawa, le salon funéraire du cimetière de Beechwood était plein d'amis venus de partout. Les propriétaires du « Desert Eclipse » de Palm Springs (Michael et Scott) étaient présents. Pour une première fois, je perdais un ami pour des raisons non-liées au SIDA. Frank avait les deux jambes amputées suite à des complications causées par le diabète. En plus, il souffrait de sérieux problèmes cardiaques. Sa vie commune avec Bryan avait duré presque 40 ans. Ils avaient été heureux, avaient beaucoup voyagé et aimaient l'opéra. La maladie l'avait conduit vers la religion d'où il en retirait une énorme quiétude.

C'est en juin que la graduation de nos petites chinoises couronnaient leurs succès académiques : Mélanie obtenait sa maîtrise en architecture de Laval et Evelyne graduait du Programme de technologie en architecture de La Cité Collégiale d'Ottawa. Chacune fréquentait un copain.

Evelyne fut la première à trouver l'âme sœur. Arthur (pas son vrai nom), un débrouillard, avait vite gagné le cœur de sa copine. Il avait fait ses études pour devenir policier et, quelques mois après sa graduation, il a obtenu un poste qui répondait à ses attentes. La relation est très rapidement devenue sérieuse. Ils songeaient à une vie à deux dans une maison et ce rêve s'est réalisé une fois qu'ils avaient tous deux terminés leurs études.

Mélanie, pour sa part, a mis plus de temps à trouver l'homme de sa vie, Sébastien (pas son vrai nom), un jeune avocat. De tempérament semblable au sien, l'avenir du jeune couple est prometteur, pour dire le moins. Eux aussi se sont bien établis dans une petite maison qu'ils ont refaite selon leurs goûts.

Nos amis du Connecticut (Jim et Brian) sont revenus nous visiter. Ils avaient mis leur maison à vendre puisqu'un déménagement à Las Vegas était prévu prochainement. Heureusement qu'il y avait plein d'activités à Ottawa. On est allé vivre l'expérience de sons et lumières dans une des stations du train léger en construction dans le centre-ville d'Ottawa. Kontinuum a été, pour nos Américains, un spectacle comme ils n'en n'avaient jamais vu. Dans le cadre du 150e anniversaire du Canada, MosaïCultures à Gatineau leur en a donné plein la vue. Et pour couronner cette visite, le Cirque du Soleil avec son show « Volta ».

Nos amis Marc et Pierre, aussi présents au spectacle Volta, ont rencontré Jim et Brian à l'entracte. Je leur ai proposé de venir au condo pour un cocktail et un souper avec nos visiteurs. Ce bouillon de cultures (américano-canadien, anglo-franco) s'est avéré un franc succès. Les sujets de discussions étaient aussi variés que les personnes autour de la table. Avec un nouveau Président américain homophobe, nos Américains, peu fiers de leur chef d'État, ne cachaient pas leurs sentiments de rage contre ce personnage qui ne semblait pas comprendre ou vouloir comprendre ce qu'il ne connaissait pas. Ils se disaient prêts à émigrer au Canada, dans un pays beaucoup plus civilisé que le leur.

C'est au resto L'Orée du Bois à Old Chelsea qu'on a fêté ma belle-mère et moi (75 ans et 65 ans respectivement). Assis dans la petite salle à manger au fond, je me rappelais des belles années où j'y avais travaillé du temps que le restaurant s'appelait Café Luigi. Dans ma tête, j'imaginais Normand et Richard faisant le service aux tables pendant que Marcel, au bar, concoctait des cocktails audacieux pour servir une clientèle sophistiquée. Je me voyais faire le tour des tables pour asseoir les gens et, pendant un instant, je retournais en arrière pour revivre de beaux moments d'il y a plus de 40 ans. Que le temps avait passé vite!

La carte de souhait de mes beaux-parents a retenu mon attention puisque le texte faisait référence à leur « gendre », un terme peu utilisé à mon égard. J'ai été touché par ce geste et j'étais convaincu que c'était l'idée de ma belle-mère. Peu importe, pour moi ça constituait un pas important dans la bonne direction. Lorsque mes propos lui semblait un peu osée, elle me regardait avec un sourire et me disait : « *attention à ce que tu vas dire, c'est à ta belle-mère que tu parles!* » Le fait qu'elle se dise ma belle-mère et qu'elle l'exprime à haute voix me communiquait un sentiment d'appartenance. Que pouvait-on demander de plus?

Quelques mois après le décès soudain de John, un de mes collègues du Tribunal des appels de la Commission de la fonction publique, Lyle m'informait de la mort de notre ami André, un autre de mes collègues du même Tribunal, qui souffrait depuis des années et qui avait demandé l'aide médicale à mourir. Tous deux n'avaient vécu que quelques années après s'être retirés de la fonction publique.

La santé avant tout

Un des thèmes les plus importants du Comité des soins/choix en fin de vie du Réseau fierté des aînés d'Ottawa est l'aide médicale à mourir. Inspiré par le Québec, le gouvernement fédéral, en juin 2016, a adopté une loi permettant aux adultes canadiens admissibles de demander l'aide médicale à mourir. Ce sujet m'interpellait. Le mandat de mon ami Lyle qui siégeait sur ce comité tirait à sa fin et il voulait que je le remplace. Après avoir pris connaissance des activités du comité, j'ai acquiescé. Cependant, les autres membres devaient approuver ma participation. J'ai donc repris mon implication dans la communauté LGBTQ.

On m'a vite renseigné sur les difficultés rencontrées pour la mise en œuvre de cette loi. Les institutions catholiques refusaient catégoriquement de s'embarquer dans ce mouvement qui, selon elles, allait à l'encontre de leur religion. L'accès à ce service se compliquait aussi par les différences dans les approches provinciales qui étaient loin d'être uniformes. Il y avait beaucoup de travail à faire pour faire avancer ce dossier chatouilleux que certains politiciens préféraient passer sous silence.

Dans la même semaine, un des co-présidents d'Incursion-Voyages m'a téléphoné pour m'informer de l'achat imminent de la compagnie de voyage Jerry Van Dyke de Cambridge en Ontario. Puisque j'avais déjà exprimé le désir de faire des accompagnements en anglais, on m'a offert de me familiariser avec cette nouvelle entreprise en faisant un voyage d'une semaine en brigantine dans les Caraïbes en partance de Bridgetown en Barbade. Vivement, j'ai accepté mais je savais qu'il y aurait un prix à payer pour ce cadeau inattendu. Mon rôle était d'observer l'accompagnatrice et de noter les différences entre les deux entreprises.

De retour à Ottawa, j'ai complété un rapport détaillé de mon expérience que j'ai immédiatement envoyé par courriel le lendemain matin. En après-midi, j'ai reçu un appel d'Incursion-Voyages me demandant de remplacer un accompagnateur qui s'était désisté à la dernière minute pour un accompagnement d'un mois en Australie et en Nouvelle Zélande.

J'avais déjà informé Incursion que je n'accepterais plus de partir pour des voyages de plus de deux semaines et voilà qu'on me demandait de partir pour un mois. Ça ne m'intéressait pas vraiment d'autant plus que les attentes des clients de la compagnie Van Dyke étaient beaucoup plus élevées que celles d'Incursion. Les accompagnateurs d'Incursion n'étaient pas salariés, tandis que la situation contraire existait dans cette compagnie de Cambridge. J'ai fini par accepter à contrecœur. La croisière en brigantine sur le Royal Clipper, ce merveilleux voilier à cinq mâts, m'interpellait.

La belle-famille s'est rencontrée pour un souper très spécial à la fin de janvier 2018 et tous étaient présents pour une soirée inoubliable. Bob nous informait que la santé de sa conjointe était critique. Il sollicitait notre aide et, en faisant le tour de table, il a indiqué ce que chacun pourrait contribuer pour faciliter une période difficile que nous traverserions tous ensemble.

Les problèmes cardiaques de ma belle-mère venaient de commencer. Après une faiblesse à la maison, un séjour à l'hôpital a confirmé qu'elle avait besoin d'une intervention chirurgicale. Elle avait le choix entre la mise en place de tuteurs coronariens ou des pontages. Préférant une solution à plus long terme, elle a accepté d'être placée sur une liste d'attente à l'Institut du cœur de l'Hôpital général d'Ottawa. Le 8 mars, Journée internationale de la femme, ma belle-mère passait au bistouri pour un triple pontage. Sa mère et plusieurs de ses frères y avaient déjà passés et elle savait donc à quoi s'attendre.

C'est durant ma formation de deux jours à la Croix Rouge pour obtenir un certificat de premiers soins obligatoire pour les accompagnateurs Van Dyke que j'ai reçu la nouvelle de l'intervention imminente de ma belle-mère. J'ai immédiatement consulté ma sœur Claudette avant de prendre une décision qui allait peut-être en choquer plusieurs. Je n'avais plus la tête au voyage. Je me devais de rester aux côtés de Robert sur qui ses parents s'appuieraient pendant une longue période de convalescence. Il m'était difficile de revenir sur un engagement que j'avais fait de bonne foi, mais la famille passait avant le travail.

J'ai donc communiqué avec le siège social d'Incursion pour leur expliquer ma situation et leur demander de me relever immédiatement de ces fonctions. Cet avis de ma part leur donnait sept jours pour trouver un remplaçant, ce qu'ils ont réussi à faire en quelques jours à mon grand soulagement. La compréhension et l'empathie reçues ont été très touchantes. Tout avait été décidé avant que je n'informe Robert. Il y verrait sûrement l'atténuation des lourdes charges qui lui pesaient sur les épaules.

Pendant l'attente d'une date d'intervention pour ma belle-mère, mon beau-père démontrait des signes inquiétants. Après s'être affaissé chez lui, on l'a transporté à l'Hôpital de Gatineau où les médecins ont confirmé qu'un régulateur cardiaque lui serait indispensable. Craignant que le temps était mal choisi pour procéder à cette intervention, il a décidé de reporter la procédure à une date ultérieure.

Pendant la convalescence de ma belle-mère, mon beau-père a été hospitalisé d'urgence. À l'hôpital de Gatineau, les médecins ont noté trois infarctus, dont un d'entre eux qui a failli lui coûter sa vie. On lui a posé un régulateur cardiaque temporaire sans tarder. Les résultats positifs ont été presqu'instantanés. Quelques semaines plus tard, il a subi une autre intervention pour recevoir un appareil permanent.

Robert a décidé d'emménager chez ses parents peu importe le temps que ça prendrait pour un retour à la vie normale. Ce faisant, il devenait à la fois chef cuisinier, chauffeur et majordome en plus de son travail chez Lachapelle. Plus habile que lui dans la cuisine, on travaillait ensemble pour préparer les menus, faire les épiceries et cuisiner des plats qui plairaient aux goûts et préférences variés des beaux-parents. En dépit de nos succès mitigés, on a réussi tant bien que mal à cuisiner pendant presque dix semaines. Pour économiser du temps, une partie de la nourriture était préparée au condo à Ottawa et transportée à Gatineau. De cette façon, Robert n'avait qu'à réchauffer les plats cuisinés à l'avance. On comptait beaucoup sur Louise pour aider sa mère quant à son hygiène. Palma pour sa part aidait à transporter nos patients à leur rendez-vous. Evelyne et Arthur ont pris la relève lorsque Robert est revenu à la maison épuisé et grippé. Ses parents ont insisté qu'il quitte le domicile familiale de peur qu'il leur transmette ses germes.

On était à deux semaines d'un autre départ. Robert avait choisi de m'accompagner pour une croisière fluviale. Quand le catalogue des voyages avait été publié à l'automne précédent, il m'avait bien fait comprendre que si j'obtenais le mandat d'accompagnement pour la croisière fluviale entre Strasbourg et Budapest, il se joindrait au groupe. Mais en raison des problèmes de santé de ses parents, nous n'avions pas fait de réservations ne sachant pas si les conditions seraient favorables. Puisqu'il partagerait ma cabine, ce n'était qu'une question de confirmation de vols internationaux. Tout a été réglé rapidement et sans frais supplémentaires exorbitants.

Le voyage a commencé à Zurich où nous avons atterri. Un autocar nous attendait pour se rendre à Colmar (France), ville historique entre Mulhouse et Strasbourg en Alsace. Le surlendemain, on partait pour Strasbourg et, après un tour de ville, on est monté à bord notre bateau de croisière (L'Europe) de la compagnie CroisiEurope, dont le siège social est dans cette ville alsacienne à la frontière allemande.

Une annulation de dernière heure a fait en sorte qu'une cabine de classe supérieure était disponible. J'en ai fait la demande et on me l'a accordée illico. La différence entre les deux cabines était qu'on pouvait ouvrir notre fenêtre panoramique. Pendant les deux semaines du voyage, Robert s'est souvent allongé sur le lit pour admirer les splendides paysages qui se déroulaient comme un film sans fin : vignobles, églises, forteresses, châteaux, champs, hameaux et écluses (69 au total). C'est sans doute un de nos plus beaux voyages. La bouffe gastronomique des chefs français à bord était d'une qualité beaucoup supérieure à celle des bateaux de croisières maritimes. En 14 jours, aucun repas ou désert répété !

Nos plus beaux souvenirs de cette croisière sont de Vienne en Autriche, de Melk (la bibliothèque de l'abbaye bénédictine) aussi en Autriche, de Ratisbonne et de Wurtzbourg (la somptueuse résidence baroque des Prince-évêques) en Allemagne et de Budapest en Hongrie. En autocar, on s'est rendu à Bratislava en Slovaquie et à Prague en République tchèque.

Un courriel d'Incursion reçu pendant le voyage cherchait à confirmer un accompagnateur pour le même voyage (en sens inverse) à l'automne avec Simon Durivage, un journaliste de Radio Canada à la retraite. J'ai décliné l'offre, puisque je soupçonnais qu'à mon retour de voyage je subirais les séquelles qui me hantaient chaque fois que je revenais de l'étranger. Effectivement, je me suis retrouvé chez mon médecin pour une prescription d'antibiotiques. Le temps était venu de mettre un terme à ces merveilleux voyages qui me causaient, à chaque retour, des problèmes interminables de santé.

Au début juillet, on a reçu mon neveu Alexandre. On l'avait invité à venir nous rendre visite à Ottawa. Depuis sa sortie du placard, on n'avait jamais eu l'occasion d'être seuls avec lui mais ce séjour éclair nous a permis de jaser ouvertement. Robert et moi étions curieux de savoir comment s'était passé ses années au secondaire et les réactions de sa famille quand il leur a annoncé qu'il était gay. Son discours confirmait que les temps avaient changé. Fort heureusement pour lui, il n'y avait pas eu de réactions négatives étant donné que ses frères et ses parents composaient bien avec cette réalité. Il n'a pas connu d'harcèlement ou de « taxage » à son égard à l'école Ste Anne.

Des signes de démence avaient forcé Claudette à placer Marie dans un foyer de soins n'étant plus en mesure de répondre pleinement à ses besoins de santé et d'hygiène grandissants. Avec un grand écart d'âge, il était à prévoir que ce jour viendrait. La maison devenue trop grande pour une seule personne, Claudette a pris la décision de vendre leur résidence et d'emménager dans un plus petit logis.

J'ai fait quelques voyages à Peterborough pour appuyer ma sœur dans cette pénible transition. Sa maison s'est vendue aux enchères une semaine après l'avoir mise sur le marché. Une décision d'acheter ou de louer s'est présentée plus vite qu'elle ne l'attendait. Dans un marché très serré avec peu de maisons à vendre, le choix d'une location devenait l'option préférée. Jane, une nièce de Marie qui habite un immeuble à appartements pour personnes âgées, l'a convaincue de considérer les options de location là où elle habitait avec son conjoint, Tom. Presque tous les critères établis ont été rencontrés par ce logis de deux chambres à coucher. Seul critère manquant : un stationnement intérieur qui n'était pas disponible immédiatement.

Le défilé de la Fierté

Après avoir déposé Alexandre à l'aérogare d'Ottawa le 2 juillet, j'ai filé tout de suite pour Peterborough. En arrivant, j'ai trouvé Claudette un peu perdue dans son nouveau logis. Un mal de dos l'accablait. La charge de travail à faire pour atteindre un décor acceptable était de taille bien qu'une équipe d'amis et de parents l'avait joliment aidé le jour de son déménagement. Ma sœur comptait sur moi pour effectuer ma magie habituelle, soit de transformer un intérieur ordinaire pour arriver à un résultat digne d'une revue de décoration.

Vers la fin de l'après-midi, on avait transformé le salon-salle à manger. Presque tous les meubles avaient changé de place et la plupart des tableaux de toutes les pièces avaient été suspendus. Emballée par cette métamorphose, Claudette a invité Jane et Tom à venir inspecter les lieux. Ils vivaient dans un modèle identique quelques étages plus haut. La réaction positive ne s'est pas fait attendre. Jane voulait, elle aussi, des conseils de décoration. Je suis reparti heureux d'avoir faite une bonne action et réjoui de voir ma sœur en toute quiétude dans sa nouvelle résidence.

Mario, le nouveau conjoint de Marie-Josée, a souligné le 50e anniversaire de la plus jeune de la « Folie à huit » au resto le Cellier dans le secteur Hull de Gatineau. Une trentaine de personnes ont répondu à l'appel pour ce souper surprise. Ce soir-là, je prenais conscience encore une fois que la vie passait à une vitesse supersonique et qu'on vieillit à fond de train.

Pour la première fois de ma vie, j'ai fait partie du défilé de la Fierté gay dans ma ville. J'admets que j'hésitais depuis plusieurs années à m'afficher aussi publiquement. Avec les autres membres du Réseau Fierté des Aîné(e)s d'Ottawa, j'ai complété le trajet de quelques kilomètres dans les rues du centre-ville. Conscient de la mort précoce de ma mère, c'était le temps ou jamais de faire figure publique dans un défilé gay. Il ne pouvait y avoir aucune conséquence négative. Mon désir ardent de faire ma part pour que les générations suivantes n'aient pas à vivre un enfer en raison de leur orientation sexuelle me poussait à faire ce à quoi j'avais résisté depuis des décennies. Souvent critiquées pour leurs extrémismes visuelles, ces démonstrations d'amour et de plaisir se veulent une expression de la pluralité de notre société autrefois cachée de peur d'offenser ou d'offusquer les plus sensibles. Avec le temps, les changements lents mais profonds ont commencé à porter fruits et nos succès se reflètent grâce aux audacieux qui ont porté le flambeau pendant des années.

Un deuxième voyage à Québec avec les beaux-parents marquait la fin d'un cycle durant lequel Mélanie faisait des études à Laval. La vente du condo qui ne servait plus exigeait des préparatifs minutieux afin de récupérer le maximum de l'investissement initial. C'est dans cet optique que nous avions été invités à Québec par Bob et Liette désireux d'avoir notre aide autant pour conduire la voiture que pour leur donner avis et conseil quant à la vente de cette propriété.

Et comme la tradition l'exigeait, on est allé manger dans de bons restaurants tels que le Continental et le Louis-Hébert. Il était évident que cette transaction immobilière éventuelle pesait lourdement sur les épaules de Bob. Avec des capacités affaiblies en raison de ses problèmes de santé, il est fort probable qu'il aurait voulu que cette affaire se termine aussi vite que possible. Un récent changement au sein du gouvernement provincial arrivait à un moment opportun. De nouveaux députés dans la Vieille capitale seraient sans doute intéressés par un pied-à-terre non loin de l'édifice du Parlement. La vente s'est faite aisément et rapidement.

Quelques semaines plus tard, Robert et moi partions pour Trois Rivières et, au passage, on s'est arrêté à Terrebonne pour un déjeuner avec Olivette, une dame rencontrée lors de mon premier accompagnement avec Incursion-Voyages. Elle est la seule personne avec qui j'ai entretenu une amitié suite à un de mes accompagnements. On s'écrit et on se visite de temps à autre. Elle voulait absolument rencontrer Robert puisque je lui en avais longuement parlé.

Arrivés à notre destination finale, nous avons décidé de se rendre à une exposition d'art à Nicolet où notre ami Conrad, le premier artiste hors-Québec a y être invité, exposait ses tableaux dans le cadre du Rendez-vous des peintres Sogitel.

Maintenant que Mélanie et Evelyne avaient chacune un conjoint et qu'elles vivaient dans leur propre maison, les visites de famille étaient plus rares. Ma belle-mère n'avait plus la capacité de recevoir comme elle l'avait fait au cours de toutes ces années. À maintes reprises, elle nous rappelait qu'un jour elle passerait le flambeau à la prochaine génération pour garder vivant l'esprit de famille. Nous en sommes rendus là, beaucoup plus vite qu'on ne le pensait. Verrons-nous des arrière-petits-enfants? Jusqu'à présent, seuls des chiens de compagnie se sont pointés. Nous serons là pour s'occuper des parents de Robert, mais qui sera là pour s'occuper de nous dans nos vieux jours, nous qui avons décidé ne pas avoir d'enfants?

Épilogue

Il est à espérer que les forces du mal ne l'emporteront jamais sur le bien qui se fait sur cette planète. Chaque jour, les bulletins de nouvelles nous rapportent ce qui ne va pas et ce que les malfaiteurs réussissent à accomplir. On mise sur les aberrations des humains et la cupidité incessante des entreprises plutôt que sur la multitude d'actes de charité et de bénévolat accomplis quotidiennement.

Certains cherchent encore à faire croire que l'homosexualité s'inscrit du côté des anormalités. Pourtant, en 1973, l'AAP (Association américaine de psychiatrie) l'a retirée de sa liste des maladies mentales. Jusqu'alors, la thérapie par électrochocs, insuline et lobotomie était préconisée par les psychiatres. En 1968, à l'émission Dossier, Bernard Derome interviewait des gays dont Jeannine Mahès qui, après la diffusion du reportage, a été poursuivie, emprisonnée et internée à Saint-Jean-de-Dieu perdant ainsi la garde de sa fille qu'elle n'a pu revoir durant 15 ans.

Comment peut-on n'y voir que du mal quand, en effet, il s'agit d'amour entre personnes de même sexe? L'homosexualité, qui pendant des siècles était considérée comme un péché à cause d'une interprétation erronée des Saintes Écritures, a été décrétée maladie mentale avant même que la société ne se rende compte de cette conclusion fautive.

Considéré comme une faiblesse de caractère au même titre que l'ivresse et l'adultère, les autorités canadiennes craignaient que l'homosexualité de salariés fédéraux susceptibles de chantage par les espions soviétiques ait des impacts néfastes sur la sécurité nationale. Le Conseil de sécurité a donc amorcé un programme de surveillance et d'interrogation au sein des effectifs du gouvernement fédéral visant à enrayer toute personne homosexuelle en poste dans les rangs militaires ou gouvernementaux. Des centaines de personnes ont vu leur carrière ruinée et beaucoup d'entre eux n'en sont jamais remis.

En 2018, le documentaire *The Fruit Machine* leur rend hommage et retrace l'espoir et la lutte d'un combat controversé. Une machine avait été développée pour mesurer la pupille de l'œil suite à la vision de matériel pornographique. Selon les mesures, on décidait de l'orientation sexuelle d'une personne. Entre 1950 et 1960, la Gendarmerie royale du Canada avait accumulé 9 000 dossiers de personnes suspectes.

Cette triste page d'histoire de notre pays est un exemple flagrant d'initiatives répréhensibles à proscrire à jamais. J'ose croire qu'on ne retournera jamais à une époque aussi répressive mais avec la montée de la haine dans le monde entier, tout est possible. La lutte ne se sera jamais terminée.

À l'automne de ma vie, je rends grâce à Dieu et à l'Univers. Bien que je n'y étais pas lors de la purge des fonctionnaires et que je n'aie pas connu les répressions des gays de la génération qui m'a précédé, j'ai vécu des moments difficiles, des situations humiliantes et des agressions aberrantes. Si je pouvais faire en sorte que les prochaines générations n'aient pas à passer par le même chemin, mon existence aura servi à un but altruiste.

C'est vers l'âge de deux ans que j'ai commencé à identifier des signes précurseurs de l'homosexualité chez Alexandre. Je n'en parlais pas à Robert préférant cacher mes observations. Avec les années, je remarquais chez lui certains comportements et certains intérêts qui laissaient planer un doute raisonnable. Vivait-il des questionnements semblables aux miens au même âge? Je gardais mes distances de peur de me voir accusé de l'avoir influencé. J'étais attiré vers lui, car je voulais être là pour le protéger afin qu'il puisse éviter les traumatismes de l'adolescence. Bien que j'aie un rôle important à jouer dans sa vie, c'est dans l'exemple d'un couple gay et stable que je voyais ma plus grande influence. S'il pouvait voir en nous un modèle à imiter, j'aurais atteint mon objectif.

Normalement, en début d'adolescence ou avant, l'orientation sexuelle devient évidente. Ça ne veut pas dire que la personne s'accepte intégralement. On peut cacher des signes indéniables, mais éventuellement, la réalité se montrera sous toutes ses formes. En attendant de se sentir bien dans sa carapace, on évite d'en parler et on éloigne toutes confrontations qui nous forceraient à admettre ce qu'on n'est pas prêt à dévoiler. Une sortie du placard n'est pas banale. Toutefois, s'il est vrai que quand on s'accepte tel qu'on est, on n'a rien à dévoiler, nos gestes le font pour nous.

Alexandre s'était souvent confié à Robert. Une symbiose remarquable s'était installée entre eux et je n'en faisais pas partie. Je trouvais sain cette relation de grand frère qu'ils vivaient. Ça me rassurait qu'Alexandre ait un profond respect pour mon conjoint, un signe non négligeable. Ses parents remarquaient qu'il ne partageait pas son histoire personnelle. Il n'était pas enclin à leur raconter sa vie privée. Il se protégeait. Le jour fatidique viendrait tôt ou tard, assurément.

Je n'étais pas présent le jour où Alexandre a choisi pour confirmer ce dont les autres de sa famille se doutaient et j'ignore les raisons qui l'ont motivé. Quand la nouvelle est venue à mes oreilles, j'étais heureux pour lui. Quel courage! Que d'assurance il faut posséder pour pouvoir dire la vérité et accepter de vivre en minorité pour le reste de sa vie. J'admirais son audace, moi qui n'en n'avais pas eu et qui avais laissé traîner les événements jusqu'au jour où ma tante se soit sentie obligée d'en informer ma mère, ce qui constitue le plus grand regret de ma vie.

Vivre dans la clandestinité comme l'ont fait les gays des générations avant moi n'a jamais été une option acceptable. Plus j'avance en âge, plus je m'affirme comme gay et moins j'ai peur que cette information nuise à qui que ce soit. Au contraire, plus j'en parle, plus je me rends compte que la société en général a beaucoup changé. J'ose croire que la communauté LGBTQ jouira de l'acharnement des pionniers de la cause. Ma contribution, aussi minime soit-elle, sera mon legs aux miens.

La répression policière, ecclésiastique et populaire est chose du passé. Aujourd'hui, les aînés gays craignent avoir à faire face aux préjugés lorsqu'ils emménageront en résidence. La formation du personnel est indispensable si on veut prévenir le retour au placard d'une génération de gens qui ont été victimes de représailles injustifiées. Les intervenants, qui proviennent de pays où l'homosexualité est toujours illégale, ont du mal à s'adapter à des valeurs qui sont diamétralement opposées aux leurs. Le travail d'éducation est loin d'être terminé. Le combat ne s'arrêtera jamais et il sera toujours nécessaire de rester vigilant. La marche vers l'intégration de la « différence » dans la société est un rêve ultime qui risque de ne jamais voir le jour.

De tout ce que j'ai pu apprendre dans la vie, la plus importante leçon c'est que la noblesse d'une personne se mesure à ses gestes envers les autres.

On ne choisit pas son orientation sexuelle. On la vit. Et ce n'est pas facile d'avoir à vivre à contre-courant. En dépit de l'ouverture de la société envers les homosexuels, nous nous sentons plus souvent tolérés qu'acceptés. Depuis la nuit des temps, les gays ont redoublé d'efforts pour gagner le respect des autres. Bon nombre se sont démarqués grâce à ce désir d'être reconnus à part entière. Mais en bout de ligne, il n'y a que l'amour qui compte et quand on nous empêche d'aimer qui on veut, la vie n'a plus aucun sens.

Je me compte chanceux d'avoir pu vivre à une époque où l'acceptation de chacun, tel qu'il est, a pris un essor considérable. Et j'espère que mes écrits sauront donner du courage à ceux qui en ont besoin. La vie d'un homme gay est tellement plus difficile que tout ce que peuvent imaginer ceux qui ne le sont pas, et l'espoir d'une vie meilleure, c'est le désir ardent de tous ceux à qui l'univers a donné la tâche de porter ce fardeau additionnel. Sortir du placard implique un processus de dévoilements de toutes sortes qui peut s'échelonner sur toute une vie.

Mais c'est dans les petits gestes au quotidien qu'on peut faire une différence.

Du même auteur

Gay Soulmate Wanted (Petra Books 2016)

The Road to Dalhousie: Memories from the North Shore (Petra Books 2013)

Ready, Set, Hired: A Practical Guide to Starting a Career with the Canadian Government/ Préparation, action, embauche! Un guide pratique pour amorcer une carrière au sein du gouvernement canadien (GSPH.com)

Drug-Free Arthritis: Secrets to Successful Living (Amazon.com)

www.ingramcontent.com/pod-product-compliance
Lightning Source LLC
Chambersburg PA
CBHW031136160426
43193CB00008B/160